中央高校基本科研业务费专项资金资助项目
Fundamental Research Funds for the Central Universities

U0739712

中国耕地保护补偿机制研究

Study on Farmland
Protection Compensation Mechanism in China

柴 铎 著

中国财经出版传媒集团

经济科学出版社
Economic Science Press

图书在版编目（CIP）数据

中国耕地保护补偿机制研究/柴铎著. —北京：经济科学
出版社，2016. 12
ISBN 978 - 7 - 5141 - 7652 - 0

Ⅰ. ①中⋯　Ⅱ. ①柴⋯　Ⅲ. ①耕地保护 - 补偿机制 -
研究 - 中国　Ⅳ. ①F323. 211

中国版本图书馆 CIP 数据核字（2016）第 322811 号

责任编辑：王　娟
责任校对：郑淑艳
责任印制：邱　天

中国耕地保护补偿机制研究
柴　铎　著
经济科学出版社出版、发行　新华书店经销
社址：北京市海淀区阜成路甲 28 号　邮编：100142
总编部电话：010 - 88191217　发行部电话：010 - 88191522
网址：www. esp. com. cn
电子邮件：esp@ esp. com. cn
天猫网店：经济科学出版社旗舰店
网址：http://jjkxcbs. tmall. com
北京季蜂印刷有限公司印装
710 × 1000　16 开　16. 25 印张　270000 字
2017 年 3 月第 1 版　2017 年 3 月第 1 次印刷
ISBN 978 - 7 - 5141 - 7652 - 0　定价：48. 00 元
（图书出现印装问题，本社负责调换. 电话：010 - 88191510）
（版权所有　侵权必究　举报电话：010 - 88191586
电子邮箱：dbts@ esp. com. cn）

序

　　耕地资源作为生产、生活和生态复合系统，其多元化价值不仅包括产出土地产品的经济价值，还包括吸纳农村劳动力就业、减少社会保障支出、维持社会稳定等社会价值，以及承载农田生态系统、净化环境等生态景观价值。耕地保护制度长期以来的实践不仅验证了其维护国家粮食安全和基础生产原料供应的直接意义，同时也显化了其优化土地利用空间格局、促进生态文明建设、统筹城乡可持续发展、改善和增强农村活力等重要作用。

　　但是，我国目前耕地保护所采用的主要模式是以层级性规划指标分配为框架、以土地利用审批和监管为手段的"外部约束性、管制性"方式，虽然强化了政府对土地利用的控制力，有助于国家战略的严格贯彻，但对农村集体的土地权益构成了限制和损害，加剧了城乡"双轨制"土地产权制度下的同地不同权问题，也会导致承担不同耕地保护任务量的地区间发展机会不公平。这种由耕地保护所带来的城乡间、地方间土地收益矛盾不利于社会公平和谐，降低了基层群众的制度认同感，削弱了耕地保护的执行效力。

　　由此，我国一些土地学者开始了"耕地保护补偿"的研究，旨在通过对基层主体保护耕地所遭受的土地发展权益损失进行补偿，促进土地开发与保护利益的公平分配，增强耕地保护的执行力。2009 年至今历年的中央一号文件以及各部委的系列政策中对耕地保护补偿做出了由理论探索到地方试点的部署，并将建立耕地保护补偿机制纳入资源有偿使用和生态补偿制度建设任务全局中。四川成都、广东佛山以及浙江、上海等地相继开展了耕地保护补偿试点，取得了一定的成效。目前，这一领域的研究仍在不断深化，研究对象也由补偿理由、理论依据、补偿关系拓展为补偿标准核算、效果评价以及资金的使用方式等方面，成为土地科学研究的一个热点领域。

我国确立了"全面、协调、绿色、开放、共享"的发展理念，将生态文明建设提升至前所未有的高度，特别强调了"共享发展"与"社会建设"；建立耕地保护补偿机制正是五位一体发展理念和包容、共享发展要求在土地管理领域的体现，是提高耕地保护绩效、推动我国城乡土地资源配置改善和生态景观环境优化的有力工具，也是我国土地管理体制由政府主导的行政型模式逐步走向政府和市场相结合的经济型模式的有效改革探索。

本书的研究在对当前代表性研究进行归纳式梳理的基础上，对耕地保护补偿的理由、依据、模式、标准和应用方式进行了递进式的阐述，其中不乏一些土地科学研究新方法的引入，设计了政府与市场相结合的补偿模式，并依据福利经济学基本理论实证构建了耕地价值函数、测得了补偿标准。本书在实证研究之余也为决策部门对理论成果的运用提出了意见、给出了基本原则和路径，在补偿效力预测与补偿方式选取等方面为后续研究留下了思考空间，搭建了一个可取的土地和农业补偿研究范式。

本书作者是一位相识已久的青年学者，兼备理论研究功底与执行能力，我一直看好他的发展前景。在收到书稿看完全部内容后，对这位年轻学者的务实态度和创新思维感到欣慰，欣然写就上述读后感，并非常愿意向读者推荐这本著作。相信本书的出版将有助于耕地保护补偿机制研究的不断深化，为在中国尽快建立耕地保护补偿制度发挥应有的作用。

是为序。

陈百明

2016 年 12 月 31 日

前　　言

　　作为中国的基本国策和国土资源管理的核心纲要，耕地保护制度的建立有其深刻的理论和现实背景：一方面，耕地资源生态、社会等非经济价值的"高竞用性"和"低排他性"导致其配置的"市场失灵"是政府实施外部干预的理论基础；另一方面，中国人口总量巨大而宜耕土地匮乏，人均耕地面积已跌至1.52亩，不足世界水平的45%，644个县市人均耕地保有量低于0.8亩的警戒值，已成为国民经济、社会发展与生态安全的重大威胁，是实施耕地保护的现实根源。

　　多年的耕地保护实践验证了其维护国家粮食战略安全和社会稳定的重要意义，更使其优化国土利用空间格局、保护和改善生态环境、增强农村长期经济活力等价值得以显化；但其同时也暴露出了"权责过度集中于政府（主体单一）"、"过分依赖强制性约束（手段单一）"、"重视数量、轻视质量、忽视生态（目标单一）"等机制设计问题，造成其执行绩效低下，耕地流失、质量下降、生态恶化日趋严重。而这种耕地资源配置"政府失灵"的深层次原因则在于现行耕地保护制度单纯强调对耕地利用的外部约束，却忽视耕保主体由于耕地利用限制而承担的巨额经济机会成本损失，挫伤了耕保主体的积极性，造成了不同地区间、城乡土地利用选择间和不同社会群体间三方面土地利用效益冲突。

　　自2005年起，建立耕地保护补偿机制，消除城乡间、不同社会群体间由于耕地保护所导致的经济发展机会不均等，通过对耕地保护主体机会成本损失的合理补偿，促进耕地资源价值外部性内部化，弭平耕保主体与社会整体间的价值取向差异，形成对其自觉自愿保护耕地的内在激励，从而增进社会公平、提升耕保绩效已成为政府和学界的共识。与此同时，地方性耕地保护补偿机制亦相继在一些农业地区和经济发达地区得到了实践尝试，成效可圈可点。

　　理想中，耕地保护补偿的本质思维在于以经济手段和激励思维式的耕地保护措施补充和替代传统约束性手段——以"协商"替代"命令"，以"互利"替代"掠夺"，以"公平"促进"效率"；这是一种对中国土地公有制框架下传统耕地保护形式和思维由"辅助"到"补充"再到"革新"和渐进式改良。但目前该机制的理论与实践探索尚不成熟，补偿的模式、标准、资金来源、分配方案等问题远未得到有效解答，造成全国耕保补偿机制建设举步不前。

鉴于此，本书以耕保补偿五大核心问题，即"为何补（补偿依据）"、"谁来补（补偿主体）"、"补给谁（补偿对象）"、"补多少（补偿标准）"、"如何补（补偿方式）"为主线。在系统梳理分析国内外相关研究和实践经验的基础上：一方面，运用"政策供给强度时间线（AFPRSS）＋重点政策评述＋实证统计分析"的方法，剖析现行耕地保护制度的土地产权限制措施、执行绩效、与"三个单一"机制设计问题，将耕保制度所造成的区域间、城乡间和社会群体间的土地利用效益冲突作为耕地保护补偿的现实依据。另一方面，综合政治哲学的公共负担平等说、特别牺牲说以及经济学的产权理论、地租理论和区位理论，构建耕地保护补偿研究的基础指导理论框架；并基于古典经济学市场失灵理论中外部性内部化的基本原理剖析耕保补偿的土地价值分配调整机理，推导补偿"三原则"，作为耕地保护补偿研究的理论依据。进而，基于以上理论与现实依据，开展三方面研究：

首先，对前期研究成果"全国耕保补偿双纵双横模式"进行了重新构建。在纵向上，综合运用德尔菲法和层次分析法，设计了"中央—省"以及"省—县"的补偿资金分配指标体系及资金运行方案；在横向上，基于耕地资源经济、社会、生态综合价值的人均占有量核算，对全国各省区进行了横向补偿实证分区，设计了"政府主导型"省际横向补偿运行方案；并基于基层耕保补偿管理实践需求的分析，对"市场主导型"的县级横向"土地信托"补偿模式进行了预探索。

其次，针对耕地价值生产过程要素投入关系复杂的问题，创新性引入"耕地价值生产函数"，运用福利经济学的边际生产率分配理论和欧拉定理，对耕地保护补偿的两项关键指标——机会成本损失额和耕地外部性价值的核算方法进行了全新的推导；并结合统计资料以及实地调研、问卷调查成果，获取 2009~2012 年间中国大陆 31 个省区耕地综合价值核算和耕地价值生产要素投入量面板数据，运用 PanalData 固定效应变截距模型 GLS 估算方法，实证构建中国耕地价值生产函数，测算得到全国、耕地赤字地区和耕地盈余地区的耕地保护补偿标准有效区间分别为：{4837.26 元/hm²·年，12070.87 元/hm²·年}、{9848.38 元/hm²·年，11509.31 元/hm²·年}、{3945.63 元/hm²·年，11300.40 元/hm²·年}；每年补偿资金需求规模的最低值和最高值分别为：{5885.98 亿元·年；14687.83 亿元·年}、{3965.84 亿元·年；4634.68 亿元·年}、{3212.18 亿元·年；9199.77 亿元·年}。

最后，基于基层补偿管理的困难和需求分析、激励机制设计理论以及"边际补偿效力递减规律"的推导，得出补偿资金运用的简便性与细致性相平衡原则、直观性原则、梯度补偿原则和适度补偿原则；并对现金、实物、农业生产条件和农村生活条件四类主要补偿手段在不同地区、不同影响因素下的适用性做出实证评价，为补偿的"末端管理"提供参考。

上述研究一方面对公有土地制度下的土地产权、土地保护、资源价值评价等理论做出了实证运用和少许发展延伸；另一方面也可为推动全国耕地保护补偿机制早日建立提供理论参考，为提升耕保执行绩效，维护农民土地产权权益，促进中国"三农"问题的化解和城乡经济社会协调、和谐、可持续发展提供智力支撑。

柴铎

2016 年 3 月 10 日

目　　录

图　目　录

表 目 录

第一章

由管制走向激励

——耕地保护制度的自我进化

第一节 耕地保护补偿的背景与政策

一、耕地保护补偿的现实背景

土地资源是人类社会维持物质、能量创造和财富、价值循环所必需的基础性物质资料。在经济生产四要素土地、资本、劳动和管理中，只有土地具有天然的稀缺性和不可创造性；土地的配置形式与效率以及由此所引致的社会财富创造和分配过程对于社会上层建筑的组织和运行具有先导性影响[1]。因此，科学配置城乡土地的利用结构与空间布局，调节和平衡土地开发与保护中的社会矛盾与利益冲突是国土资源管理的首要任务。

对于人口总量巨大的中国而言，宜耕土地匮乏且总体质量较差，后备土地资源严重短缺的问题始终是国家战略安全的重大威胁和制约国民经济健康发展的"瓶颈"[2]。自1978年改革开放以来，在人口规模的迅速膨胀以及高速工业化和城镇化的推动下，大量耕地被建设占用或遭到不可逆性破坏；1996年第一次全国土地调查的结果显示，中国耕地保有量为19.51亿亩（13003.9万公顷），人均耕地保有量仅为1.59亩，仅占世界同期人

---

① 周宝同：《土地资源可持续利用评价研究》，西南农业大学2001年论文；杨杨：《土地资源对中国经济的"增长阻尼"研究》，浙江大学2008年论文；刘文俭、张传翔：《土地资源的节约集约利用与城市经济的持续稳定发展》，载《现代城市研究》2006年第5期。

② 张国平、刘纪远、张增祥：《近10年来中国耕地资源的时空变化分析》，载《地理学报》2003年第3期。

均耕地保有量 3.75 亩的 44%；2005 年联合国粮农组织（FAO）的统计显示，虽然中国耕地总面积位居世界第 3，但人均耕地面积则在 126 位之后；66% 的现有耕地分布于难以进行机械化耕作的丘陵、山地和高原，仅有 44% 的耕地有灌溉设施或能够保障基本给水[①]；高产耕地面积仅占 39%，中低产田比例则达到 61%；仅有的 4424 万亩后备耕地资源中，超过 60% 分布于生态环境脆弱、水土气候等自然条件恶劣的西部地区[②]。根据 2009 年"二调"结果，全国耕地总量为 20.32 亿亩（13538.5 万公顷）；虽然较"一调"耕地面积新增约 0.8 亿亩[③]，但由于同期人口总量增加约 1.27 亿，2009 年人均耕地面积仅为 1.52 亩，比 1996 年下降了 0.7 亩，不足同期世界人均耕地数量 3.38 亩的 45%；全国目前已有 644 个县市的人均耕地保有量低于联合国所确定的 0.8 亩警戒线[④]；至 2012 年，中国耕地数量较 2009 年又减少至 18.25 亿亩。如今，切实保护耕地、严守 18 亿亩耕地红线已成为中国未来改革发展的基本战略与国土资源管理的核心纲要。长期的耕保实践也验证了其维护国家粮食战略安全和社会稳定的直接意义，更使其优化国土利用空间格局、保护和改善生态环境、促进区域可持续发展和增强农村经济活力等价值得以显化[⑤]。

本质上，现行耕地保护制度所采用的是"委托—代理"型的运行机制，政府代表全体社会成员利益，作为"委托方"下达并逐级分解耕地保护指标；而耕地保护主体（包括基层政府、农村集体经济组织以及农户等耕地的实际利用者）则作为"代理方"，具体执行耕地保护任务。由于国土面积广阔而监管资源有限，中央对于地方实际耕地保有量和保护成效的信息存在极大的不完全和不对称，不仅使地方瞒报、虚报耕地信息、突破建设用地指标违规转用耕地资源有了可乘之机[⑥]，更使得基层政府和民众私自违规转用、破坏耕地资源（如建设工厂、挖塘养鱼、撂荒堆砌等）等

---

① 张士功：《中国耕地资源的基本态势及其近年来数量变化研究》，载《中国农学通报》2005 年第 6 期。

② 封志明、刘宝勤、杨艳昭：《中国耕地资源数量变化的趋势分析与数据重建：1949～2003》，载《自然资源学报》2005 年第 1 期。

③ 该结果一方面是由于调查精度的提升和口径的调整，更重要的则在于前期各地为了少缴农业税、多占耕地而瞒报了大量的实有耕地面积。

④ 田光进、庄大方、刘明亮：《近 10 年中国耕地资源时空变化特征》，载《地球科学进展》2003 年第 1 期。

⑤ 钱文荣：《城市化过程中的耕地保护研究》，中国农业出版社 2000 年版。陈静彬：《粮食安全与耕地保护研究》，中南大学 2010 年论文。

⑥ 张士功、纪纯、邱建军、唐华俊：《中国耕地资源安全问题及其对策研究》，载《中国农学通报》2005 年第 12 期。

行为难以得到及时纠正①。因此，耕地保护的绩效不仅要靠计划层面上政府的政策、法规与监管，更依赖于执行层面上耕地保护主体自觉自愿保护耕地的积极性。然而，现行耕地保护制度过分倚重对耕地利用的强制性外部约束，对耕地保护主体硬性附加耕地保护义务，却忽略了耕地保护主体由于耕地利用受限所承受的高额经济机会成本损失，造成了严重的社会不公平和激烈的土地利用效益冲突，加剧了耕地保护的"委托—代理"问题：

首先是地区间的不公平。在现行土地利用规划体系下，受人为的地区发展定位影响，城镇化水平较高而耕地保有量较低的经济发达地区通常分得的耕地保护任务较轻而新增建设用地额度相对较高；耕地保有量较大的农业地区虽然为国家粮食、生态安全做出了巨大贡献，但所分得的耕地保护任务较重而新增建设用地额度则相对较少。由于土地在作为城镇化开发后能够获得更高的经济收益，耕地保护任务分配的"厚此薄彼"实际上为发达地区通过增加耕地转用扩大财政收入、促进地方经济增长提供了便利，却在很大程度上限制了欠发达地区的城镇化进程进而经济增长，加剧了区域间经济发展机会的不平等②。同时，由于发达地区耕地通常自然区位和生产条件较好，该类现象还对发达地区过度转用耕地进行开发建设形成了错误诱导和放纵，造成大量优质耕地资源过速流失，在实现短期经济利益的同时却永久性的丧失了耕地资源的综合价值收益③。耕地"一路向西"、"劣质耕地驱逐优质耕地"的问题十分突出④。

其次是不同社会群体之间的不公平：耕地资源除具有提供土地产品的经济价值外，还具有稳定就业、保障社会秩序的社会价值和净化生态环境、美化人居景观的生态价值⑤；但社会和生态等非经济价值却难以被固定在耕地边界内，且无法在土地产品的市场交易价格中得到报偿；使得除耕地保护主体外的其他社会成员对耕地的非经济价值进行着长期"搭便车"式的享有。在耕地比较经济受益偏低的大背景下，现行耕地保护制度仅依靠简单、粗暴的行政干预就使得其他社会成员免费占有了耕地的"正

---

① 廖和平、沈琼、谢德体：《中国耕地资源及其可持续利用》，载《西南师范大学学报》（自然科学版）2002 年第 3 期。马文博：《耕地保护经济补偿机制研究》，西北农林科技大学 2009 年论文。

② 马文博：《耕地保护经济补偿机制研究》，西北农林科技大学 2009 年论文。

③ 雍新琴：《耕地保护经济补偿机制研究》，华中农业大学 2010 年论文。

④ 唐健、卢艳霞：《中国耕地保护制度研究——理论与实证》，中国大地出版社 2006 年版。

⑤ 卢艳霞：《粮食主产区耕地保护经济补偿理论与实证研究——以湖北荆州为例》，中国科学院地理科学与资源研究所 2007 年论文。

外部性"价值，而对于耕地保护主体由于土地利用受限所丧失的转用耕地获利的机会却视而不见、不予补偿。耕地保护主体为增进社会总体福利做出巨大的贡献的同时，却不得不被动承担高昂的经济利益机会成本损失，严重挫伤了其保护耕地的积极性，加剧了其转用耕地逐利的激励。

正如希克斯（Hicks，John Richard，1904~1989）所说："相对于被社会广泛认同的价值而言，私人往往更加青睐自身眼前的直观利益"[①]。上述不公平现象使得耕地保护这项利国利民的好事却招致了耕地保护主体的不满与抵制。由此，虽然近年来中国政府通过土地普查、土地督察等形式不断增强耕地利用的外部约束力和违法用地处罚力度，但由于内在激励的缺失，耕地保护的执行效力依然堪舆：2012 年全国耕地减少 219.6 万亩，其中建设占用达 179.4 万亩，占总减少量的 80%[②]；如果考虑地方政府隐瞒的违规占地情况，这一数字将更加惊人。其中除工业化和城市化建设等难以避免的因素外，很大成分是耕地保护主体因经济利益驱动而造成的耕地过速非农化。

长此以往，不仅耕地保护的长远目标将难以实现，更会激化社会矛盾，威胁到中国社会和谐与城乡统筹发展。因此，建立耕地保护补偿（Compensation for Farmland Protection）机制，通过对耕地保护主体机会成本损失的合理补偿，逐渐消除由耕地保护制度所造成的土地产权权益矛盾，弭平耕地保护主体与其他社会成员间的价值取向差异，形成对耕地保护主体自觉自愿保护耕地的内在激励，就成为化解耕地保护困境、提升耕地保护制度效率与公平性的有力手段和必由之路。这一方面是科学发展观统筹兼顾思想和全面协调可持续发展的要求，同时也是新时期促进"三农"发展、建设和谐社会的重要举措，由此成为中国土地科学界研究的一个新兴热点领域。

二、耕地保护补偿的政策演进

2005 年国土资源部《关于进一步做好基本农田保护有关工作的意见》中提出"探索建立基本农田保护经济激励机制"，这是建立耕地保护补偿机制在政策层面的最早体现；2008 年，党的十七届三中全会《中共中央

---

① ［英］希克斯：《价值与资本》，唐日松译，中国社会科学出版社 2004 年版。
② 由于中国官方耕地统计数据在第二次土地利用调查后连续 4 年缺失，该数据来源于中国科学院地理科学与资源研究所的统计数据。

关于推进农村改革发展若干重大问题的决定》正式提出了"划定永久基本农田，建立保护补偿机制"的工作任务；此后，2010～2014 年间（不包含 2011 年）四年的中央一号文件分别提出"坚决守住耕地保护红线，建立保护补偿机制"，"健全主产区利益补偿机制……加快永久基本农田划定工作，启动耕地保护补偿试点"，"完善主产区利益补偿、耕地保护补偿、生态补偿办法，加快让农业获得合理利润、让主产区财力逐步达到全国或全省平均水平"，"加快建立利益补偿机制……支持地方开展耕地保护补偿"，由"研究"到"试点"再到"支持地方探索"的递进式政策部署体现出国家推动耕地保护补偿机制建立的力度与决心[1]；广东佛山、四川成都等地的补偿试点工作也已启动。

从目前国内外土地利用限制与耕地保护补偿研究来看，美国、德国、日本等国在运用土地发展权制度补偿受保护土地用益损失方面形成了较为成熟的体制机制[2]，但是这种建立在土地私有制框架下的补偿措施与中国现行的土地制度和管理体制具有较多不相容性，直接引入较为困难；而国内现有的耕地保护补偿研究在补偿的经济理论基础、补偿的运行模式以及补偿标准的核算依据等方面形成了一些较有代表性的研究[3]，特别是近年来出现了数个基于典型地区耕地保护经济收益损失核算、区域间耕地保护外部性价值量核算以及农户补偿意愿调查的补偿实际操作方案的设计研究[4]。但是上述研究仍然存在三方面的主要问题：其一是未能全面厘清现行土地制度下土地产权理论、地租理论与市场失灵理论在耕地保护补偿研究中的特定指导价值，立论较为片面；其二是未能对耕地保护补偿中"机会成本损失"和"耕地正外部性价值"两个核心概念及其具体作用做出

---

① 上述推动建立耕地保护补偿机制的中央政策文件详见：
《关于进一步做好基本农田保护有关工作的意见》；《中共中央关于推进农村改革发展若干重大问题的决定》（2008 年 10 月 12 日中国共产党第十七届中央委员会第三次全体会议通过）；《中共中央、国务院关于 2009 年促进农业稳定发展农民持续增收的若干意见》；《国土资源部关于促进农业稳定发展农民持续增收推动城乡统筹发展的若干意见》；《中共中央、国务院关于加大统筹城乡发展力度进一步夯实农业农村发展基础的若干意见》；《中共中央、国务院关于加快推进农业科技创新持续增强农产品供给保障能力的若干意见》；《中共中央国务院关于加快发展现代农业进一步增强农村发展活力的若干意见》；《中共中央国务院关于全面深化农村改革加快推进农业现代化的若干意见》。

② 杨帆：《耕地保护补偿机制研究综述》，载《安徽农业科学》2012 年第 2 期。

③ 靳相木、杜茎深：《耕地保护补偿研究：一个结构性的进展评论》，载《中国土地科学》2013 年第 3 期。

④ 柯新利：《我国耕地保护目标责任及区域补偿研究进展》，载《华中农业大学学报》（社会科学版）2014 年第 1 期。牛海鹏、杨小爱、张安录、李明秋：《国内外耕地保护的经济补偿研究进展述评》，载《资源开发与市场》2010 年第 1 期。王迪、聂锐、王胜洲：《耕地保护外部性及其经济补偿研究进展》，载《中国人口·资源与环境》2012 年第 10 期。

清晰、准确的分析理解，许多研究存在方法性、方向性的理论缺陷；其三是大都集中在地区间和城乡间的局部补偿研究方面，未能完整构建连贯、有序的全国补偿模式及落实方案。理论支撑的不足也是导致耕保补偿机制在提出后推进缓慢、甚至踟蹰不前的症结所在。

耕地保护补偿研究包括五项核心问题：即"为何补（补偿依据）"、"谁来补（补偿主体）"、"补给谁（补偿对象）"、"补多少（补偿标准）"、"如何补（补偿方式）"。笔者在近年的耕地保护补偿研究中先后得到了两项国家自然科学基金的支持，在前辈学者的关心指点及研究成果学习的基础上，对于耕地保护补偿的依据、全国性补偿模式的设计及补偿标准核算的理论方法进行了连续性的研究；但补偿指导理论框架构建尚不成熟，补偿模式及资金运用管理方法的设计上还很不完善，尤其在全国性补偿标准核算方面只提出了研究思路和方法，尚需进一步论证、细化，且并未作出实证测算。

本书希望在既往研究的基础之上，通过对国内外现有耕保补偿研究与实践的成果总结与系统梳理，基于古典政治哲学和经济学的产权、地租、区位及市场失灵理论，搭建耕地保护补偿研究的指导理论架构；综合分析中国耕地保护制度的执行绩效现状与机制设计问题，阐明耕地保护制度所造成的社会矛盾与利益冲突的形成机理；为耕地保护补偿研究找准现实依据。在以上理论与现实依据的指引下，结合近年来实地调研的成果，重新推导设计全国耕地保护补偿模式，设计更加细致、合理的纵向和横向补偿资金的分配和运行管理方案，使之更加符合各级补偿管理的实际需求特征。进而，引入"耕地价值生产函数"研究方法，综合古典经济学的生产理论、福利经济学的分配理论重新推导耕地保护"机会成本损失"和"正外部性价值"的核算方法，运用2009～2012年间全国各省区耕地价值生产要素投入量面板数据，对全国耕地保护补偿标准和补偿资金规模总需求做出实证测算。吸纳地方耕保补偿试点的实践经验与笔者基层调研的反馈信息，推导补偿资金的运用原则，比较不同补偿手段的效力与适应性。从由此通过对笔者近年来的研究成果进行全面的总结、再创新与突破，为全国性耕地保护补偿机制的建立制定一个完整、连贯的实施方案。通过本研究，一方面，可以丰富和发展土地价值理论、产权理论及土地保护制度研究；另一方面，也可为中国耕地保护补偿机制实现"责—权—利"相对等，提高耕地保护效率，促进社会公平和城乡统筹发展提供智力支持。

三、耕保补偿的研究意义

（一）理论价值

土地保护与开发是人类社会土地资源利用选择的核心问题，而土地保护理论研究是土地科学研究的一项重要领域；其主要内容包括土地保护的法理及经济机理、土地用途管制的机制设计与手段、土地保护效果的衡量与评价以及土地利用收益矛盾的平衡和调节。其中综合了古典政治哲学的人本主义和公平主义思想、现代公共治理思维的发展、土地经济学的区位理论、地租理论、资源价值理论，以及古典经济学中的产权理论、生产理论、市场失灵理论等诸多理论成果。是当代土地科学中热点和创新点较为集中的研究方向。

就目前国内外土地保护研究较为成熟的几类范式而言，基本上都是以私有土地制度和土地产权自由市场交易为前提的，如何在土地公有制框架下引入市场导向的土地管理手段，构建一个准确反映土地利用价值和利益相关方用地效益的土地保护及补偿模式仍然未形成得到广泛共识的、制度成本①较低的解决方案。

本书在系统回顾传统土地保护理论的基础上，融合政治哲学、公共管理和土地经济学的理论成果，运用古典经济学的生产论和福利经济学的分配论，借助计量经济学的定量分析方法，研究在土地公有制框架下的运用市场机制和经济性手段保护耕地的可行方案。这是既是对上述学科理论成果的实践验证和应用，也是对传统土地保护理论的发展和延伸，是对公有制土地产权制度在用地收益管理方面进行的创新和改良。

（二）实践价值

耕地保护与"三农问题"联系紧密，保护耕地既是在为农业产业发展升级储备最重要的基础性资源，亦是为农村集体保留长期土地资产性收益能力、提高农民收入的长远策略，同时也是保障农村就业和社会秩序稳定的重要举措。但是目前的耕地保护制度仅依靠外部约束、忽视对耕地保护主体收益损失的补偿，不仅降低了耕地保护的执行绩效，更加剧了区域与

---

① 制度成本是指在建立某项制度时，不得不进行的相悖政策清障和保障政策建立过程总共消耗的公共资源。

城乡间经济发展机会的不平等，拉大了社会贫富差距，激化了社会矛盾。

党的十七大以来，科学发展观提出"以人为本的，全面、协调、可持续的统筹发展"战略，要求在经济社会建设中做到"效率"与"公平"的并重，将"着力改善社会公平、消除社会矛盾"作为社会工作重点。十八大后，推进新型城镇化建设，统筹城乡发展，改变粗放型土地利用模式，建立资源有偿使用制度和补偿制度，严格保护耕地资源，切实保障农村集体土地权益为未来中国国土资源管理明确了指导思想。其中，推动"同地同权、同地同酬"是未来城乡间、区域间土地利用收益的分配与平衡的重要导向。在此背景之下，建立耕地保护补偿制度，形成城乡间土地开发收益和经济发展成果的转移、共享，弥补落后地区和农村因土地利用限制所背负的经济损失，正是上述国家战略的落实手段之一。

本书在总结目前耕地保护补偿机制研究和实践经验的基础上，设计全国耕地保护补偿模式，核算全国补偿标准和资金需求，并对补偿资金的最终运用做出政策建议，从而首次完整构建全国性的耕地保护补偿机制设计方案，为推动全国耕地保护补偿机制早日建立、提升耕地保护绩效提供理论参考；是践行科学发展观与新时期国家经济社会发展方略的忠实体现，同时也是针对"三农"问题化解、"和谐社会"建设和新农村建设的保障机制研究，具有较强的实践运用价值。

第二节　相关概念的内涵解析

一、土地利用限制与耕地保护

对私人土地利用进行限制的经济理论基础源于"外部性"问题：为了阻止某些具有正外部性的土地在土地主个人利益驱使下过快流失，弥合"个人理性"与"社会理性"的差异，公权力会对私人拥有的土地利用实施外部干预，从而实现社会利益最大化。概括而言，"土地利用限制"可被定义为"为实现土地资源的合理配置与永续利用而按照土地利用规划所确定的土地用途、数量和空间范围，综合采用经济、科技、行政、立法等手段对土地资源的利用现状进行维持和改善"①。

---

① 吴克宁：《试论土地保护学》，载《中国土地科学》2003 年第 3 期。

耕地保护是"土地保护"的一个重要类型：耕地不仅具有生产土地产品的经济价值，还具有稳定就业和物价等社会价值以及净化环境、维持农田生态系统的生态价值；其中，非经济价值很难在土地产品和土地权属的市场交易中得到体现，导致耕地价值具有显著外部性，使耕地资源具有了公有资源的性质，不仅为耕地耕种者提供收益，也在为其他社会成员提供效用输出。由于目前中国农业用地的比较收益远低于其非农用途，仅靠农产品市场的价格机制无法形成对于耕地使用者维持土地农业用途的有效激励，从而使耕地的自愿供给不足，造成耕地资源市场调节失灵。耕地保护制度实质是建立在市场失灵基础上的政府主导的土地资源配置形式，试图通过非市场干预弥合耕地利用者与社会整体的意愿冲突；可被概括为"以保护耕地数量、提高耕地质量、改善和建设耕地生态景观为目的，采用经济、法律、行政、技术、教育等手段，对耕地资源进行维持和改善的土地利用管制行为"。

在国外，大多将耕地视为生态性用地和开敞空间的构成部分，与森林、水源地、文化古迹等其他特殊用地类型相并列，组成综合性的"土地保护"概念；虽然对于农用地的保护亦有所强调，但在具体的保护机制（如地役权、发展权、禁止令）等方面与其他地类保护并没有特别的突出与区分[1]。

对于中国而言，由于人地矛盾与发达国家相较更为突出，耕地资源数量和质量禀赋较差，且农业生产率较为落后，维持耕地面积对于保障国家粮食战略安全、维护国家社会稳定的作用尤为突出，因而受到了格外的关注与重视，被从"土地保护"内单独提出作为土地管理的核心任务[2]。目前，中国耕地保护主要采用自上而下的规划管制手段，逐级分解耕地数量维持指标，形成"委托—代理"型的耕地保护体制。这种体制存在一定的"委托—代理问题"：中央对于地方耕地资源现状和保护效果信息的掌握很大程度上依赖于地方政府的上报，这为地方少报、瞒报耕地数量和违规占地制造了可能；同时，由于上下信息联动机制的缺乏，耕地保护指标的分配缺乏科学的依据，发达地区由于经济发展的压力往往突破新增建设用地

---

① 宋乃平、张晋科、张凤荣、刘成敏：《2003 年国内外土地保护研究述略》，载《中国土地科学》2004 年第 5 期。

② 郭力娜：《我国耕地保护研究综述》，引自《中国土地学会、中国土地勘测规划院、国土资源部土地利用重点实验室：2008 年中国土地学会学术年会论文集》，中国土地学会、中国土地勘测规划院、国土资源部土地利用重点实验室，2008 年 5 月。侯丽艳、任杰、姜琳洁：《我国耕地保护对策研究》，载《当代经济管理》2010 年第 4 期。

指标，欠发达地区却因用不完占地指标而连年结转。因此，现行耕地保护体制自建立之初，始终遭受着质疑与批评。

经过多年的发展，中国耕地保护理念已经由单纯重视"数量维持"向"数量、质量与生态景观建设"并重过渡①；并不断推进机制创新和手段优化，力求通过更加人本化、经济型的方式提高耕地保护效率。作为本书研究对象的耕地保护，实际上是以耕地的数量维持、用途固定为基本诉求，通过补偿资金分配、补偿标准核算以及资金最终使用研究中对于耕地质量较好、生态功能价值较高地区的倾斜和扶持，对提高耕地资源利用效率、改善耕地质量、促进耕地生态景观建设给予资金支持，在"留住"耕地资源的同时"鼓励"耕地资源综合服务价值的提升，平衡耕地保护中的社会利益冲突，以适应新时期耕地保护的发展趋势。

二、土地"权利束"

土地权利束属于不动产物权的一类，是土地所有者对土地占有、使用、处分、收益各类权利的总和，在具体表现上可分为所有权、使用权、发展权、地役权等多种形式②，这其中各类权利形式之间又存在相互依托、支撑、吸收、竞合与重叠等多种关系，又可被单独剥离、抽析加以配置③。

中国现行城乡双轨制的土地制度下，耕地所有权归农村集体所有，而使用权则通过家庭联产责任承包制的形式为农户个体所占有，耕地保护制度的直接限制对象实则是耕地使用者的土地使用权。因此，从产权角度理解耕地保护问题，应首先从土地权利束中抽析出耕地利用限制所造成的权利缺失，从而清晰、准确地厘清耕地保护补偿中价值分配调整的路径，这一点将在后续产权理论与耕地保护补偿经济机理推导中详细阐述。

三、"补贴"与"补偿"

在现有研究中，对于耕地保护补偿与传统农业补贴的关系理解存在着较大的误区。一些学者延续了传统农业补贴的研究思路，将耕地保护补偿

---

① 张全景：《我国土地用途管制制度的耕地保护绩效研究》，南京农业大学 2007 年论文。
② 刘国凤：《中国最严格耕地保护制度研究》，吉林大学 2011 年论文。
③ 吴泽斌：《耕地保护利益冲突及其管理研究》，浙江大学 2011 年论文。

视为农业补贴的扩大和延续①，认为可以将现有其他类农业补贴资金纳入耕地保护补偿进行整合和替代，且补偿应该遵守 WTO 对于成员国农业补贴政策的限制②。这实际上是未能认清耕地保护"补偿"与农业"补贴"在目的、内涵上的联系与区别：

"补偿"一词在《辞海》中的释义为"抵消损失和消耗；补足缺欠和差额"，其内涵为"赔偿、弥补"，而目的则是"抵消损耗"。在中国古代称为"备"，意在赔付损失，清代顾张思《土风录》第十四卷说道"补偿曰赔。以物相偿曰赔，古谓之备。"《北齐书》高欢立法中说道："盗私家十备五，盗官家十备三。"③

"补贴"一词在《辞海》中的释义则为"因为不足而给予的增加、贴补"，唐代白居易的《和东川杨慕巢尚书见寄十四韵》中有："老将荣补帖，愁用道销磨。"宋代陆游的《冬暮》诗曰："乘除富贵惟身健，补贴光阴有夜长。"清钱谦益《病榻消寒杂咏》之十五："补贴残骸惟老病，折枝摩腹梦廻初。"所表述的均是此意。在现代社会中，补贴通常是指政府或公共机构对于社会某一利益团体的财政捐助以及价格、收入方面的资金支持或政策扶助，其目的在于降低该利益群体的生产成本、提高其收入水平和福利待遇。在外贸过程中表现为通过降低本国产品的生产成本以获取价格优势，从而在贸易竞争中击败对手产品而占据市场，因此 WTO 对于诸多形式的政府补贴有着严格的监督与限制④。

就农业补贴的性质和目的而言。设立农业补贴的原因在于中国农业生产条件较为落后，农民耕作劳动强度较大而生产效率低下，耕作积极性较低；补贴的目的在于提升农业生产的机械化、现代化水平，降低农民耕作成本⑤。按照 WTO 的农业补贴纪律框架，农业综合扶持可分为"绿箱"政策和"黄箱"政策两类，其中"绿箱"政策主要为支持农业发展的科技、水利、环保等间接性财政投入，一般包括农业保险、救济、环境、资源储备等辅助性的农业生产援助，并不直接影响农产品生产成本进而销售

---

① 何忠伟：《中国农业补贴政策的效果与体系研究》，中国农业科学院 2005 年论文。
② 卢艳霞：《我国耕地保护补偿机制研究》，科学出版社 2013 年版。
③ 夏征农、陈至立：《辞海》，上海辞书出版社 2010 年版。
④ 程国强：《难有突破的补贴议题——中国农业面对的国际农业补贴环境分析》，载《国际贸易》2002 年第 11 期。
⑤ 黄河：《论我国农业补贴法律制度的构建》，载《法律科学》（西北政法学院学报）2007年第 1 期。

价格，不扭曲农产品市场的价格发现机制[①]；而"黄箱"政策则是指政府对农业生产中从生产要素投入到产品营销各环节的直接干预和投入，会对农产品生产成本、销售价格及市场交易产生直接的冲击和影响，因而应受WTO农业补贴规则的约束[②]。

由以上分析可以看出，耕地保护补偿虽然能够间接发挥提高农民耕作积极性、促进农业生产效率的功能，但其本质上是对耕地因为不能转用而遭受的经济收益损失的"补偿"，而不是"补贴"；是一种"社会赔偿"性质的财政转移支付，是对耕地产权人为社会所作出的贡献而承担的"不公平的牺牲"的弥补和回报；换句话说，农业补贴是为了鼓励"种地"，而耕地保护补偿则是为了鼓励"保地"，是耕地保护主体"本来就应得的收益"，而不是对其未来土地收益的干预，既不会使本国农产品的生产成本具有竞争优势，也不会被转移到耕地利用现状下农产品的市场价格构成中。世界范围内，美国、日本、德国等土地私有制国家通过土地发展权的市场交易和转移对本国受保护农地进行收益补偿，属于国土管理的范畴，而并不是农业扶持。因此，将耕地保护补偿视为农业补贴的观点是不正确的，甚至也不属于"绿箱"政策的范畴，不应该由WTO农业补贴政策所支配。

进一步分析"补偿"的作用内涵，可分为"效率"和"公平"两个方面：一是为了提高耕地保护效率，抑制耕地流失；二是促进社会价值分配公平，维护农民权益。新古典主义经济学家通常主张"效率优先、兼顾公平"，即认为实现效率是促进公平的基础。但是，耕地保护补偿的目标应是"公平优先、效率跟进"——虽然中国土地制度规定耕地产权属农民集体所有，但为了避免私人出于自身利益最大化而过度转用耕地造成社会整体福利的降低，中国实施了耕地保护制度。这种非市场干预造成土地产权的不完整，使得耕地使用者丧失了部分土地产权的收益，也使耕地资源价值产生了外溢。耕地保护者以牺牲自身获益机会的巨大机会成本为全社会成员提供了无补偿的正外部性，违背了"公平"的基本社会价值。同时，土地用途管制的制约和惩罚也加大了耕地资源市场配置中的交易成本，使得市场无法依靠自身力量校正这一失衡。因此，只能通过非市场的

① 冯继康：《美国农业补贴政策：历史演变与发展走势》，载《中国农村经济》2007年第3期。
② 李长健、李昭畅：《论我国与欧美农业补贴制度的对比和借鉴——农业补贴利益的和谐实现》，载《理论导刊》2008年第4期。程国强、朱满德：《中国工业化中期阶段的农业补贴制度与政策选择》，载《管理世界》2012年第1期。

转移支付手段对耕地价值分配的不公加以矫正。耕地保护补偿正是要通过促进公平，给予耕地保护者充分激励，从而使得耕地保护主体的自愿耕地供给量达到或接近整个社会所要求的最优水平。这是一个以公平为先导，以效率为目标的路径。

四、机会成本损失

"机会成本损失"并不是一个既有的经济学概念，而是国内学术界在耕地保护补偿研究中所创造一个学术用语，其与传统"机会成本"的概念具有一定的联系与区别：

机会成本是与"资源的有限性"相联系一个经济学概念，它是指在资源有限而欲望无限的前提下，对资源的使用中为获得某一利用状态下的收益水平 A 而不得不放弃的将同等资源转化为其他用途时所获得的最高收益水平 B[①]。在"理性经济人"的假设条件下，经济人对资源的配置选择应为对其自身而言收益最优的用途，因而资源的现状收益水平 A 应大于其机会成本 B，也就是说该资源作为现状用途时应能够获得最高的综合（包括经济与非经济的、直接与间接的）收益。

但是，在耕地保护补偿研究中，由于现行耕地保护制度对耕地保护主体的土地产权完整性构成了外部强制性干预，导致理性的耕地保护主体不能够根据自身收入损益的评价自由支配耕地资源的用途，从而使得耕地保护主体从土地利用现状所获得的经济收益低于其转用耕地后的收益水平，实际上遭受了一定程度的"损失"[②]。在"机会成本"后加上并强调"损失"正是为了突出这种土地利用受限的"价值牺牲"，即不得不放弃的土地其他用途中的最高收益比现状收益所高出的价值量（ $B - A$ ）。

实际上，"机会成本"的概念已可包含并说明耕地保护下土地利用的利益冲突；"机会成本损失"的称法实际上是值得商榷的，但鉴于其已经成为目前国内土地科学研究领域的惯用称谓，本书依然沿用这一说法，其表达的含义如上所述。

---

① ［澳］基姆·安德森、［日］速水佑次郎：《农业保护的政治经济学》，蔡昉、杜志雄等译，天津人民出版社 1996 年版。
② 马驰：《构建我国区域间耕地保护补偿机制探讨》，河南大学 2009 年论文。

五、外部性贡献

"外部性"的提法是古典经济学市场失灵理论的一个重要概念，它表示某一经济行为主体在实施某项经济行为时，对于除自身之外的并未参与该项经济过程的他方所造成的无补偿的影响①。假若这种影响对于他方是有益的，则称为"正外部性作用"，而若该影响损害到他方利益，则称为"负外部性作用"②。外部性本质上包含三个构成要件：一是受影响的他方未参与该项经济过程；二是该影响并非有意为之；三是该影响未得到补偿。

耕地正外部性的产生实际上是耕地自然特性和耕地保护制度共同作用的结果：耕地保护主体的耕地生产行为不仅创造了耕地的经济价值，同时也维系着耕地社会、生态等非经济价值的产出③。由于耕地系统具有开放性，其社会和生态价值并不能够被固定在耕地的特定产权边界内，而是为除耕地产权人外的其他社会成员所共同分享，这是由耕地本身的自然属性所造成的。而又由于耕地产品市场具有"完全竞争"市场的特性，耕地所有者的议价能力较弱，土地产品的市场价格难于显化耕地的社会和生态等非经济价值，从而使得这部分价值成为"无补偿的"、"有益的"正外部性输出④。

耕地保护制度实际上并不是"创造了"这种正外部性，而是通过强制土地利用约束的"维持了"其他社会成员对耕地正外部性价值的"无补偿"占有。由于耕地的比较经济收益偏低，这种限制实际上是强制耕地保护主体以承受机会成本损失为代价为社会不断输出耕地正外部性贡献。厘清以上原理对于分析机会成本损失和耕地外部性价值对耕地保护补偿的指导意义、探明耕地保护补偿的价值分配调整机理十分重要。

---

① ［美］范里安：《微观经济学：现代观点》，费方域译，格致出版社2011年版。
② ［美］保罗·萨缪尔森、威廉·诺德豪斯：《经济学》，萧琛等译，华夏出版社1999年版。
③ 谢昕昕：《基于粮食安全的耕地保护利益补偿模式研究》，西北农林科技大学2013年论文。
④ 牛海鹏：《耕地保护的外部性及其经济补偿研究》，华中农业大学2010年论文。

第三节 各章内容安排与研究方法

一、章节内容安排

(一) 国内外土地保护补偿相关理论研究与实践探索的梳理总结

本书的第二章将对国外较为成熟的土地发展权补偿研究进行系统分析，探析其借鉴意义与路径；并对国内耕地保护补偿研究进行结构性述评，吸收前辈学者的研究方法和成果，找到现有研究的不足和本书研究的突破点。进而，对国内四川成都、广东佛山及上海的地方性耕地保护补偿试点工作进行分析评价，为补偿模式、标准及补偿资金使用研究提供实践参考。

(二) 中国耕地保护制度的执行绩效与利益冲突分析

第三章将运用"政策供给强度时间线（*AFPRSS*）＋重点政策评述＋实证统计分析"的方法，对中国耕地保护制度的发展历程、与具体时期经济建设需求和土地利用问题的适应性进行分析，并就当前耕保政策对耕地产权完整性的影响作出重点阐释。进而，对中国耕地资源保护和流失的现状进行统计评价，分析现行耕保制度的机制设计问题，并重点探析耕地保护制度下土地利用社会矛盾与利益冲突的形成机理，为耕地保护补偿研究确定目标问题、找准现实依据。

(三) 搭建耕地保护补偿研究的理论架构

本书的第四章将从耕地保护补偿的政治哲学和经济学基础入手，综合政治哲学中的公共负担平等说和特别牺牲说，以及经济学中产权、区位及地租理论，归纳和梳理上述理论在耕地保护补偿研究不同层面上的相互交织关系与具体指导作用；进而，运用古典经济学的市场失灵理论和外部性内部化的基本原理，推导耕地保护补偿的土地价值分配调整机理和补偿研究的基本原则，为补偿模式、标准和资金运用的研究奠定理论基础。

（四） 设计全国耕地保护补偿模式与资金分配、运行方案

按照前述补偿研究的理论与现实依据并结合近年来地方实践经验和实地调研成果，第五章将基于笔者在前期研究中所提出的全国耕地保护补偿"双纵双横"模式，对补偿运行逻辑架构进行调整；在纵向补偿方面，运用德尔菲法和层次分析法，全面修正补偿资金分配方案，构建补偿资金分配指标体系；在横向补偿方面，借助资源价值核算法系统核算耕地资源价值，设计"政府主导型"的省级横向补偿分区方案和资金筹集、分配方法，并对"市场主导型"的县级横向土地信托补偿方案进行预探索，从而完整设计全国耕地保护补偿运行模式。

（五） 核算全国耕地保护补偿标准和资金规模

本书第六章将运用古典经济学的生产理论和福利经济学的边际生产率分配理论，综合运用2009～2012年间《中国统计年鉴》、《中国农业统计年鉴》、《中国城市建设统计年鉴》、各类产业统计年鉴、地方统计年鉴以及第二次土地调查、第六次人口普查等数据资料，结合对上海、山东、福建、湖北、四川等地实地面对面访谈调研和在全国其他地区下发回收的共1782份有效调查问卷，获取2009～2012年间全国各省区耕地价值生产要素投入量面板数据，运用 Panel Data 变截距固定效应模型 GLS 估算方法实证构建全国耕地价值生产函数。进而根据边际生产率分配理论和欧拉定理，按照要素投入比率核算耕地保护主体和其他社会成员的价值损益，测算耕地保护的机会成本损失和正外部性价值量，得到全国耕地保护补偿标准有效区间，估算全国补偿资金需求总规模。

（六） 耕地保护补偿资金的最终运用形式研究

本书的第七章将对补偿资金的实际运用方法进行研究。首先基于耕地保护补偿工作的实际操作性需要，分析耕地保护补偿效力变化规律，推导耕保补偿资金的使用原则；进而基于笔者对福建省南平市延平区和福州市连江县的实地调研成果，对货币、实物以及政策等补偿手段进行分类比较，辨析各类补偿手段的优劣及相对适用性。从而对如何高效利用有限的补偿资金、最大限度的保护优质耕地资源提供政策参考。

（七） 全国耕地保护补偿方案的总结及未来研究展望

本书第八章，将对上述研究进行总结，对于本书提出的创新性观点及

政策建议进行概括和梳理，并对需要进一步研究的问题进行归纳和方向性的前瞻。

二、主要研究方法

（一）逻辑演绎与归纳法

本书第二章中，将运用归纳与演绎法对现有耕地保护补偿研究和实践进行评价分析。第三章中，将通过中国耕地资源现状及保护成效的统计分析，归纳现行耕地保护制度的机制设计问题，总结耕地保护制度下的宏观（区域间）、中观（区域内城乡之间）和微观（不同耕地保护利益相关主体间）社会利益冲突并抽析其形成机理。第四章中，将通过耕地保护补偿政治哲学和经济学基础理论的归纳梳理，构建补偿研究指导理论框架；进而基于古典经济学生产论和价值比较的方法，演绎推导耕地保护补偿的价值分配调整机理及基本指导原则。同时，第五章全国耕地保护补偿模式设计以及第七章补偿资金使用原则中，也将依据中国土地管理体制和前述耕地保护补偿基本指导原则，运用逻辑演绎的方法确定耕地保护补偿主体和客体、搭建补偿模式逻辑架构并推导补偿资金最终投入、利用的最优方式。

（二）德尔菲法和层次分析法

在全国耕地保护补偿模式的研究过程中，纵向补偿资金包括"中央—省"、"省—县"两级分配管理。为确定补偿资金在地区间和不同社会群体间的分配所依据的影响因素（如耕地资源自然禀赋、生产条件、利用效能等），以及不同因素所发挥的影响程度，首先需要运用逻辑归纳法确定备选指标，构建指标体系的基本框架；进而采用德尔菲法和层次分析法，对所选择的指标进行筛选，并最终确定各指标的评价标准、分值及权重；从而构建补偿资金分配的依据指标体系。

（三）GIS 空间分析工具与数据库管理工具

本书将运用 Arc GIS 空间分析软件，结合 Access 数据库管理软件，以各省区边界为基本工作图层，建立各省区耕地资源数量，单位面积耕地各类（经济、生态、社会）价值产出计算结果，人口总量及农村人口数量统计信息，劳动、资本、管理等生产要素逐年投入量等综合信息，为省际横向补偿分区研究提供辅助并对分区结果进行可视化输出。同时也对耕地资源价值生产函数构建及地区间补偿标准的比较提供技术支持。

（四）耕地价值生产函数与边际生产率价值分配法

本书的第六章创新性地引入了通过构建耕地资源价值生产函数来核算耕地保护机会成本损失和外部性贡献量的研究方法。首先基于完全竞争市场假设构建耕地价值生产函数理论模型；进而获取 2009～2012 年间中国各省区耕地资源价值及对应的四类生产要素投入量面板数据，采用面板数据（Panel Data）变截距固定效应模型 GLS 估算方法进行数据检验和计量回归，实证构建全国耕地价值；按照边际生产率分配理论和欧拉定理，估算耕地保护主体和其他社会成员的耕地价值损益，测算全国补偿标准均值与资金需求。

（五）实地调研和问卷调查法

在耕地保护补偿模式设计及补偿资金运用方式比较分析过程中，需要以耕地保护主体的补偿意愿以及补偿试点地区的实践经验反馈为依据和参考。在耕地保护补偿标准核算中，由于耕地资源生态、社会价值核算以及各省区逐年劳动、资本、土地和管理生产要素投入量许多信息并不能直接从统计年鉴中获得，需要通过实地调研获取第一手数据，结合统计年鉴资料进行数据修正。

本书在国家自然科学基金的资助下，对广东佛山、四川成都等耕地保护补偿试点地区，以及不同经济发展水平和耕地资源禀赋地区的代表性省份如上海、福建、山东、湖北等地进行了大量的实地调研，同基层政府、农户进行面对面访谈，设计下发并回收了 1782 余份调查问卷（见本书附录一），调查信息涉及农户经济及家庭条件、耕地耕作的投入情况和收益情况、耕地保护和耕作的意愿及影响因素、耕地转用的意愿、耕地耕作条件、农村生活条件、耕地耕种的影响因素、补偿需求的影响因素、补偿手段的偏好等各个方面，从而为耕地保护补偿的模式设计、标准核算、及资金运用提供第一手的数据资料。

三、研究技术路径

本书拟采用的研究路径如图 1-1 所示，图中的编号分别表示利用如下方法：

①逻辑演绎与归纳法；

②德尔菲法和层次分析法；

③GIS 空间分析与数据库分析工具；

④计量经济学回归分析法；

⑤实地调研和问卷调查法。

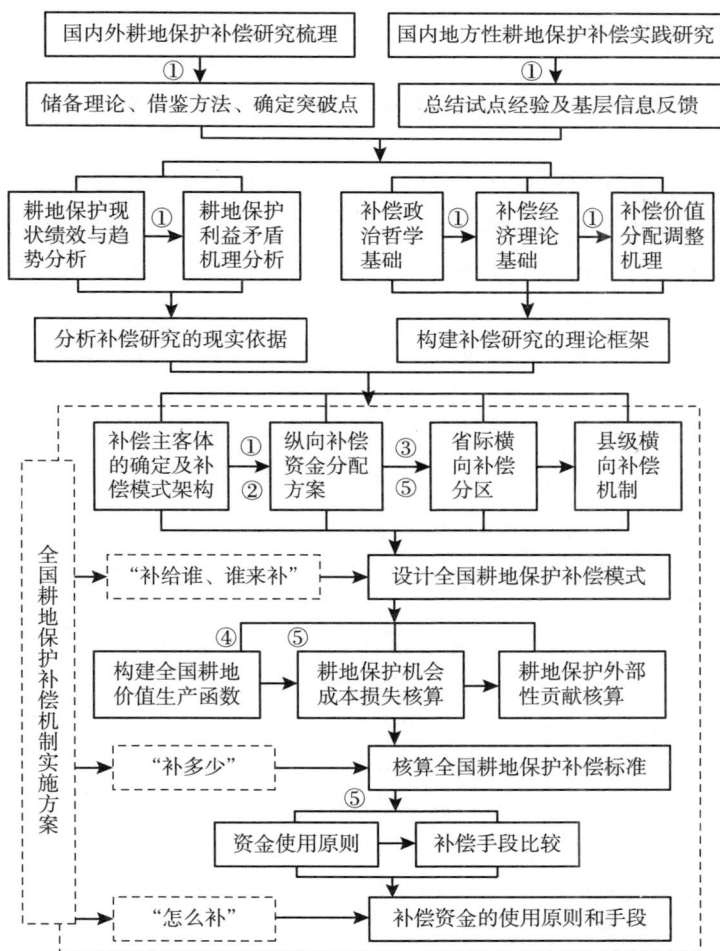

图 1-1 研究技术路径

第四节　主要研究创新点

本书基于对现有耕地保护补偿研究及地方性补偿试点经验的全面甄别、吸收，从全国层面对耕地保护补偿机制设计的关键问题：补偿理由、补偿模式、补偿标准和补偿方法进行系统研究，其理论和政策创新点主要包含以下几个方面：

一、完整搭建耕地保护补偿研究的指导理论架构

目前国内耕地保护补偿研究大都是以某项单一的理论作为研究视角阐述耕地保护补偿的实现路径，未对耕地保护补偿所涉及的理论进行全面的总结和梳理，研究逻辑不够连贯，内容也相对松散，相互之间存在矛盾和争议。本书通过对既往研究和实践的全面总结，从耕地保护补偿的政治哲学基础和经济理论基础两方面入手，融合公共负担平等理论和特别牺牲假说、产权理论、地租理论、区位理论、市场失灵与政府失灵理论的基本思想和作用原理，探析上述理论对耕地保护补偿不同层面的具体指导价值，将其纳入市场失灵外部性内部化的分析框架进行完整的吸纳运用，推导耕地保护补偿价值分配调整的基本原理，从而使得后续补偿模式、标准、方式的研究做到前后逻辑连贯、方向一致，提升研究的理论完善性。

二、系统构建全国耕地保护补偿模式和运行方案

本书前期研究所提出的"双纵双横"模式是现有文献最早的一个全国耕地保护补偿模式设计方案。但后期通过对地方性补偿试点经验的分析和典型地区的调研，以及对国内其他学者补偿模式研究的学习，发现该补偿模式在资金分配方式和补偿机制设计两个方面仍然存在一定的问题。

本书首先将依据最新的研究成果，对补偿模式的总体逻辑架构做出调整；进而，综合考虑地方利益平衡、资金运用效力、耕地禀赋等因素，为纵向补偿资金分配设计更为详细、全面的指标体系。进而依据耕地资源综合价值的人均占有量，对省际横向补偿进行重新实证分区，设计"政府主导型"的省际横向补偿方案；基于县级横向补偿情况复杂、地方利益冲突

较为直接和激烈、地方政府管理难度较大的特点，创新性地引入美国较为成熟的"土地信托保护机制"，对"市场导向"的县级横向补偿方案进行理论预探索。从而对全国补偿模式设计方案作出完整的修正与改进。

三、引入"耕地价值生产函数"研究方法，测算全国补偿标准均值及补偿资金需求规模

目前，区域性耕地保护补偿标准核算方法的研究已经有许多具有较高参考价值的研究案例，但全国层面补偿标准和资金规模的测算却十分匮乏。本书基于古典经济学生产论和福利经济学的边际生产率分配理论，引入耕地资源综合价值生产函数，推导出耕地保护补偿标准测算核算的理论方法；进而运用 2009～2012 年间我国 31 个省区面板数据，对全国耕地保护机会成本损失额和外部性贡献量进行测定，得出全国耕地保护补偿标准有效区间进而补偿资金总需求量；为后续同类研究提供一个研究范式和结果的参考。

四、推导补偿资金运用原则及不同补偿手段的相对适用性

本书基于耕地保护补偿实际执行所面临的资金管理问题研究，结合对"梯度补偿原理"和"边际补偿效力递减原理"的推导，得出补偿资金"落地"运用的基本指导原则，并对各类补偿手段的性质和相对适用性进行实证比较，加深了补偿资金运用"全面兼顾"和"重点突出"的理论研究，也对其他农业补贴资金的运用具有一定指导价值。

第二章

国内外耕地保护补偿
研究与实践述评

第一节　国内外耕地保护补偿
相关理论研究述评

近年来，中国耕地保护补偿研究已经由最初的理论铺垫期进入到深化研究期，包括土地科学、法律、行政管理、农业经济等学科的许多学者基于各自的研究领域，对建立耕地保护补偿机制的法理和法律保障、土地管理机制调整建设、国外土地利用限制补偿借鉴与引入路径、耕地保护补偿的价值调整机理、区域间耕地保护补偿的依据与额度测算、地方性补偿标准的实证核算、农户补偿意愿调研及等方面积累了一定的研究成果，为耕地保护机制建设研究提供了一些探索性的案例参考和方法储备。与此同时，广东佛山、四川成都等地已经试点开展了地方性耕保补偿实践，在提高农户耕地保护和耕种积极性方面获得了较为明显的成效，特别是收集到了可靠的第一手基层意愿反馈信息。

前期理论的铺垫为全国耕地保护补偿模式的设计与补偿标准的研究提供了较为翔实的案例与研究方法参考，而地方性补偿试点经验则为补模式设计中资金分配与补偿方式研究中的补偿手段比较提供了依据；系统研究上述理论和实践成果可以为本书研究构建理论和现实指导框架奠定基础。

一、国外土地发展权补偿机制研究评述

国外土地保护中对土地权益人的土地收益损失补偿方式主要包括土地

发展权购买和转移、农地优先租赁、农地出售购买优先权、补助或减税等（江秋明1991；边泰明，1997；陈双，2001）①。其中，土地发展权制度是以美国为代表的一些发达国家所采用的土地用途限制补偿方式，国外学者对于发展权价格的核算和发展权购买的顺序（决定哪块土地应被优先保护）等方面的研究也已较为成熟；对于耕地保护补偿研究具有直接、深刻的指导价值。

在土地私有产权受到严格保护的背景下，对于土地用途的限制只能依赖于土地所有者的自主意愿，因此控制土地利用状态则只能通过控制土地产权（李世平，2002；孙弘，2004）②。土地发展权是指在土地原有利用状态下对土地进行再开发，增加土地利用强度以提高土地经济产出效能的权利（Bentinck，2004）③。政府为保护特定地区和特定类型的土地资源，将发展权从土地权利束中剥离出来加以单独配置，通过发展权的市场交易和转移收益，弥补土地权益人由于自身土地利用受限而遭受的收益损失，理顺了土地保护的法理和情理（张安录，1998；张友安，2004；张俊，2008）④。

土地发展权制度的主要类型包括发展权购买（Purchase of Development Right，PDR）和发展权转移（Transfer of Development Right，TDR）⑤。PDR采用"收购式"发展权补偿模式：联邦和州政府依据土地规划中土地保护的范围，评估域内土地的质量及面临的开发转用压力⑥，确定发展权购买保护顺序；委托评估机构根据土地利用条件，评估最佳用途收益和现状收益差值（一般约为土地市场价格的1/2或2/3）作为发展权价格；之后，政府和土地信托机构与土地主协商，在不改变土地主土地所有和利用权的前提下，收购控制土地进行再开发的权利。TDR模式则将土地开发与保护

---

① 边泰明：《限制发展土地之补偿策略与财产权配置》，载《土地经济年刊》1997年第6期。江秋明：《法国四十年的土地政策》，农业出版社1991年版。陈双：《美国促进建设用地集约利用政策之启示》，载《湖北大学学报》2001年第3期。

② 李世平：《土地发展权浅说》，载《国土资源科技管理》2002年第2期。孙弘：《中国土地发展权研究：土地开发与资源保护的新视角》，中国人民大学出版社2004年版。

③ Bentinck. B.，The Impact of Taxation and Valuation on the Timing and Efficiency of Land Use. *Journal of Political Economy*，No. 6，2004，pp. 146–159.

④ 张安录、杨刚桥：《美国城市化过程中农地城市流转与农地保护》，载《中国农村经济》1998年第11期。张友安、陈莹：《土地发展权的配置与流转》，载《中国土地科学》2005年第5期。

⑤ 张俊、陈汉云、杨志威：《土地发展权移转的国际比较研究》，载《改革与战略》2008年第1期。

⑥ 美国农业部《国家农地和选址评估手册》（1983）以土地综合评分确定发展权购买顺序，土地开发压力和质量权重各为50%，倾向于使开发压力适中、质量最优的土地得分最高。

结合起来，为不同土地赋予一定量可转移和转让的开发强度限额即发展权。处于土地保护区的土地产权人可将发展权转移至其他允许开发区域自有土地上以增加土地开发强度，也可借助土地发展权交易市场，将发展权出让给其他需要增加土地开发强度却没有发展权的土地所有者；通过交易收益弥补土地保护区域土地产权人的收益损失（张安录，2000；陈茵茵，2002；丁成日，2008）①。

从发展权的归属来看，英国对全国土地的发展权实施国家所有制，任何人在进行土地再开发时必须先从国家购买发展权，以此实现土地利用的国家控制从而达到保护土地的目的；同时也能够通过改变土地开发成本，借助市场的土地收益发现机制对土地的利用形式作出自动干预。美国、加拿大等国则将土地发展权赋予土地产权人，并允许土地发展权的市场自由交易，借助交易收益对受保护土地权益人的收益损失进行补偿（胡兰玲，2002）②。罗斯（Rose，1975）、罗德维克（Roddewig，1987）和摩根（Morgan，1988）等学者认为，虽然土地发展权在不同国家和地区的配置和流转方式不同，但该制度在近50年中对于保证土地使用管制的公平与提高管制效率均发挥了显著作用③。

从本质上讲，土地发展权制度是一种由"政府主导的土地收购保护"向"市场主导的土地权益转移保护"方式的演变。以美国为例，建国早期大规模移民开垦造成大量具有"正外部性（社会、生态价值）"的土地（如历史遗迹、森林、水源地、农用地等）迅速流失促使美国逐步重视土地保护④。以1864年6月30日林肯的优山美地捐赠法案（Yosemite Grant）将优山美地山谷蝴蝶林（Mariposa）内的美洲巨杉林设为第一块联邦保护土地至1906年成立优山美地国家公园为起点，至1910年，美国通过购买和州政府捐赠"联邦保留地"的形式，对密西西比（Mississippi）河西部（1864）、黄石（Yellowstone）公园（1872）、阿迪朗达克（Adirondack）

———————————

① 张安录：《可转移发展权与农地城市流转控制》，载《中国农村观察》2000年第2期。陈茵茵、黄伟：《美国的农地保护及其对中国耕地保护的借鉴意义》，载《南京农业大学学报》2002年2卷第2期。丁成日：《美国土地发展权转让制度及其对中国耕地保护的启示》，载《中国土地科学》2008年22卷第3期。

② 胡兰玲：《土地发展权论》，载《河北法学》2002年第2期。

③ Rose, Jerome G, The Transfer of Development Rights. New Jersey：The State University of New Jersey, New Brunswick, 1975. Reddening J. and Cherry A., Transferable Development Rights Programs. Washington D. C.：American Planning Association, 1987. Morgan P. and Nott. S., Development Control Policy into Practice. London：Butterworths, 1988.

④ Elfring, Chris, Preserving Land Though local Land Trust. Bioscience, No. 2, 1989, pp. 71 – 74.

森林（1892）进行联邦保护①。1911年威克斯法（Wicks Law）授权政府征收私人土地保护水源和森林，美国东部土地保护由此兴起。1934年5月12日席卷北美的"黑风暴"事件后，美国成立了土壤保护局并颁布了《泰勒放牧法》等法规，对土壤保持区、农田保护、土地管理政策、土地利用、小流域规划和管理、洪水防治、控制采伐和自由放牧等进行法制管理。此后，借助大萧条时期地价下跌，联邦收购保护土地由134万英亩扩充至291万英亩，大雾山（Great smoky mountain）和雪兰多（Shenandoah）等国家公园相继建立②；1964年，美国专门成立了联邦土地和水资源保护基金。

至20世纪60年代，由于财政资金匮乏、地价飞涨，加之各州普遍抵制联邦政府控制本州土地，通过联邦保留地来保护土地愈发困难，政府不得不寻求以耕地成本控制土地发展权以实现土地保护目标的方法，而单独剥离并控制土地在开发权利就成为唯一的出路③。

（一）土地发展权购买的运行模式与评价研究

土地发展权购买也叫保护地役权购买，是一项土地权利的市场交易④。政府根据土地利用规划所确定的土地保护范围，选定区域实施土地发展权项目，通过对土地发展权价值的市场化评估，借助于土地产权人的协商，从其手中购买土地进行再开发和转变土地用途的权利，以达到保护土地的目的。开发权购买交易是自愿进行的，它对土地所有人有吸引力在于可以在未对土地进行开发利用时就得到未来可能实现的报酬，而代价则是一部分土地利益的让渡⑤。

1. 土地发展权购买的发展历史与典型案例研究。土地发展权购买起源于20世纪30年代。为适应当时沿着美国高速公路进行景观保护的需要，国家公园局（National Park Service）采用了土地所有权购买（Pur-

---

① Robert S. , The Community Land Trust：A Guide to a New Model for Land Tenure in America. 1972.

② Preston S. , Conservation Easement. Appropriate Technology Transfer for Rural Areas, No. 8, 2003, pp. 01 - 12.

③ Reddening J. and Cherry A. , Transferable Development Rights Programs. Washington D. C. : American Planning Association, 1987.

④ Winters L. A. , The National Security Argument for Agricultural Protection. The World Economy, No. 13, 1990.

⑤ William W. , The Economic Influence on the Land Protection to the Absolute Ownerships. Yale University, 1964.

chase of Absolute Ownership，PAO)① 和土地发展权购买两种方式来保护沿弗吉尼亚州（Virginia）和北卡罗来纳州（North Carolina）的蓝岭（Blue Ridge）公园路和沿田纳西州（Tennessee）、亚拉巴马州（Alabama）和密西西比州的纳齐兹古道（Natchez Trace）公园路②。当时并没有建立土地发展权购买价格的标准，国家公园局在制定获取发展权价格和程序时未形成一致性政策。20 世纪 50 年代，立法等政治议程的争议使得土地发展权购买被暂时搁置了下来；迫使各州开始对土地发展权购买进行更严格的程序设计。威斯康星州（Wisconsin）率先实施了一个成功的发展权购买项目，该项目的特色在于对州官员进行培训，使他们懂得如何跟土地所有人磋商价格。从 1951 年到 1975 年，沿着长约 290 英里的高速公路，威斯康星州总共购买了 17375 英亩的土地发展权。

随着第二次世界大战后的经济繁荣发展，城市迅速蔓延扩张。20 世纪 50 年代末，以威廉怀特（William Whyte）为代表的一些美国学者开始研究用保护地役权项目留存公共开敞空间的方法，成为发展权制度大发展的"催化剂"③。1959 年，加利福尼亚州（California）通过了《开放空间和景观用地征用法》；1961 年《联邦住宅法》提出了通过控制土地发展权保护开放空间的条款。而通过购买土地发展权保护农田的想法始于 20 世纪 70 年代④，第一个实践运用项目开展于 1974 年纽约州（New York）长岛的萨福克（Suffolk）县。该县在 20 世纪 50 年代到 70 年代间的快速城市增长导致了 70000 英亩农田消失；在这一背景下，该县成立了农业咨询委员会并起草了一项农场主自愿参与的发展权购买项目，对大型农场及周边土地实施保护，在农业、商业和居住土地间建立了缓冲区；在选择（发展权购买）土地的时候主要考虑农田质量、是否集中连片、是否面临开发压力等因素；通过发放普通市政债券筹集资金。至 1983 年，该发展权购买项目总共保护了 4115 英亩农田，对美国其他地区产生了深远影响。至今，萨福克县已经借助土地发展权购买的形式保护了 9895 英亩土地⑤。

2. 土地发展权购买的运行方式研究。土地发展权购买的实施步骤包

---

① 土地所有权购买也叫做"土地绝对处理权购买"，它是与单独控制土地发展权的"相对处理权购买"相对应的概念。

②④ Elfring, Chris, Preserving Land Though local Land Trust. Bioscience, No. 2, 1989, pp. 71 – 74.

③ William W. , The Economic Influence on the Land Protection to the Absolute Ownerships. Yale University, 1964.

⑤ Robert S. , The Community Land Trust：A Guide to a New Model for Land Tenure in America. 1972.

括"选择受保护土地"、"评估土地发展权价格"、"筹集购买发展权的资金"以及"与土地所有者协商购买土地发展权"四项。

在应受保护土地选择研究方面，丹尼尔斯（Daniels，2004）推荐了七项重要因素，包括：区域经济发展水平、土地质量、连续农田的面积、土地总面积、土地开发压力、现状和潜在的农田生产力，获取土地发展权后的州农业总体潜力增加的程度。丹尼尔斯进一步指出在发展权购买上应在占地压力大小间寻求平衡，力求保护开发压力适中且质量较好的土地[①]。美国农业部《国家农地和选址评估手册》（1983）以土地综合评分确定发展权购买顺序，土地开发压力和质量权重各为50%，倾向于使开发压力适中、质量最优的土地受到优先保护[②]。

对于土地发展权价格评估，政府机构通常会雇佣专业评估师估测发展权的购买价格；一些地方，譬如马里兰州（Maryland）的蒙哥马利（Montgomery）县建立了自己的评估公式，公式中包括了农场规模、土壤质量、临街道路、到公共给排水系统距离等因素，并规定了这些因素的权重和对发展权价格的影响度[③]。罗伯特（Robert，1972）和普雷斯顿（Preston，2003）认为，土地发展权评估固定标准的建立可以让行政管理过程更快速，方法应可以灵活调整，以反映政策的改变并降低可能产生的价格纠纷[④]。发展权的购买价格应以土地的公平市场价格和只能用于农业用途时价格的差值为基准，通过与土地主的协商确定最终成交价[⑤]。

筹集土地发展权购买资金是该机制的核心。埃里克（Eric，2000）和伊丽莎白（Elizabeth，2005）等人总结了土地发展权购买中最用的资金来源[⑥]，其中来自州政府的资金包括：（1）财政拨款：州和地方政府可以从财政一般预算项目中为土地保护进行单独预算，这部分资金通常是项目的启动资金而不是发展权购买项目的全部资金；（2）债券：以政府信用为担

①　Dennis W. and Jeffrey D. Kline, The Impact of Parcel Characteristics on the Cost of Development Rights to Farmland. Agricultural and Resource Economics Review, No. 2, 2004, pp. 44 – 49.

②　U. S. Department of Agriculture, Soil Conservation Service. National Agricultural Land Evaluation and Site Assessment Handbook. Washington, D. C. : U. S. Department of Agriculture, 1983.

③　Rose, Jerome G, The Transfer of Development Rights. New Jersey: The State University of New Jersey, New Brunswick, 1975.

④　Robert S. , The Community Land Trust: A Guide to a New Model for Land Tenure in America. 1972.

⑤　Preston S. , Conservation Easement. Appropriate Technology Transfer for Rural Areas, No. 8, 2003, pp. 01 – 12.

⑥　Eric J. Heikila, The economics of planning Rutgers. The State University of New Jersey, 2000. Elizabeth K. , Virginia M. , and Margaret W. , A Market Approach to Land Preservation. Productize Publisher, 2005.

保的超额担保债券最大的优势在于可以快速获得资金，以便在土地进行开发之前进行紧急保护，一般被用于城乡之间的快速发展建设带，但其缺点在于支付债券利息所带来的额外成本；（3）登记费：一些州如康涅狄格州（Connecticut）、马萨诸塞州（Massachusetts）和南卡罗来纳州（South Carolina）颁布法律，允许从公共记录文件（如土地或其他财产权证）签订所征收的契税和登记费中提取 5% ~ 15% 不等用于农田和生态用地的发展权购买保护；（4）财产税和房地产转让税：这是土地发展权购买项目最重要的资金来源，由于保护土地可以为周边土地财产带来保值和增值的效应，因此政府可以通过提高财产税率和从房屋买卖增值中征税来筹集土地发展权购买的资金（类似开发影响费）；伊丽莎白（2005）的研究表明，该方式较易获得土地主的理解和支持，并且对于城镇建设扩张中土地的开发行为具有一定调节作用：在经济发展较为迅速、土地开发占用的压力相对较大的地区，由于财产价值较高、物业交易活跃，征收上述税种可以筹到足额的资金用于土地保护，也可以增加土地开发的成本，降低土地过速建设转用的热情；而在欠发达地区，由于土地开发压力进而土地保护成本也相对较低，该税种也能筹集到所需的资金①。

联邦政府的土地发展权购买资金主要来源于三个方面：一是联邦常规预算中的国土资源和环境建设预算资金，如联邦土地和水资源保护基金，以及一些法律规定的公建筹集资金等。例如 2005 年通过的《有效交通公平法案》规定一些高速、公交建设中为取得路边土地发展权、改善周边景观，需单独支列土地补偿费用。二是一些环保组织、慈善组织和私人的捐赠。三是自然灾害防治资金中专门用于区域土地生态能力建设的资金及灾后重建的特殊性财政拨款。

除了上述普遍采用的资金获得方式外，约翰斯顿（Johnston，1997）等学者还总结了一些州自创的许多独特的土地发展权购买资金筹措方式②：（1）筹资箱：如马里兰州肯特（Kent）郡以地方税收邮件的方式发布宣传册，描述县里进行农田保护的措施，寻求民众的小额捐助；（2）信用卡："缅因州（Maine）未来项目"发放了一张由州赞助的信用卡，持卡人可选择将一些资金余额捐献给土地保护项目；（3）博彩业收入：如伊利

① Elizabeth K., Virginia M., and Margaret W., A Market Approach to Land Preservation. Productize Publisher, 2005.

② Johnston, Robert A. and Mary E., From Land Marks to Landscapes: A Review of Current Practices in the Transfer of Development Rights. Journal of the American Planning Association, Vol. 63, No. 3, 1997, pp. 167 – 183.

诺伊州（Illinois）肯恩（Kane）县规定，赌场需将它每年调整后净运营收入的7.5%上缴给县用于土地保护项目；在科罗拉多州（Colorado），乐透业收入的一部分会直接用于保护和改善该州野生动物栖息地、州立公园、河流、林荫路和开敞空间等；（4）执照牌：如特拉华州（Delaware）推出了别致新颖的农场保护主题的车辆号牌，鼓励摩托车驾驶者购买（每个价值50美金）；（5）缓解法案：加利福尼亚州戴维斯（Davis）郡要求每一英亩农业用地转为其他用途时，就要有一英亩农地进行发展权保护，也可以用付钱的方式豁免保护责任（类似于中国的新增费、耕地开垦费、土地复垦费）。

与土地所有者协商土地发展权价格，签订协议并转移土地发展权是土地发展权购买保护的最后一个环节，州政府自己或委托一个法律中介机构与土地主协商并落实发展权购买的全过程事项；帕特丽夏（Patricia，2002）等学者基于1980年至2000年之间300余宗发展权购买案例对于几种成交形式进行了总结：（1）一次性付清：对有大量债务的农户来说这是非常受欢迎的支付方式。土地所有者可以用他们的债务抵消发展权收益所需要支付的税费。（2）分期付款：土地所有人可以选择在一段相对较长的时间中分期得到钱，这样会降低需要付的税收。（3）分期付款购买协议证券：马里兰州霍华德（Howard）县引进了这种付款方式，土地发展权合同被转化为市政债券。在合同有效期内每年土地所有者都可以获得免税利息，在合同有效期结束的时候把本金支付给土地所有者。（4）其他同类交换：土地所有者可以用土地的发展权交换其他类型的不动产，如农田和商业地产等，并允许延期支付这些发展权收益的税金。发展权通常采取一次性交割而不是逐年补偿的方式。在发展权购买交易后，农场主仍然保留土地所有权和继续利用的权利，甚至还包括一些有限的土地开发权利，譬如农业设施和农场员工的宿舍等。

3. 土地发展权购买的实施效果研究。美国农业部2009年的调查显示，在实施土地发展权购买保护的14个州中，保护土地总面积达到460万英亩；在1998～2008年间，农用地和其他生态用地的减少速度分别下降了45%和67%，相当于减少了约240万英亩农用地和生态用地的流失[①]。

罗斯（Rose，1975）、摩根（Morgan，1988）、埃尔夫林（Elfring，1989）、温特斯（Winters，1990）等学者认为，发展权购买保护具有以下

---

① U. S. Department of Agriculture, Soil Conservation Service. National land conservation efficiency report 2011. Washington, D. C. : U. S. Department of Agriculture, 2011.

优势：一是可以适用于各类土地保护需求，如保护公共开敞空间、水源地、农用地、休憩用地等；二是与购买土地所有权相比，更能节约成本①。埃里克（Eric，2000）认为发展权购买使得农民可以在未对土地进行开发投资的情况下，就获得稳定的"未来可能的"收益补偿，并将这部分资金用于当前土地生产条件的建设，以提高农业生产率，或用于购买个人保险，从而提高农户生活水平②。

但是，发展权购买保护依然面临着如下困难，约翰斯顿（1997）认为，发展权购买项目依赖于土地所有者的自愿，一些土地所有者的抵制将会降低发展权购买保护的执行力；埃里克（2000）和伊丽莎白（2005）则指出，发展权购买是从大量分散的土地主手中分别取得土地权利，难于保护集中连片的大片区土地③；帕特丽夏（2002）进一步指出，发展权购买资金的筹措很大部分来源于税收和捐赠，土地保护对当地相关物业保值增值的作用也是获取受益物业产权人支持的重要因素。因此，经济周期的波动对于发展权购买资金的筹集具有很大影响。

（二）土地发展权转移的运行模式与评价研究

在发展权购买保护模式的基础上，为了进一步节约财政资源，提高土地保护效率，美国建立了一种基于市场交易机制的土地发展权转移保护模式。

1. 土地发展权转移的运行方式研究。土地开发权转移保护模式的设计初衷主要是针对过度捕鱼、空气污染和农场减少等问题④。托罗努斯（Thrones，1999）归纳了土地发展转移的几个主要步骤⑤：首先，由土地利用规划依据环境、生态、文化、农业发展等因素确定允许开发区和禁止开发区；进而，由专门的土地评估部门评估每块土地进行再开发所能达到

① Rose, Jerome G, The Transfer of Development Rights. New Jersey: The State University of New Jersey, New Brunswick, 1975. Morgan P. and Nott. S. , Development Control Policy into Practice. London: Butterworths, 1988. Winters L. A. , The National Security Argument for Agricultural Protection. The World Economy, No. 13, 1990. William W. , The Economic Influence on the Land Protection to the Absolute Ownerships. Yale University, 1964.

② Eric J. Heikila, The economics of planning Rutgers. The State University of New Jersey, 2000.

③ Elizabeth K. , Virginia M. , and Margaret W. , A Market Approach to Land Preservation. Productize Publisher, 2005.

④ Peter J. , A Review of Transfer Development Rights. The Appraisal Journal, No. 7, 1978, pp. 122 – 129. David E. , Transferable Development Rights Markets. Journal of Urban Economics, No. 7, 1986, pp. 56 – 68.

⑤ Thrones P. （ ed. ）, Letting the Market Preserve Land: The Case for a Market – Driven Transfer of Development Rights Program. Contemporary Economic Policy, Vol. 17, No. 2, 1999, pp. 218 – 227.

的强度即发展权值。受保护地区（发展权移出区）的土地主可以将该土地的发展权转移到自身拥有的位于允许开发区的其他土地上（发展权接受区）以增加那里的开发强度；也可以通过发展权交易市场，与其他拥有允许开发区土地、但发展权"不足"的土地主达成交易，以双方共同接受的价格出让土地发展权，交易价格由发展权市场的供需所决定，以补偿受保护土地不能进行再开发的收益损失。转让可以直接在私人土地主和开发商间进行，也可以通过"开发权转让银行"的政府票据交易所来进行。发展权转移要受到一定的"可转移比率"的控制，而并不能将土地所有发展权全额转移出去；同时，在发展权的接收区，也要受到一定的"发展权折算率"的限制，而不能无限制增加开发强度。

根据富尔顿、玛祖卡和瑞克（Fulton，Mazurek，Rick，2004）等学者的调查，至 2004 年全美已开展了 140 个地区性土地发展权转移项目，保护了超过 50000 亩土地。各地项目的操作方案和效果不尽相同，有的项目因价格谈不拢等原因未能实现发展权的转移，有的项目却很成功①。戴维（David，1986）认为，虽然开发权的买卖名义上是自愿的，但实际上则取决于发展权接受区开发强度提高和发展权移出区开发强度降低的同步性；如果需要同步，则发展权转移保护项目实际上具有"强制性"的意味，可能会面临一定的政治风险（如地方议会无法通过、民众抵制），但土地保护效果确是最好的。是否执行这项规定对发展权转让项目的土地保护效力影响重大②。

2. 土地发展权转移的实施效果研究。从土地发展权转移的运用程度来看，美国已有 26 个州开展了土地发展权转移项目；这其中有三个州只允许很有限地使用开发权转让。2009 年，华盛顿特区的环保智囊团 Morrias 评估了美国 10 个土地发展权转移保护项目（其中有 5 个在马里兰州），认为发展权转移正在成为越来越普遍使用的工具，其与发展权购买和保护地役权项目（easement acquisition）相比更能减轻资金压力。

而卡彭特（Carpenter，1982）、米尔斯（Mills，1986）和班达拉（Bandara，2005）通过大量的发展权转移案例的分析，认为该模式尽管在理论上具有吸引力，但是只适合在一些特殊的地方使用，并且归纳了发展权转

---

① Fulton W. , Mazurek J. , and Rick P. , TDRs and Other Market – Based Land Mechanisms: How They Work and Their Role in Shaping Metropolitan Growth. Washington DC: The Brookings Institution, 2004.

② David E. , Transferable Development Rights Markets. Journal of Urban Economics, No. 7, 1986, pp. 56 – 68.

移保护模式顺利运行所依赖几个必要条件①：第一，发展权转出区应面临一定的土地转用压力，否则其发展权便无法衡量。第二，发展权转移需借助一个"供求匹配机制"也即发展权交易平台（一些文献中称为"发展权银行"）的辅助，否则发展权的供需很难做到时间和空间上的匹配；在理想情况下，发展权交易平台可以对发展权进行预收购，然后出售给有需要的土地开发者，其资金来源可以包括政府拨款和发行债券等。第三，发展权转移中的议价、行政审批，以及权证办理程序较为复杂，对于想在短期内出售或购入发展权的土地所有者而言无疑会增加交易成本。第四，在土地开发活跃的地区，发展权转移项目能够很快形成供给与需求，但是在土地交易冷清的地区则面临着执行难题；相比之下，受保护土地所有者可能更喜欢"发展权购买"模式以直接获得补偿资金。第五，由于发展权是抽象的，其转移过程也有复杂的转移比率和区划控制，需要就项目运行方案对一般民众和土地开发商进行培训。

（三）土地发展权补偿对耕地保护补偿的启示

综上所述，土地绝对控制权保护（所有权）和土地相对控制权保护（发展权转移/购买）模式的对比如表2－1所示。

表2－1　　　　土地所有权和发展权控制保护模式的对比

土地保护形式	所有权控制	发展权购买	发展权转移
始创年份	1864	1932	1945
执行方	政府＋土地信托机构	政府＋土地信托机构	土地所有者之间
第三方机构介入	较少	较多	较多
价格形成机制	协商定价	评估＋协商定价	市场供需
执行力	最强	较强	较低
资金压力	最高	较低	最低
资金来源	财政拨款和捐赠	财政拨款、捐赠和创新渠道	土地开发商
行政程序	简便	复杂	较复杂
过程复杂性	最低	较高	最高

---

① Carpenter F., Bruce E., and Dennis R., Spatial – Equilibrium Analysis of Transferable Development Rights. Journal of Urban Economics, No. 12, 1982, pp. 159 – 183. Mills, David E., Transferable Development Rights Markets. Journal of Urban Economics, No. 7, 1986, pp. 63 – 74. Bandara R., and Tisdell C., Changing a Bundance of Elephants and Willingness to Pay for their Conservation. Journal of Environment Management, No. 76, 2005, pp. 47 – 59.

土地保护形式	所有权控制	发展权购买	发展权转移
应用程度	广泛	广泛	较低
适用范围	任意规模的土地保护	中小规模土地保护	零星式土地保护
土地保护效果	最强	较强	较强
原土地主权益保护	最强	较强	较低
民众认可程度	较低	较高	较低

虽然土地发展权保护模式的运行是以私有土地制为前提的，但其模式设计的思想与经济性的土地保护手段对于耕地保护补偿研究的土地价值分配机理探析、补偿模式设计特别是较低层级的区域间横向补偿模式，以及补偿标准的评估方面具有一定的借鉴意义：

首先，土地发展权制度的基本理念是维护土地产权的完整性与产权边界的清晰性，是对土地所有者土地权益的尊重。通过将土地的发展权价值的单独剥离，准确衡量了土地保护给土地所有者造成的收益损失。中国的耕地保护制度对于农村集体耕地产权完整性的影响也正是对其土地再开发的限制，因而可被视为耕地"发展权"的缺失；在耕地保护补偿的价值分配调整机理分析中，既可以运用这种思路对耕地保护主体的土地利用效益损失进行分析。

其次，发展权的价格评估机制是以土地市场价值为依据的，土地所有者获得补偿额度是其在公平市场条件下可以获得的最高土地收益与现状收益的差值，而其他社会成员为购买土地发展权所能募集到的并且愿意提出的最高价格则反映了保护这块土地能够带来的社会收益水平。基于这一思想，耕地保护补偿的最低限额就应该是耕地受到利用限制时所获得的现状收益与公平市场条件下能够获得的最高收益的差值，也即机会成本损失；而补偿的最高限额也不能超过耕地为其他社会成员所提供的正外部性价值，这正是后文推导耕地保护补偿经济机理和进行补偿标准核算的思维基础。

最后，土地发展权保护模式的执行者不仅包括政府，还包括第三方公益机构、土地信托组织等；其资金来源也不仅限于政府的公共财政资源，而是采用多种办法拓宽资金渠道，引入社会资金参与土地保护这项公益事业；在土地发展权转移模式下，不同区域土地的适用性得到了科学评估，进而通过自由、公平的市场交易，使得允许开发区土地的开发收益能够为限制开发区的土地所共享，这既是一种区域利益平衡机制，同时也减轻了政府的行政管理负担。以上做法对于面对众多土地所有者、难以协调补偿关系的基层耕地保护补偿管理中引入社会补偿主体、拓宽补偿资金来源渠道、丰富补偿手段的创新性研究非常有启发。

二、国内耕地保护补偿的相关研究评述

将检索词设定为"耕地保护＋（经济）补偿"、"耕地＋补偿"、"耕地保护＋创新"，在国家图书馆和知网（CNKI）共检索得到耕地保护补偿研究的国内文献156篇（部）。进而，经过对文献质量以及观点、方法和成果承继关系的二次筛选，对于其中高质量文献共126篇（部）进行了分类梳理研究。其中耕地保护补偿的思想最早见于2006年南京农业大学的张效军、欧名豪、李景刚与中国土地勘测规划院的卢艳霞博士的系列研究成果，并自2010年始逐年显著增加，见图2-1所示。

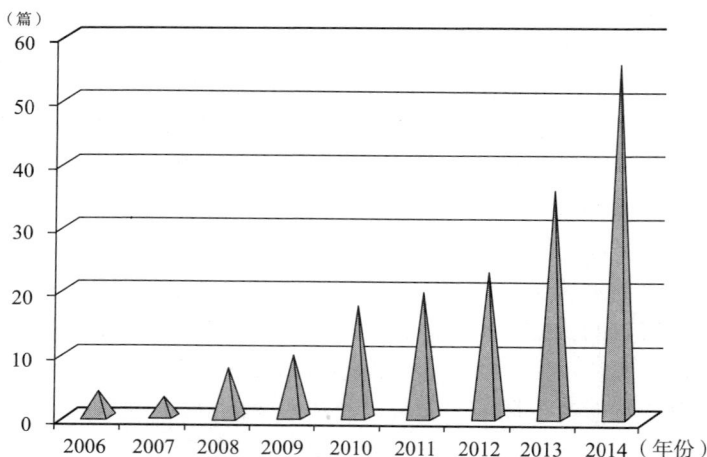

图2-1　2006～2014年国内耕地保护补偿研究文献逐年分布

目前耕地保护补偿相关研究大体分为三类：一是补偿的必要性和理论基础的相关分析，其中又分为四种研究角度。二是补偿机制的建立思路和区域间的横向补偿机制的相关研究，包括补偿模式设计原理、全国/区域补偿模式实证设计研究三类。三是补偿标准核算的理论与实证研究，从所运用的方法来看，可分为基于农户调研（CVM法等）的补偿标准研究、基于耕地保护机会成本损失额或外部性贡献量的研究以及二者的结合研究四类；从研究层面来看，又可分为全国/区域补偿标准研究两类，见图2-2所示。

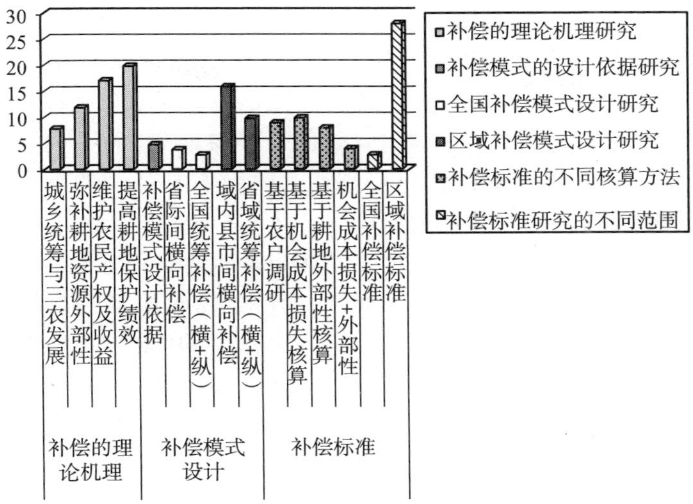

图 2 – 2 国内耕地保护补偿研究文献分类

下面按照以上逻辑框架对国内耕地保护补偿的研究成果进行分类梳理分析，从中寻找本书研究的突破点。

（一）国内耕地保护补偿相关研究综述

1. 耕地保护补偿理论基础与补偿意义研究。目前，对耕地保护"为什么补"即补偿理论依据的研究包含四种思路：

其一是从提高耕地保护执行绩效的角度，认为耕地保护补偿的目的在于提升耕地保护的执行效力（王雨濛，2008；朱新华，2008；吴胜利，2012；马文博，2012；马亮，2012）[1]。将现行耕地保护措施，包括土地用途管制、耕地占补平衡机制、基本农田保护制度等执行绩效较差的原因归结为耕地保护手段过于单一，过度依赖于外部约束（张传新，2011）[2]。认为现行耕地保护机制未能对耕地保护主体形成有效激励，忽视了耕地保

---

[1] 王雨濛、张安录：《耕地保护的经济补偿机制分析》，载《中国土地学会、中国土地勘测规划院、国土资源部土地利用重点实验室. 2008 年中国土地学会学术年会论文集》，中国土地学会、中国土地勘测规划院、国土资源部土地利用重点实验室，2008 年 11 月。朱新华：《基于粮食安全的耕地保护外部性补偿研究》，南京农业大学 2008 年论文。吴胜利：《统筹城乡背景下永久基本农田保护补偿制度创新研究》，载《农业经济》2012 年第 9 期。马文博：《利益平衡视角下耕地保护经济补偿机制研究》，西北农林科技大学 2012 年论文。马亮：《耕地保护补偿机制中存在的问题与对策》，载《华北国土资源》2012 年第 4 期。

[2] 张传新：《构建区域耕地保护补偿体系》，载《中国国土资源报》2011 年 7 月 6 日。

护对地区和个人所造成的发展机会进而经济收益限制，引发了耕地保护主体的抵制情绪（姜广辉，2008；陈海啸，2011；陈治胜，2011；邢玉升，2013）[①]。张效军（2006）、许奕平（2007）指出，建立耕地保护补偿制度的目的在于促使耕地保护主体自觉自愿的保护耕地[②]。而张全景（2007）、姚会亭（2009）和张传新（2011）则认为耕地保护补偿的重点应放在粮食主产区等耕地保有量较多的地区[③]。

其二是从耕地的多元化价值出发，认为耕地的非经济价值难于在土地经济回报中得到承认和支付是导致耕地保护主体收益不公平的主要原因（徐晓绵，2010；杜伟，2010；郭正涛，2010）[④]；因此，耕地保护补偿应该是对农户耕地生产正外部性贡献的报酬。姜广辉、孔祥斌、张凤荣（2009）等学者认为，耕地的多功能价值外溢是导致耕地比较收益偏低进而非农化转用的关键原因，应从耕地功能外溢补偿和发展机会损失补偿两个方面建立耕保补偿机制[⑤]；陈会广（2009）则从耕地的生态服务功能和公共物品属性的角度解释了耕地外部性的产生根源，提出了通过公共财政转移支付、土地开发转移支付等耕地保护经济、生态和社会补偿促进耕地外部性内部化的思路[⑥]。原光（2009）将重新认识并准确评估耕地资源价值作为构建耕地保护经济补偿机制的基础[⑦]；而陈昱（2009）则将耕地的

① 姜广辉、孔祥斌、张凤荣：《耕地保护经济补偿机制分析》，引自《中国土地学会、中国土地勘测规划院、国土资源部土地利用重点实验室 . 2008 年中国土地学会学术年会论文集》，中国土地学会、中国土地勘测规划院、国土资源部土地利用重点实验室，2008 年 7 月。陈海啸、常丽霞：《关于耕地保护补偿制度构建的再思考》，载《农村经济》2011 年第 11 期。陈治胜：《关于建立耕地保护补偿机制的思考》，载《中国土地科学》2011 年 25 卷第 5 期。邢玉升：《我国耕地保护补偿机制的法经济分析视角探索》，载《北方经贸》2013 年第 3 期。
② 张效军：《耕地保护区域补偿机制研究》，南京农业大学 2006 年论文。许奕平：《论我国的耕地产权制度与耕地保护》，河海大学 2007 年论文。
③ 张全景：《我国土地用途管制制度的耕地保护绩效研究》，南京农业大学 2007 年论文。姚会亭：《关于加强耕地保护补偿机制的建议》，载《乡音》2009 年第 3 期。张传新：《我国当前耕地保护政策再审视》，载《中国国土资源经济》2011 年第 1 期。
④ 徐晓绵：《耕地保护经济补偿机制的实践研究》，载《广东土地科学》2010 年第 2 期。杜伟、黄敏：《关于耕地保护补偿问题的研究述评与建议》，载《西华师范大学学报》（哲学社会科学版）2010 年第 4 期。郭正涛、刘涛、付荣：《博弈论视角下的耕地保护制度与失地农民补偿体系研究》，载《税务与经济》2010 年第 2 期。
⑤ 姜广辉、孔祥斌、张凤荣、李翠珍、郑红斌：《耕地保护经济补偿机制分析》，载《中国土地科学》2009 年 23 卷第 7 期。
⑥ 陈会广、吴沅箐、欧名豪：《耕地保护补偿机制构建的理论与思路》，载《南京农业大学学报》（社会科学版）2009 年第 3 期。
⑦ 原光、任晓成：《论利益平衡视角下耕地保护经济补偿运行机制的构建》，载《山东科技大学学报》（社会科学版）2009 年第 5 期。

生态、社会等价值直接视为耕地的外部性贡献，也即耕地保护补偿的对象[1]。牛海鹏（2013）将生态经济学、资源环境经济学、公共经济学相融合，提出耕地保护外部性内部化是耕保补偿的核心问题和环境经济学基础[2]。

其三是从保护农民土地产权完整性的角度，认为按照中国现行土地所有制，耕地的产权应归属农民集体；而耕地保护制度的非市场性干预则破坏了耕地产权的完整性，造成了农户耕地利用的机会成本损失。因此应借鉴西方发达国家的土地发展权保护制度，对农村集体耕地发展权的收益损失进行赔偿（陆莉菊，2011）[3]。尹朝华（2012）从耕地发展权的视角对基本农田保护中农民所丧失的"级差地租"进行了阐释，并将其作为耕地保护补偿的对象[4]；牛海鹏、张安录（2009）等学者则将农户耕地发展权缺失作为耕地外部性产生的根源，提出了耕地保护区内和区际经济补偿的实施机制[5]。

其四是从城乡统筹发展、促进土地收益的公平共享的角度阐释耕地保护补偿的根据。认为耕地保护制度对耕地保护主体按照自身经济收益最大化原则选择耕地用途的权利进行了额外限制，耕地保护制度促进社会福利的实质是以牺牲耕地保护主体耕地利用收益为代价的。因此，应通过设置耕地保护补偿资金提高农民耕地耕作的利润进而其生产动力，提高农村生活水平（陈秋分，2010）[6]。孙海兵（2010）指出，耕地保护补偿是实现城乡统筹发展、化解"三农"问题、缩小城乡发展差距的重要举措[7]；陈旻（2009）则认为耕地保护补偿是促进社会和谐、发挥地区土地资源利用比较优势的必要手段[8]。

2. 耕地保护补偿模式设计研究。在耕地保护补偿模式设计方面，国内学者较多的采用了"区域间耕地外部性价值补偿"和"粮食主产区/

---

① 陈昱、陈银蓉、马文博：《基于耕地保护外部性分析的区域补偿机制研究》，载《国土资源科技管理》2009 年第 2 期。
② 牛海鹏、宋建蕊、穆向丽、牛会娟：《耕地保护经济补偿的理论基础分析》，载《资源开发与市场》2013 年第 4 期。
③ 陆莉菊：《基于耕地保护的土地发展权立法研究》，上海交通大学 2011 年论文。
④ 尹朝华：《基本农田保护补偿问题研究》，江西财经大学 2012 年论文。
⑤ 牛海鹏、张安录、李明秋：《耕地利用效益体系与耕地保护的经济补偿机制重构》，载《农业现代化研究》2009 年第 2 期。
⑥ 陈秋分、刘彦随、李裕瑞：《基于农户生产决策视角的耕地保护经济补偿标准测算》，载《中国土地科学》2010 年 24 卷第 4 期。
⑦ 孙海兵：《城乡统筹发展中的耕地保护补偿研究》，载《农村经济与科技》2010 年第 9 期。
⑧ 陈旻、方斌、葛雄灿：《耕地保护区域经济补偿的框架研究》，载《中国国土资源经济》2009 年第 4 期。

主销区之间的财政转移支付"的研究思路（李广东，2011；刘志华，2012）①，其中的研究重点在于对耕地保护区域间生态、社会价值输出/输入关系的梳理（邓健，2010；薛彦福，2010）② 以及价值输出/输入量的测算（张效军，2006；朱新华，2007；张效军，2007；马文博，2008）③。郑秀敏（2011）、张传新（2011）以农用地产能核算为依据，设计了区域间耕地保护补偿的实现路径④。牛海鹏、许传阳（2011）则从耕地保护主体的行为选择和类型划分出发，论证了耕地保护区内和区际补偿的提供者和接受者⑤。方斌（2009）基于基层调研，从耕地价值生产方和受益方共赢角度，阐述了耕保补偿模式的设计思路⑥。纪昌品、欧名豪（2010）将区域间耕地保护的责任与义务不对等所导致的区域间机会成本差异作为建立耕地保护补偿区域间协调机制的依据，对补偿/受偿区域、补偿路径和标准以及资金运用管理等方面进行了研究⑦。雍新琴、张安录（2010）从耕地产权关系出发，将耕保补偿的出资方确定为中央政府、未承担耕地保护责任的地方政府、非农企业、社会组织以及公民，而受偿方则包括享有耕地承包经营权的农户、耕地未承包到户的农村集体经济组织，以及过多承担耕地保护责任的地方政府⑧。

在耕地保护补偿模式实证设计方面，目前基于典型地区的补偿机制研究占到很大比重，其中的代表性成果包括：苑全治、郝晋珉（2010）根据耕地外部性输入/输出关系，分别建立了模拟区域耕地保护外部性影响的

① 李广东：《微观主体行为差异下的耕地保护经济补偿机制建构》，西南大学 2011 年论文。刘志华：《耕地保护补偿机制研究》，甘肃农业大学 2012 年论文。

② 邓健：《重庆市耕地保护区域补偿机制研究》，西南大学 2010 年论文。薛彦福：《如何构建区域耕地保护补偿机制》，载《科技资讯》2010 年第 11 期。

③ 张效军、欧名豪、李景刚、刘志坚：《对构建耕地保护区域补偿机制的设想》，载《农业现代化研究》2006 年第 2 期。朱新华、曲福田：《基于粮食安全的耕地保护外部性补偿途径与机制设计》，载《南京农业大学学报》（社会科学版）2007 年第 4 期。张效军、欧名豪、高艳梅：《耕地保护区域补偿机制研究》，载《中国软科学》2007 年第 12 期。马文博、李世平：《我国耕地保护经济补偿机制初探》，载《乡镇经济》2008 年第 12 期。

④ 郑秀敏、张传新：《农用地产能核算在耕地保护补偿机制构建中的应用》，载《国土资源科技管理》2011 年第 5 期。张传新、蔡方杰：《农用地产能核算与耕地保护补偿机制构建》，载《中国国土资源经济》2011 年第 3 期。

⑤ 牛海鹏、许传阳、李明秋、张安录：《耕地保护经济补偿的接受和给付主体分析——基于 110 份接受主体和 445 份给付主体的问卷调查》，载《资源科学》2011 年第 3 期。

⑥ 方斌、倪绍祥、邱文娟：《耕地保护易地补充的经济补偿的思路与模式》，载《云南师范大学学报》（哲学社会科学版）2009 年第 1 期。

⑦ 纪昌品、欧名豪：《区域协调的耕地保护利益补偿机制》，载《长江流域资源与环境》2010 年第 3 期，第 256～261 页。

⑧ 雍新琴、张安录：《耕地保护经济补偿主体与对象分析》，载《安徽农业科学》2010 年第 21 期。

理论模型，以及研究耕保补偿方式、主体、保障机制、机构建设的经验模型；以山东省潍坊市为例，运用 2005 年的数据将潍坊市 12 个县级单位划分为 5 个补偿区和 7 个保护区，并计算了区域补偿标准，提供了一个市级层面耕保补偿机制设计的研究范式①。王苗苗（2011，2012）则从促进城乡土地收益公平的角度，对湖南省进行了耕地赤字、盈余与平衡区的划分并确定了相互的补偿关系②。张军（2012）从江西省耕地保护中存在的问题分析出发，提出了江西建立耕地保护补偿机制的政策建议③。雍新琴（2013）将江苏省 13 个省辖市、27 个县级市和 25 个县作为研究对象，从研究中国土地制度、财政体制等相关政策框架着手，探讨了县级政府的多重角色与责任规避问题并构建了县级耕保补偿模式④。于洋（2013）以吉林省 9 个典型州市为研究对象，用粮食供给作为评价区域耕地赤字、盈余或平衡的依据，对研究对象之间的补偿关系进行了推导⑤。

在全国耕地保护补偿模式设计方面，从耕地的外部性贡献关系出发确定补偿的逻辑框架是目前研究的主要思路（邓春燕，2012）⑥。刘尊梅（2010）主张将研究较为成熟的生态补偿机制引入耕地保护补偿，以实现耕地资源外部性内部化⑦；牛海鹏（2011）认为，耕地保护的补偿标准和方式对补偿效应具有显著影响，补偿应由区内和区际补偿共同构成，并提出了"农业保险 + 社会保障 + 实物技术货币一体化的区内经济补偿机制"以及"基于上级政府调控和财政转移支付的耕地保护区际经济补偿协商机制"⑧。何格（2011）等人对耕地保护补偿的制度环境进行了研究，提出从明晰耕地产权边界、全面核定耕地价值体系、耕保补偿立法等方面完善耕保补偿的内部制度环境，并从改革征地制度和财税制度、落实耕保责任

①　苑全治、郝晋珉、张玲俐、王博祺、龙鑫：《基于外部性理论的区域耕地保护补偿机制研究——以山东省潍坊市为例》，载《自然资源学报》2010 年第 4 期。

②　王苗苗、罗灵岭、彭志刚：《湖南省耕地保护补偿分区实证研究》，载《内蒙古农业科技》2011 年第 5 期。王苗苗：《湖南省耕地保护区际补偿机制研究》，湖南师范大学 2012 年论文。

③　张军、高洁纯、孙春华：《耕地保护经济补偿机制的对策研究——以江西省为例》，载《安徽农业科学》2012 年第 28 期。

④　雍新琴、舒帮荣、陈龙高、渠立权、梅艳：《耕地保护县域补偿机制研究》，载《资源科学》2013 年第 9 期。

⑤　于洋、董宝池、张今华：《吉林省耕地保护补偿分区的实证研究》，载《湖北农业科学》2013 年第 17 期。

⑥　邓春燕：《基于外部性理论的耕地保护经济补偿研究》，西南大学 2012 年论文。

⑦　刘尊梅、韩学平：《基于生态补偿的耕地保护经济补偿机制构建》，载《商业研究》2010 年第 10 期。

⑧　牛海鹏：《耕地保护经济补偿运行机制及补偿效应分析》，载《地域研究与开发》2011 年第 2 期。

等方面建设耕保补偿外部环境的思路①。宋敏、熊碧玉、张安录（2008）认为，可转移发展权补偿和区域生态补偿是实现限制开发区内耕地保护目标的有效机制②。朱新华、曲福田（2008）提出了通过"机会成本税"、GDP 增长提成和市场调节实现粮食主产区和主销区之间利益平衡的思路③。臧俊梅（2008）则借鉴农地发展权异地调节的思路，将耕地保护指标异地调节作为跨区补偿的手段④。笔者（2010）在前期研究中针对现行耕地保护制度所造成的地区间和不同社会群体间发展机会和土地利用效益的不公平，以市场失灵理论中外部性内部化的基本原理给出了耕地保护补偿价值分配调整的思路，并据此设计了全国耕地保护补偿"双纵双横"模式，运用人均耕地阈值的计算方法，对省级横向补偿进行了实证分区，将全国分为 12 个耕地赤字省区、8 个耕地平衡省区和 11 个耕地盈余省区⑤。赵凯（2012）以笔者的研究为基础，通过对耕地保护的外部性、效益损失、委托—代理问题、区域差异等六方面问题的分析，对"双纵双横"模式作了一些发展和更为深入的论证⑥。

3. 耕地保护补偿标准核算研究。在耕地保护补偿标准核算的基本方法研究方面，王利敏、欧名豪（2011）基于"委托—代理"理论，通过对信息不完全和不对称条件下政府效用函数和农户补偿标准接受程度函数的推导，认为耕地保护补偿标准偏低将会导致耕保效果降低，而补偿标准偏高则会诱使欠发达地区农户擅自开垦生态用地增加耕地面积，因此补偿标准不应是一个均一的常量，而应体现地区差异⑦。李江南（2010）则通过构建农户和政府在耕地保护过程中的利益博弈模型，对补偿价值的确定

---

① 何格、盛业旭：《耕地保护补偿机制运行的制度环境研究》，载《经济体制改革》2011 年第 4 期。

② 宋敏、熊碧玉、张安录：《限制及禁制开发区内耕地保护目标的实现——基于可转移发展权补偿和区域生态补偿的视角》，引自《中国土地学会、中国土地勘测规划院、国土资源部土地利用重点实验室 . 2008 年中国土地学会学术年会论文集》，中国土地学会、中国土地勘测规划院、国土资源部土地利用重点实验室，2008 年 4 月。

③ 朱新华、曲福田：《不同粮食分区间的耕地保护外部性补偿机制研究》，载《中国人口·资源与环境》2008 年第 5 期。

④ 臧俊梅、张文方、李景刚：《耕地总量动态平衡下的耕地保护区域补偿机制研究》，载《农业现代化研究》2008 年第 3 期。

⑤ 周小平、柴铎：《"双纵双横"：耕地保护补偿模式创新研究》，载《南京农业大学学报》（社会科学版）2010 年 10 卷第 3 期。周小平、宋丽洁、柴铎、刘颖梅：《区域耕地保护补偿分区实证研究》，载《经济地理》2010 年第 9 期。

⑥ 赵凯：《论"三级三循环"耕地保护利益补偿模式的构建》，载《中国人口·资源与环境》2012 年第 7 期。

⑦ 王利敏、欧名豪：《基于委托代理理论的农户耕地保护补偿标准分析》，载《中国人口·资源与环境》2011 年第 2 期。

给出了理论思路①。

在补偿标准实证核算方面，现有研究可以分为两种思路：一是运用选择实验模型（CE法）以及意愿调查法（CVM）等方法，通过对农户耕地保护影响因素和补偿期望意愿等方面的调查，从提高农户耕地保护积极性的角度对补偿的最优额度进行探讨（赵丹，2011；盛业旭，2012；张霞，2012；陈美球，2012；石志恒，2012；高洁纯，2012）②。二是基于机会成本损失和外部性贡献评价，借助土地估价方法中的价值还原法评估耕地资源市场价值，并通过旅游成本法、特种价值法、替代—成本法、影子工程法、市场比较法等核算耕地资源非市场价值，重新构建耕地资源的价值体系，还原耕地资源的现状价值缺失（王巧菊，2011；常建峰，2012；毛良祥，2013）③；进而，将耕地保护主体维持耕地利用现状和转为其他可能的最高收益用途之间的收益差值确定补偿标准；或通过衡量耕地资源外部性的区域间转移价值量，确定区域间横向转移支付规模（张效军，2008、2010；王青，2009；马文博，2010；于洋，2013）④。

其中，基于农户补偿意愿的补偿标准研究对于农户保护耕地的影响因素及补偿额的期望进行了实证调查。陈前利（2008）建立了地方政府和农户的讨价还价博弈模型，对二者在耕地保护中的经济利益均衡值进行了理论推导⑤。马文博（2009）从耕地资源价值核算入手推导了耕地保护补偿的范围及标准确定的理论方法，运用CVM法对河南省汝州市的经济补偿

① 李江南、宋玲：《耕地保护中农户利益补偿量的博弈》，载《安徽农业科学》2010年第22期。
② 赵丹：《基于农户视角的耕地保护认知、意愿及补偿研究》，西南大学2011年论文。盛业旭：《基于CVM的耕地保护经济补偿标准研究》，四川农业大学2012年论文。张霞：《基于农户视角的耕地生态补偿意愿及额度测算研究》，西南大学2012年论文。陈美球、吴月红、刘桃菊：《基于农户行为的我国耕地保护研究与展望》，载《南京农业大学学报》（社会科学版）2012年第3期。石志恒：《农户耕地保护行为研究》，西北农林科技大学2012年论文。高洁纯：《江西省耕地保护经济补偿机制构建研究》，江西农业大学2012年论文。
③ 王巧菊：《耕地保有量预测及其保护补偿机制研究》，山东农业大学2011年论文。常建峰：《基于粮食安全的江西省耕地资源保护研究》，江西财经大学2012年论文。毛良祥：《耕地保护补偿标准与补偿基金规模研究》，中国地质大学（北京）2013年论文。
④ 张效军、欧名豪、望晓东：《耕地保护区域补偿机制之面积标准探讨》，载《安徽农业科学》2008年第23期。张效军、欧名豪、李景刚、臧俊梅：《耕地保护区域补偿机制的应用研究——以黑龙江省和福建省为例》，载《华中农业大学学报》（社会科学版）2010年第1期。于洋、杨光、张今华：《基于外部效益的吉林省耕地保护经济补偿标准的实证分析》，载《湖北农业科学》2013年第16期。王青、陈志刚、周建春：《耕地保护补偿标准与分配方案研究》，载《安徽农业科学》2009年第36期。马文博、李世平、陈昱：《基于CVM的耕地保护经济补偿探析》，载《中国人口·资源与环境》2010年第11期。
⑤ 陈前利：《耕地保护中农户利益补偿问题研究》，新疆农业大学2008年论文。

标准进行了测定①。陈志刚（2009）研究指出，经济发达地区农户的补偿标准要求显著高于经济欠发达地区，而地区差异、农户受教育水平及农户对土地被征用的倾向性对于农户补偿标准期望的影响最高②。李广东（2010）在农户调查数据分析中引入多项 Logistic 回归模型，研究认为耕地利用比较效益、家庭人口数、家庭年人均纯收入、耕地保护意愿指数、经济补偿期望值、经济发展水平是影响农户耕地保护补偿标准意愿的最突出因素③。与此相对应的，陈永杰（2011）的研究成果表明，农户的人均耕地面积、种植收入比率与其补偿标准要求负相关，而农户家庭人均受教育年限、非农发展机会和是否拥有保险则与其补偿标准要求正相关④。宋敏（2012）以武汉市洪山区为实证对象，运用条件价值评估法（CVM）和层次分析法（AHP）估算了耕地的总体和局部外部性价值，结果表明农户较市民而言对耕地的社会性外部性更为偏好，而农地的社会性外部效益大于其生态外部效益⑤。李广东（2012）以渝西方山丘陵 3 个样点村 392 户农户为调查对象，引入"参与式农村评价法"（PRA），构建了"农户生计资产六边形计量分析框架"，运用灰色关联分析模型和 Probit 回归分析法对农户生计资产差异与补偿模式选择意愿间耦合关系的存在性和影响度进行了分析⑥。王安涛（2013）运用二元 Logistic 回归模型对农户的耕地保护补偿意愿影响因素进行了分析，结果表明经济发展水平越高、金融资本约为充裕的农户对补偿标准的要求越高，而货币补偿方式的效力最强⑦。朱兰兰（2014）以耕地保护补偿试点成都市为例，运用定序 Logit 模型对补偿区农户的生活满意度和影响因素进行了评价，结果表明补偿资金对于促进地方农户收入提高、推动乡村基础设施建设的建设较为明显，未来应

① 马文博、李世平、陈昱：《基于 CVM 的耕地保护经济补偿探析》，引自《中国土地学会、中国土地勘测规划院、国土资源部土地利用重点实验室．2009 年中国土地学会学术年会论文集》，中国土地学会、中国土地勘测规划院、国土资源部土地利用重点实验室，2009 年 10 月。

② 陈志刚、黄贤金、卢艳霞、周建春：《农户耕地保护补偿意愿及其影响机理研究》，载《中国土地科学》2009 年第 6 期。

③ 李广东、邱道持、王平、骆东奇、石永明：《基于忠县农户调查的耕地保护经济补偿机制需求分析》，载《中国土地科学》2010 年第 9 期。

④ 陈永杰、卓成刚、刘建强：《农户耕地保护补偿意愿及影响因素研究——基于武汉市洪山区的实证调查》，载《安徽农业科学》2011 年第 30 期。

⑤ 宋敏：《基于 CVM 与 AHP 方法的耕地资源外部效益研究——以武汉市洪山区为例》，载《农业经济问题》2012 年第 4 期。

⑥ 李广东、邱道持、王利平、王平、骆东奇：《生计资产差异对农户耕地保护补偿模式选择的影响——渝西方山丘陵不同地带样点村的实证分析》，载《地理学报》2012 年第 4 期。

⑦ 王安涛、吴郁玲：《农户耕地保护补偿意愿的影响因素研究》，载《国土资源科技管理》2013 年第 1 期。

将补偿资金重点运用于乡村生活设施改善上[1]。

基于耕地保护机会成本损失和外部性价值核算的补偿标准研究是目前的主流方法。其中，对于全国补偿标准的研究十分匮乏，张效军（2008）依据资源经济学，对耕地的商品、环境、社会及折补价值进行了核算，核算得出中国耕地资源价值为 112.68 万元/hm²[2]。吴泽斌、刘卫东（2009）设定了不同的情景模式，基于耕地保护的机会成本损失和粮食供给的耕地赤字或盈余量，计算得出了粮食主产区和东部地区的受偿和补偿额，其中最高值分别为黑龙江的（接受）543.24 × 10⁸ 元/年与上海的（提供）421.79 × 10⁸ 元/年[3]。笔者（2010）基于耕地价值生产过程的要素边际贡献率，推导出了以耕地保护主体的机会成本损失和耕地为其他社会成员提供的正外部性价值为补偿有效区间上下界的补偿标准计算理论公式，得出了根据占地压力和耕地质量进行梯度化补偿的原则[4]。

地方性耕地保护补偿标准核算研究案例较多，所引入的研究方法也较为全面。雍新琴、张安录（2011）将耕地保护机会成本损失测算作为补偿标准制定依据，得出了江苏省铜山县小张家村水田保护的补偿标准为 0.72 万元/hm²，旱地保护补偿标准为 0.87 万元/hm²。雍新琴（2012）进一步核算了江苏省平均补偿标准为 0.63 万元/hm²，并将江苏省 25 个县市确定为耕地赤字地区，需要通过财政转移支付向其余 39 个耕地盈余地区补偿 68.32 亿元。高艳梅（2013）以广东省广州市和茂名市的耕地保护补偿和受偿关系为研究对象，以 0.859 为耕地质量折算系数，测算出 2008 年广州市耕地赤字量为 193250.71hm²，若由茂名市 103372.27hm² 的耕地盈余量来填补，则需支付 349515.04 万元/年的补偿额[5]。黄燕（2012）则以湖南株洲市耕地的农作物生产、固碳释氧、净化环境、涵养水源、维持营养物质循环、形成新土壤等九项生态功能因子的价值测算作为耕地保护的外

---

[1]　朱兰兰、蔡银莺：《耕地保护补偿区农民生活满意度分析》，载《华南农业大学学报》（社会科学版）2014 年第 1 期。

[2]　张效军、欧名豪、高艳梅：《耕地保护区域补偿机制之价值标准探讨》，载《中国人口·资源与环境》2008 年第 5 期。

[3]　吴泽斌、刘卫东：《基于粮食安全的耕地保护区域经济补偿标准测算》，载《自然资源学报》2009 年第 12 期。

[4]　周小平、柴铎、卢艳霞、宋丽洁：《耕地保护补偿的经济学解释》，载《中国土地科学》2010 年 24 卷第 10 期。

[5]　高艳梅：《耕地保护区域经济补偿研究——以广东省广州市和茂名市为例》，载《科技信息》2013 年第 21 期。

部性溢出进而补偿标准[①]。廖和平（2011）运用资源价值核算方法评估出 2007 年重庆市耕地资源总价值为 94.45 元/m²，其中经济、社会、发展权、粮食战略安全及生态价值分别为 5.33 元/m²、7.35 元/m²、34.01 元/m²、35.63 元/m² 和 12.13 元/m²；其耕地保护补偿标准为 3.92 元/m²·年[②]。邓春燕（2012）将耕地的生态服务、粮食安全和社会保障价值全部视为外部性，核算出重庆耕地的总外部性价值为 174.27 万元/hm²[③]。此外，辛辉（2011），彭志刚（2012）采用同样的思路，分别对沈阳市和湖南省的耕地保护外部性进而补偿标准进行了测算[④]。李江南（2013），员开奇（2013）则通过核算农户在不同土地利用状态下的最佳收益，从而核定耕地保护给农户造成的实际经济收益损失，分别对乌昌地区以及咸宁市、郴州市、无锡市的耕保补偿标准进行了实证研究[⑤]。

（二）国内耕地保护补偿研究对本书的启示

1. 现有耕地保护补偿研究的借鉴意义。综上所述，目前国内耕地保护补偿的研究已经由理论铺垫期逐渐步入实证应用期；其中，耕地保护补偿的理论机理分别从提高耕地保护制度执行绩效、确保中国粮食战略安全、城乡统筹发展、化解"三农"问题、促进社会公平和谐、推动新农村和农业现代化建设的政策理论高度，以及维护农民土地产权完整性、深入认识并准确衡量耕地资源综合价值、补偿耕地保护正外部性和机会成本损失的经济理论层面进行了多视角的分析；这为本书构建耕地保护补偿理论框架提供了较为完备的前期理论铺垫。

耕地保护的补偿模式设计对于依据耕地价值外部性贡献和享有的事实逻辑确定补偿和受偿主体以及补偿资金的额度和流向作了比较深入的解释；地区性、区域间的补偿模式已经有了几种可供借鉴的代表性研究案例，这对于本书全国补偿模式和补偿资金分配方案的设计具有一定借鉴

---

① 黄燕：《株洲市耕地生态系统服务功能价值测算及耕地保护经济补偿研究》，湖南师范大学 2012 年论文。

② 廖和平、王玄德、沈燕、邓健：《重庆市耕地保护区域补偿标准研究》，载《中国土地科学》2011 年第 25 卷第 4 期。

③ 邓春燕、廖和平、姚玲、杨伟：《基于外部性理论视角的耕地保护经济补偿标准测算——以重庆市为例》，载《西南师范大学学报》（自然科学版）2012 年第 3 期。

④ 辛辉：《沈阳市耕地保护外部性测算及其补偿》，载《吉林农业》2011 年第 4 期。彭志刚：《湖南省耕地保护经济补偿机制研究》，湖南师范大学 2012 年论文。

⑤ 李江南：《乌昌地区耕地保护中农户利益补偿量的实证研究》，载《改革与开放》2013 年第 6 期。员开奇、程龙、董捷：《基于农户经济收益的耕地保护补偿标准研究》，载《水土保持研究》2013 年第 4 期。

价值。

在补偿标准核算方面，前期研究对于耕地资源价值的衡量方法作了系统的论述和实证应用研究；对于耕地保护机会成本损失和外部性贡献额度进行了较为明确的理论定义，也提供了一些可行的核算思路；为本书储备和选取补偿标准核算的工具方法提供了参考。

但是，目前的研究仍然在补偿理论机理的逻辑连贯性、补偿模式设计的全面性和细致性以及补偿标准（机会成本损失和外部性价值）核算的准确性方面存在严重的不足。

2. 现有耕地保护补偿研究的不足及本书的突破点。首先，虽然现有的耕地保护补偿理论依据和意义研究已经对相关的产权理论、地租理论、资源价值理论、市场失灵和政府失灵理论等作了较为全面的呈现；但并未对于上述理论的逻辑联系性做出系统的解析；耕地保护补偿究竟应该基于何种理论？各类理论究竟对补偿研究的哪个层级、哪个方面具有直接指导价值？仍然没有得到全面的总结和梳理，以至于现有研究的出发点和切入点比较杂乱，普遍存在片面性的问题。在理论基础尚未打牢的情况下急于推动补偿实证研究可能会降低研究的效率和准确性。因此，对于耕地保护补偿相关指导理论进行"定性、定级、定向"，完整搭建耕地保护补偿的指导理论架构是本书研究的第一项主要内容。

其次，现有耕地保护补偿模式研究中，地区性补偿模式设计已有许多实证先例，但大多数研究进行补偿分区时并未全面考虑耕地的综合价值，而仅以粮食的生产与消费量确定补偿关系和补偿额度；与此同时，现实中的区域耕地价值的外部性溢出是很难确定其受益边界的，而许多研究仅考虑了实证区域内各地区之间的作用关系，将耕地盈余地区的外部性贡献全部看作应由耕地赤字地区享用并补偿。在这种思路下，只有耕地盈余地区的耕地才能得到补偿，而忽略了纵向上高层级政府代表全体社会成员利益对于全部的耕地资源所应给付的报酬，这对于耕地赤字地区本来就承担较高机会成本损失、具有较高耕地转用倾向的耕地保护主体是不公平的，显然不利于对耕地资源的全面保护。全国层面的耕保补偿运行方案研究目前仍十分匮乏，除了"双纵双横"模式及赵凯等学者的拓展外，尚未出现同类研究；纵向补偿资金的分配方法研究只给出了依据耕地数量、质量和占地压力的基本思路，距实际补偿机制的操作需求还有一定的距离；在省级横向补偿分区方面仅考虑了粮食的输入/输出关系，未能全面考察耕地的经济、生态、社会综合价值的供给/消费关系，且未能对各省横向补偿资金的应缴额度和分配依据做出深入回答；在县级横向补偿研究方面，也只提出了"耕地保护指标异地调剂"和"异地有偿代保"的设想，未对其机制框架、运行方式和保障措施进行细化。针对上述研究缺陷，对于全国耕地保护补偿的资金运行管理方案进行细化和改进是本书研究的另一项重点。

最后，现有耕地保护补偿标准研究中，许多学者仅将耕地保护的机会成本损失或耕地的全部外部性价值作为补偿标准，而未能清楚地认识到机会成本损失和外部性贡献在耕地保护补偿这种社会价值的再分配过程中的作用机理：耕地价值的生产实际上包含了耕地保护主体和其他社会成员共同的生产要素投入，因此耕地所产生的经济、生态和社会价值中有一部分是其他社会成员通过农业投资和管理等形式所付出的投入的必要回报；耕地保护主体实际上也作为社会的一分子和其他社会成员一同分享了耕地的经济、生态和社会价值。由此可见，耕地保护主体的现状收益不仅包括经济收益，还包括生态和社会价值收益；而其他社会成员的耕地价值收益中有一部分是其自身生产要素投入所创造的。因此，仅仅将耕地保护主体的现状经济收益与其转为其他用途后可能实现的最高收益相比实际上忽略了耕地保护主体的社会和生态价值收益，对于机会成本损失的核算过高；而将耕地的生态、社会等非经济价值全部视为耕地保护主体提供的正外部性，则忽视了其他社会成员在耕地价值生产中的贡献，对于其他社会成员是不公平的。

耕地保护补偿应该是耕地保护主体和其他社会成员的共赢、而不是牺牲某一方的利益对另外一方进行价值转移，这就需要对耕地价值生产过程中耕地保护主体应得的价值、实得的价值进而耕地保护主体实际的"净"收益损失和其他社会成员"不劳而获"的"净"外部性价值量进行准确衡量，这就需要引入全新的核算方法。本书借助耕地价值的生产函数，阐述耕地保护补偿的价值分配调整机理，希望对现有研究的以上不足做出纠正，对耕地保护补偿的理论额度核算方法做出改进，这是本书的又一项创新点和突破点。

第二节　国内现有地方性耕地保护补偿实践评述

目前，中国的一些地区已经根据自身的地方特色和耕地保护的实际需求探索性地开展了耕地保护补偿工作，主要做法包括：（1）四川省成都市以新增费作为主要资金来源设立耕地保护基金，并将耕地保护补贴与农民养老保险制度建设相结合；（2）广东省佛山市以一般财政预算为资金来源，对基本农田按区域实行差异化补贴；（3）上海市统筹基本农田、公益林、水源地生态空间，对耕地实行生态补偿。上述地方性耕保补偿探索在补偿资金来源、补偿对象、补偿标准、补偿方式等方面都有所区别，取得了一定成效但也暴露出一些问题，为本书研究提供了宝贵的实操经验和基层反馈信息。

一、成都市的耕地保护补偿基金实践评价

（一）成都市耕地保护补偿的实施方案

为缩小缩小城乡发展差距、切实保护耕地资源，成都市于 2008 年藉由国家统筹城乡综合配套改革试验区"先行先试"的政策，以新增费为主要资金来源，建立了"耕地保护基金"，下发了《关于加强耕地保护进一步改革完善农村土地和房屋产权制度的意见（试行）》等文件，将耕地保护补偿与农民养老保险制度建设相结合，形成了耕地保护经济补偿的合同式管理机制：

（1）补偿对象：成都市耕地保护基金的补偿对象为拥有土地承包经营权并承担耕地保护责任的农户。

（2）资金来源：补偿资金由市和区（市）县各按50%比例共同筹集，主要来源于市、区（市）县两级的新增建设用地土地有偿使用费、土地出让收入的提成，以及耕地占用税返地方政府部分，不足部分由政府财政兜底。资金全部纳入耕地保护基金专户，由市级国土资源管理部门统一管理，并根据年度分配方案统筹安排。

（3）补贴标准：成都市对耕地（包括水田、旱地、菜地及可调整园地等）按基本农田和一般耕地实行分类别保护与补偿。基本农田的补偿标准为 400 元/亩·年，一般耕地的补偿标准为 300 元/亩·年。

（4）补偿方式：承担耕地保护责任农户的现金补偿，由符合参保条件的农户家庭成员平均分享，直接划入本人养老保险个人账户。购买农民养老保险除补贴外的不足部分由农民个人承担，多余部分可申请领取现金。参保农民按规定标准和时限缴足个人缴纳部分后，可按规定领取养老金。

不愿按规定标准和时限缴足个人缴纳部分的农民，男年满 60 周岁、女年满 55 周岁，可一次性提取养老保险个人账户的资金。

（5）配套措施：为了保障耕地保护补偿机制的顺利运行，成都市采取了"完善耕地保护权责登记"、"与耕地保护责任人签订《耕地保护合同》严格规定耕地保护的地块、面积、级别、期限、补贴资金和违约责任，做到土地、台账、证书、合同、耕保基金'五个一致'"、"建立土地、农业、财政、公安、金融、劳动和社会保障联动的补偿行政管理机制"、"现状变更调查、卫片执法检查和日常动态巡查的耕保逐年检查机制"等多项配套措施。其中最有特色的一项是建立了耕保补偿基金的数据库管理系统，囊括了承担耕地保护责任农户及家庭成员姓名、身份证号、承包地块个数、地块编号、发放面积、发放金额、耕保卡号、合同编号、承包证号等 38 个数据项，涵盖全市 170 万农户、1010 万个地块的信息。系统实现了市、县、农商银行三级联网，可随时掌握耕地保护、补偿发放及购买养老保险情况。

（二）成都耕地保护补偿的成效与问题

运转 5 年以来，成都市耕地保护补偿取得了一定的成效，主要包括：

（1）提高了农民保护耕地的积极性和责任意识。成都耕地保护基金投诉电话 96625 的统计显示，自设立以来共接到政策咨询电话 1998 个，投诉举报电话共 130 个，有力地支持了地方对违法用地"早发现、早预防、早查处"。

（2）促进了城乡间土地开发收益的平衡与共享。成都市耕地保护补偿以新增费为资金来源，促使城区土地的开发收益对乡村地区受保护土地的"反哺"，承担耕地保护任务越多的地区分得的补偿收益越高，在"发达支援落后、城市反哺农村"方面做出了机制创新。

（3）促进了农村土地的确权登记。通过耕地保护补偿，对地方如实、足量上报耕地资源信息形成了有效激励，摸清了农村土地承包经营权的现状，并对实际耕地保有量有了准确的掌握，降低了信息不完全和不对称所带来的耕地保护"委托—代理风险"。

（4）提高了农村的社会服务和管理质量。耕地保护补偿促进了农村社会管理的变革；不仅通过养老保险为农民解决了后顾之忧，对农村的持久繁荣和长期稳定起到了保障作用；充分尊重农民意愿的做法更促使农民树立了自身权益意识，打通了土地管理中的"上下沟通"渠道，对农村基层民主建设起到了一定的推动作用。

但是，成都耕保补偿在实际操作过程中还存在以下困难：

（1）由于农地承包权管理长期滞后，加之人口的迁徙、自然增减等因素，造成农村存在大量的"失地、摞地、无地"群体，耕地耕作也存在严重的"乱种、散种"等情况，这些长期积累的农村人地矛盾为耕地保护补偿的确权登记带了极大的工作成本。

（2）由于农户家庭经济条件、利益诉求千差万别，统一的补偿方式面临着"众口难调"的困难。同时，由于基本农田和一般耕地的确定又存在人为影响，在相邻近的耕地上实行差异化的补偿标准带来了新的农户间利益冲突。

（3）据测算，成都市每年的耕地保护补偿基金规模大约在 28 亿元左右，至今已累计投入 70 亿元以上；由于其主要来源于土地出让收益，使得补偿资金的稳定性受到宏观经济发展、土地市场调控的影响极大。随着征地制度的改革和征地范围的缩减，如何保障补偿资金来源的可持续性令人担忧。

二、佛山市基本农田保护经济补偿实践评价

（一）佛山市基本农田保护补偿的实施方案

佛山市强大的经济实力为耕地保护补偿奠定了雄厚的物质基础：2010年，其地方财政一般预算收入完成 306.05 亿元，比上年增长 20.2%。若按 500 元/亩·年的补贴标准估算，50579 公顷基本农田每年共需补贴资金 3.79 亿元，仅占每年一般预算收入的 1.24%。

目前，佛山市土地开发强度已高达35%，甚至远高于纽约、伦敦、日本、韩国等发达国家以及上海、杭州等发达城市，已越过公认的30%开发强度极限，人居环境面临巨大挑战。为此，佛山市实施了"城市不开发区"战略，将基本农田列入市确定的"不开发区"范围，从 2007 年开始进行耕地保护补偿研究工作。南海区于 2009 年 5 月率先出台了《基本农田保护区财政补贴试行办法》，2010 年 3 月，佛山市下发了《基本农田保护补贴实施办法的通知》，按照"谁保护，谁收益，多保护，多收益"的补贴思路和"谁收益，谁出钱，多收益，多出钱"的筹资思路建立耕保补偿机制：

（1）补贴对象：拥有基本农田土地所有权并依法签订基本农田保护责任书的农村集体经济组织或其他责任单位。

（2）资金来源：主要为财政一般预算收入及土地出让金收入，以区镇为主（占80%）、市级为辅（占20%）；各区的比例分配按佛山市财政一般预算收入中各区所占比例确定；禅城、南海、顺德区自行筹措补贴资金，市财政给予鼓励性补贴；三水、高明区由市级财政给予每年1500万元的定额补助（暂定3年）。

（3）补偿标准：根据区域经济发展状况实行差异化补偿，经济较为发达的禅城、南海、顺德镇基本农田保护补偿标准为不低于500元/亩·年；经济发展较差的三水、高明镇为不低于200元/亩·年，补偿标准每3年调整一次。

（4）补偿方式：补偿资金的20%由村集体提留设立农业基础设施专账，由各镇政府（街道办）负责监管；其余80%由承担基本农田保护任务的农村集体经济组织的村民代表大会或其他责任单位成员代表大会按照规定用途顺序决定具体使用方式，用途顺序依次为：农村医疗、农村居民养老保险等社会保障、基本农田保护，按上述三项使用后的余额对村民实行股份分配。

（5）配套措施：首先，土地确权登记是开展补偿工作的前提。2011年5月，国土资源部等4部委联合下发了《关于农村集体土地确权登记发证的若干意见》，截至5月底，广东省已完成权属界线核定工作的村民小组（经济社）16960个，其中佛山位列第二，已完成2795个，为补偿资金的发放提供了保障。其次，划定补偿区域是补偿工作的依据。《佛山市土地利用总体规划（2006～2020年)》对基本农田的数量、边界、空间分布做了十分细致严格的规划限定，划定基本农田集中区52片，共53680公顷，占市域面积的13.95%，中心城区划定基本农田保护区1649公顷，占耕地面积4.38%，其中基本农田主要由耕地和养殖水面组成，耕地仅占基本农田划定量的28.9%。最后，明确补偿责任是补偿效力落实的基础。佛山市各区已逐步完成与承担保护责任的村（居）委会、村民小组或基本农田土地所有权单位的基本农田保护责任书签订工作，明确了基本农田的地块、面积、期限、补贴资金和违约责任等。

（二）佛山基本农田保护补偿的成效与问题

佛山市基本农田保护补偿工作开展时间较短，其成效与问题尚未完全显现，从已经掌握的资料来看，佛山市补偿工作取得的成效包括以下几个方面：

（1）提高了农村保护耕地的积极性和责任意识。即便已知基本农田在建设占用上将受到更严格的管制，佛山市许多村委会和村民小组仍要求将耕地划为基本农田，表现出由"要求农民保"到"农民要求保"的转变。从笔者的实地调研来看，这类现象在经济欠发达地区，如南海区平沙岛，表现得尤为普遍。

（2）资金筹措的地区差异及对经济落后的三水区、高明区等的财政鼓励性补贴建立了发达地区和欠发达地区间的土地利用效益平衡和共享机制，使得耕地保有量较多、为社会供应耕地综合价值正外部性的地区得到了发达地区的土地开发收益分成，体现了耕地保护补偿促进社会公平的政策初衷。

但是，佛山市基本农田保护补偿工作仍然存在进一步改进的空间：

（1）补偿范围仅限于基本农田，容易引起纠纷。在笔者对三水、顺德和南海等地的农户调研中，许多农户反映自家耕地因未被划入基本农田范围而未能得到补偿，但相邻的耕地却能够得到补偿，因此对现行的补偿方案有所不满。

（2）虽然在资金筹集环节对于经济落后地区进行了财政扶持，但其力度仍然不足。佛山市区域差异化的补偿标准虽然反映了耕地的占用压力（机会成本损失高低），但却未能对基本农田质量较高、连片程度好的地区，如高明和三水等区保护耕地形成有效激励（未能反映出耕地价值的外部性贡献量）。

（3）耕地保护补偿力度不足。以笔者对佛山禅城区的调研为例，耕地生产的每亩经济收益只有 2750 元，而工业用地租金则达到 21500 元，差距达 7.8 倍。与此相比，基本农田补贴仅为每亩 500 元。相比之下，现有补偿仍然很难控制农民转用耕地的冲动，这就需要提高补偿标准，而仅仅依靠佛山当地财政资金是远远不够的，迫切需要中央、省级的资金支持。

三、上海市基本农田生态补偿实践评价

上海市作为长三角的经济核心和辐射带动区域发展的龙头，目前已经形成了大都市"三二一"的产业结构特征，城市和农村居民家庭人均可支配收入分别达到 36230 元、15644 元，均为全国最高水平。但与此同时，

上海市生态空间急剧衰退，对上海市"宜居城市"的建设目标构成了威胁。为此，上海将促进城市绿地、耕地、林地和湿地的融合和连接，构建"环、廊、区、源"的多层次绿色生态网络作为未来战略。按照党的十七大"建立健全资源有偿使用制度和生态环境补偿机制"的要求，2008年，上海市发改委联合市农委等部门开展建立生态补偿机制的专题调研。2009年，上海出台了《关于本市建立健全生态补偿机制的若干意见》和《生态补偿转移支付办法》，构建了生态补偿机制的基本框架，覆盖基本农田、水源地和公益林等三类生态保护区。其中，基本农田生态补偿机制已实施3年，对改善城市生态环境、促进城乡协调发展发挥了积极作用。

（一）上海市基本农田生态补偿的实施方案

2009年10月，上海市《上海市人民政府关于本市建立健全生态补偿机制的若干意见》提出从公益林、水源地和基本农田入手，坚持市和区（县）两级政府分担，逐步提高市级财力投入比重，区县相应建立配套投入机制，鼓励有条件的区县探索建立基本农田保护基金；逐步建立生态补偿机制。其中对基本农田生态补偿的主要做法如下：

（1）补偿对象：主要为已落实第二轮农村土地承包关系、拥有基本农田承包经营权的农户和基层政府。

（2）资金来源：上海市生态补偿资金包含多个渠道，并未形成统一的资金库：首先上海市构建了随对市级财力增长的市级财政对区县的生态补偿转移支付制度，2009~2011年间，上海市转移支付资金分别为1.85亿元、1.86亿元、2.6亿元；其次，鼓励有条件的区县建立基本农田保护基金；最后，对土地出让收益中的支耕支农资金使用进行规范，加大其中生态补偿资金的使用力度；与此同时，上海市还提出加强与生态环保领域国际机构的合作，争取国际非政府组织专项基金贷款、赠款，引导社会公益性资金加大对生态保护的投入。

（3）补偿标准：目前，上海市没有统一的基本农田补偿标准，补偿额度主要由各个区县根据实际情况而定。以浦东新区、闵行区为例：

2007年浦东新区印发了《浦东新区扶持基本农田区域发展的若干规定》、《浦东新区基本农田区域发展专项资金使用管理办法》，提出"十一五"期间，区财政安排2000万元用于基本农田政策性补贴。2010年3月浦东新区将基本农田政策性补贴提高至1.35亿元；补贴标准为耕地300元/亩·年、其他农用地150元/亩·年。

2008年7月，闵行区印发《闵行区人民政府关于建立生态补偿机制、重点扶持经济薄弱村发展的实施意见》，提出建立生态补偿扶持资金；从2008～2011年，基本农田保护补偿标准逐年提高分别为每年每亩300元、450元、600元、800元，其中约50%直接补贴到农民，其余50%由各村统筹用于农村服务工作。

（4）补偿方式：除了经济补偿外，上海探索了政策补偿、技术补偿、基础设施建设，生态标志计划、异地开发等多种补偿方式：政策补偿方面，上海对生态特色产业如绿色加工业，实施财税、用地、基础设施等政策倾斜和差别待遇，激发这些地区保护生态环境、发展生态农业的主动性和积极性。技术补偿方面，上海各级政府农业部门为受偿者提供技术咨询和指导，培养了大量的技术人才和管理人才，提高了受偿者的生产技能。基础设施补偿方面，上海积极鼓励发展生态旅游，鼓励有条件的地区建设郊野公园，鼓励利用闲置的存量集体建设用地等发展生态农业旅游，支持有一定规模的生态旅游地区建设配套公共服务设施。

（二）上海市基本农田生态补偿的成效与面临的困难

自实施以来，上海市基本农田生态补偿取得了显著的成效：

（1）增加了农民收入，提高了其生态保护的积极性。生态补偿让一部分处在生态保护区范围内的经济薄弱村摘掉了穷帽子，提高了农民的收入，提升了农民的生活水平，让农民真正认识到"生态有价"、"环境有价"，提高了生态保护的积极性。

（2）促进了生态农业和农业现代化的发展，推动了第一产业转型升级。通过生态补偿资金的投入，加快了农业生产由粗放型向集约型发展方式转变，有力地促进了都市现代农业发展、农民持续增收和农村和谐稳定，也为城市居民提供了旅游休闲活动空间。

但从补偿政策体系的成熟性及激励效力来看，上海市基本农田生态补偿仍然很不完善：

（1）相关的法规政策建设尚存不足。2009年出台的《上海市人民政府关于建立健全生态补偿机制若干意见》只是从宏观层面提出了指导意见，许多具体执行政策如补偿标准、处罚和奖励机制等还有待进一步细化。

（2）资金补贴制度未能完全体现生态补偿要求。上海市生态补偿存在补偿额度偏低，补偿对象宽泛（或有限）等不足，且未能体现出对耕地质量较高、数量较多地区的补偿倾斜，没有真正体现对经济欠发达地区的扶持。

四、地方耕地保护补偿实践对比及其启示

从各地实践效果来看，耕地保护补偿能够调动基层如实上报耕地保护情况的积极性，也有效约束了违规占地行为。实现了"耕地确权、确量、确界"和"地区、农户利益补偿"的双向良性互动、互促，验证了耕地保护补偿通过内在激励化解耕地保护"委托—代理"问题的理论设想。目前国内代表性的地方耕地保护补偿实践对比如表 2 - 2 所示。

表 2 - 2　　　　　国内代表性地方耕地保护补偿实践的对比

地区\要素	成都市	佛山市	上海市
起始年份	2008 年	2010 年	2007 年
补偿目标	加强耕地保护、提高农民收入	限制城市扩张，为城市打造生态支撑网络	限制城市扩张，为城市打造生态支撑网络
补偿对象	基本农田 + 一般耕地	基本农田	基本农田
补偿标准	按农田类型差异化补偿	地区差异化补偿	无统一标准，区县自主
资金来源	新增费 + 财政兜底	财政收入	多渠道融资
补偿管理	市级统筹、部门联动	市级直管，区县配合	市级提倡、区县自主
补偿方式	养老保险	现金直补	多种补偿方式相结合
补偿成效	显著	较显著	不显著

从补偿目标来看，经济发达、土地开发强度较高的地区进行耕地保护补偿主要是为了保障和提升城市生态环境质量，而农业地区、经济发展水平居中或不高的地区进行耕地保护补偿则主要仍是为了促进农业生产、提高农民收入。这一方面说明中国经济发达地区虽然转用耕地所获得经济收益较高，但保护耕地的作用主要体现在其生态支撑价值上，并且已经被地方所意识到；另一方面也说明，在全国层面开展耕地保护补偿工作时，应根据各地区经济、社会、生态等具体需求制定工作推进思路，对发达和欠发达地区保护耕地的粮食安全价值、社会保障价值和生态维护价值目标进行分类阐述说明，促使地方树立正确的耕地保护观念，提高地方耕保补偿的积极性。

　　从补偿对象来看，成都市耕保补偿的范围是全部耕地，而佛山、上海等地则偏重于基本农田保护；虽然符合补偿"保量、提质"的精神，但也相应的也引致了基本农田/一般耕地所有者之间的利益冲突和不公平感等新的农村用地利益矛盾。从全国层面来看，如果将耕地作为一个整体考虑，其为社会提供的综合价值是普遍的，仅仅突出基本农田的保护补偿反而容易加速一般耕地的流失。由于基本农田的确认方式存在主观随意性，这种补偿的"厚此薄彼"所带来的一般耕地价值流失很难说会低于基本农田流失的价值损失，也是我们不愿意看到的。问题的关键在于，在划定基本农田时是否能按照耕地的集中连片程度和质量实行科学评定，以及在对基本农田和一般耕地实施不同补偿标准时能否向农民群众作出合理的解释和充分的说明。这就对补偿工作的前提条件——土地利用规划的科学性以及补偿工作的细致性提出了更高的要求。

　　在补偿标准方面，上海市存在很大的随意性，区县间根据各自经济实力自行确定补偿标准，仅仅在域内实现了城乡间的土地价值再分配，而对地区间耕地价值贡献/享受关系未能做出调整。佛山市虽然注重了地区间补偿标准的差异性，但未能考虑到区域耕地数量和质量禀赋的差异，对优质耕地保护的激励不足。在此方面，成都市在全市实行统一的补偿标准，通过各地区耕地数量的差异实现地区间的公平补偿，虽未考虑耕地质量差别，但反映了地区间耕地价值的输出/摄入关系，具有一定的合理性。未来，应该在补偿资金分配方面引入耕地质量评价，以更为准确地反映地区间耕地的综合价值贡献关系，提升补偿的公平性。

　　在补偿的资金来源方面，各地普遍将土地出让收益作为补偿的资金基础，这也符合耕地保护补偿调节地区间土地开发收益分配、促使土地开发区对耕地保护区价值贡献进行补偿的理论思路。虽然上述典型地区都属于经济发达、财政实力雄厚的地区，经济实力更强的上海、佛山还从财政收益中拿出一部分兜底补偿资金，但现有的补偿标准仍然无法完全弥补农户的收益损失、降低其转用耕地的激励。未来，除了提高财政补偿支出外，统筹社会各方力量投入耕地保护，建立多元化的融资渠道和市场化的补偿方式是耕保补偿研究和实践的重要创新方向，亦是本书补偿模式设计中"市场导向补偿方案"的思想来源。

　　在补偿方式方面，成都市和佛山市均采用了单一的补偿手段，虽然可以节约工作成本，但是无法满足农户多样化的实际需求，可能会造成农户的抵触。同时，这种短期的经济刺激也难以增强农户长期耕地耕作的收益能力。研究多样化、可供选择的补偿手段是尊重农民意愿、提升补偿效果的必然要求。在此方面,上海市为农户、农业企业及基层政府设计了多种补偿手段,在应对具体耕地保护问题时更加灵活和人性化;将能力补偿与直接补偿相结合,积极发展多功能性的都市农业,提高农户耕地耕作收益能力,从而激发其长期保护耕地的积极性。这是未来耕保补偿手段研究的必要趋势。

在补偿管理方面,耕地保护补偿的对象确认、标准确定、资金筹集、拨付和使用等方面涉及多个部门的协调配合。成都市建立了耕地保护共同责任机制,形成了市级领导牵头,土地、农业、林业、公安、财政、规划、金融等机构联动的耕地保护管理机制,提升了耕保资金的筹集力度和管理效率;其补偿信息数据库共享机制提升了补偿的执行效率,对地方耕地保护情况进行了有效监督,为全国其他地区耕保补偿管理树立了一个可供参照的实践案例。

在补偿的工作基础方面;首先,加强地籍管理、做好土地确权登记工作是耕地保护补偿的先行基础,其中成都市的经验尤为值得推崇,即实行土地、台账、证书、合同、耕保金"五个一致",建立耕保补偿数据库。其次,对耕地保护情况的逐年审查是实现耕地保护补偿目标的重要保障,一是加大执法监察力度,利用遥感监测、实地检查等手段,及时掌握耕地保护责任履行情况。发现违法用地的,加大惩处力度,使违法用地得不偿失。二是建立内部监督约束机制,以集体经济组织为单位考核耕地保护责任履行情况,促进集体经济组织内部农民互相监督。三是建立公众参与机制,设立举报热线、举报信箱,鼓励公众对耕地保护责任履行情况进行监督,举报破坏耕地的行为,对查证属实的给予奖励。

第三章

现行耕地保护制度的执行
绩效与利益冲突分析

第一节　中国耕地保护制度的发展与政策梳理

中国耕地保护制度是为农业现代化储备基础资源的前瞻性举措，亦是实现国土空间有效利用的重要保障，更是促进国民经济长期、健康、可持续发展的战略决策。随着特定时期国家建设任务重点以及经济、社会、生态协调发展对土地利用要求的不断变化，耕地保护制度经历了"创生—形成—完善调整"的发展历程。

一、中国耕地保护制度的发展历程

以 1978 年改革开放为起点，中国耕地保护制度的发展历程可分为三个阶段：

（一）耕地保护制度的初创期（1978~1985 年）

1978~1985 年间，在改革开放的强力推动下，中国经济飞速增长，GDP 由 3645.22 亿元增长至 9016.04 亿元，年均增速超过 13.97%；其中，农村作为中国改革的先行区，经济得到了长足的发展，农业总产值由 1397.00 亿元增长至 3619.49 亿元[①]。与此同时，国家集中上马了一大批大型工程项目，各地也发挥优势，积极吸引外资进行土地开发和工业建设；为了弥补"文革"时期民生发展的欠账，各地各单位开始大量兴建民

---

① 数据来源：历年《中国统计年鉴》。

房改善居民住房条件；农村集体也纷纷建设集体工厂和住房；全国固定资产投资由 668.72 亿元猛增至 2543.20 亿元①。在建设占用的严重挤压下，8 年间全国耕地面积由 99389.3 千公顷下降至 97854.0 千公顷，降幅达 1535.3 千公顷（约合 2300 万亩）；与此同时，全国总人口却由约 9 亿 6 千万人增长至 10 亿 5 千万人，增幅近 1 亿人，如图 3－1 所示②；"要吃饭"还"要建设"的难题摆在了中国政府面前，保护耕地逐渐受到重视。

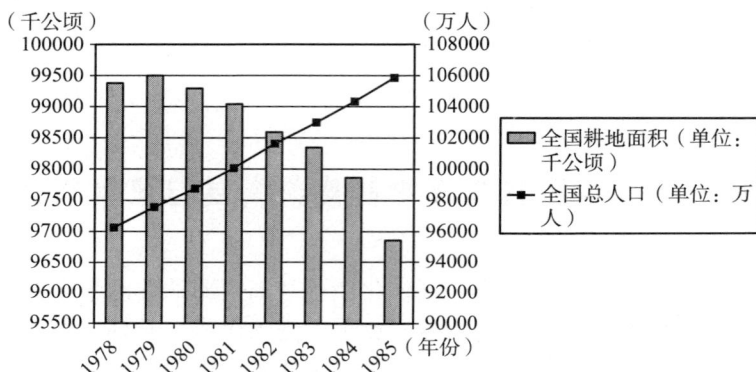

图 3－1　1978～1985 年中国耕地面积和总人口变化趋势

1978 年政府工作报告要求国营农场和人民公社垦荒种田、扩大耕地面积。虽然未能及时意识到可能导致的其他类生态用地流失问题，但也标志着中国政府耕地保护意识的觉醒。1981 年的《政府工作报告》提出"十分珍惜和合理利用每寸土地"，要求对城市基本建设和农村建房占用耕地加以严格规划约束；1982 年的《政府工作报告》则将滥用耕地建房和滥伐森林并列视为农村的"两股歪风"，当年的中央 1 号文件《一九八二年一月一日全国农村工作会议纪要》将保护耕地提升至和控制人口同等重要的位置，特别提出对城市周边菜地的保护；1983 年中央一号文件《当前农村经济政策的若干问题》也特别提出加强对占用耕地建房的控制，将耕地流失、人口膨胀和森林滥伐作为农村三大隐患。为落实中央精神，一些部门的耕地保护政策也相继出台，1982 年全国人大批准的《国家建设征用土地条例》对于耕地的建设征用做出了明确的约束和规范，提出"凡有

---

① 数据来源：历年《中国统计年鉴》。

② 数据来源：根据历年《中国统计年鉴》、《中国国土资源统计年鉴》和《中国农业统计年鉴》数据整理。

荒地可以利用的，不得占用耕地；凡有劣地可以利用的，不得占用良田，尤其不得占用菜地、园地、精养鱼塘等经济效益高的土地。"

总体来说，这一时期的耕地保护虽然已经得到重视，但由于改革初期粮食供给迅速提升加之计划经济的粮食配给思维影响，使得耕地保护得到的重视程度依然不足，耕地保护在中国土地利用中的统领性地位仍未树立。如《国家建设征用土地条例》仍强调"符合国家建设征用土地规定的被征用地区干部和群众应该加以配合，不得阻挠"；而耕地保护的政策导向则分散于多个文件和报告，也并未建立专门的土地管理机构，耕地保护的实施措施仍然很不具体，仅仅提及了"对非法占用耕地进行纠正和处理"、"对人民进行中国人多地少的国情教育"。同时，当时调整农业结构、发展多种经营以提高农民收入是农村工作的重点；同样，为服务于经济建设的大局，保障城镇建设用地供给也是土地管理的重要任务。这种政策导向和优先级别的模糊性使得地方在土地利用管理中忽视、轻视耕地保护，耕地减少的趋势并未得到有效控制。

（二）耕地保护制度的形成期（1986～1997年）

在度过了1984～1985年间改革开放后的第一次经济波动后，中国经济增速进一步提升。1986～1997年，中国GDP由10275.18亿元上升至78973.03亿元，年均增速超过20.08%；工业总产值由3886.40亿元增长至25713.70亿元，增长近6倍；农业总产值则由4013.01亿元上升至23788.40亿元，增长超过5倍。作为经济增长的重要支撑与推动力，土地开发及由此带来的固定资产投资增长迅猛。11年间，全国固定资产投资总额由3120.60亿元增长至24941.10亿元，翻了近8倍；特别是在20世纪90年代初期的"开发区热潮"中，年均固定资产投资年均增速一度超过35%，年均新增建设用地面积增长速度达到创纪录的33%[1]。大量的耕地被迅速建设占用。1986～1995年间[2]，全国耕地保有量共减少568万公顷，其中建设占用、农业结构调整和灾毁耕地比例分别为39%、47%和13%。与此同时，后备耕地资源补充也呈现出紧张趋势；1986～1995年全国共通过开荒围垦等形式补充耕地257.62万公顷，与耕地流失量相较差

---

① 数据来源：根据历年《中国统计年鉴》、《国土资源统计年鉴》、《国土资源统计公报》、《农业统计年鉴》相关数据整理。

② 由于1996年后的耕地数据是根据第一次全国土地调查数据进行修正后的数据，存在较大的数据跳空，为了保证数据的连续性进而分析的准确性，这里选择了1995年之前的耕地数量进行分析。

了 310. 38 万公顷，年均耕地占补缺口达到 34. 49 万公顷；同期，中国总人口由 107 亿人猛增至 12. 1 亿人，涨幅超过 1. 4 亿人，见图 3 – 2 所示，国家粮食战略安全问题已由中国国民经济发展的潜在危机转变为现实风险。

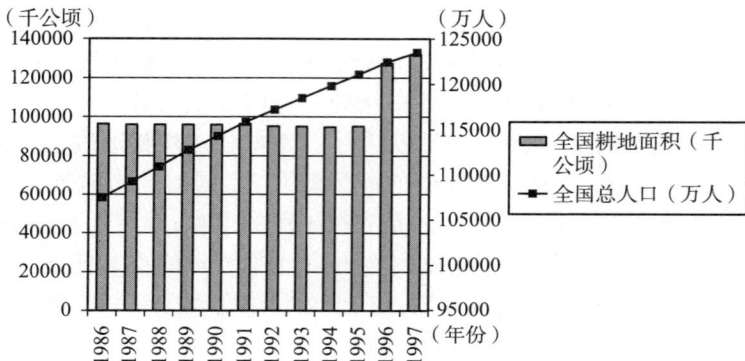

图 3 – 2　1986 ~ 1997 年中国耕地面积和总人口变化趋势

注：1996 年的耕地保有量数据是"第一次全国土地调查"修正后的数据，由于调查精度、统计口径的不同，地方之前为少交农业税而瞒报耕地数量，以及地方农户自主开垦荒地等原因，与前述数据存在"跳空"的问题。

为了抑制耕地的过快流失，自 1986 年 1 月中央一号文件《关于一九八六年农村工作的部署》指示相关部门制定"严控非农建设占用耕地条例"以及 3 月中央《关于加强土地管理、制止乱占耕地的通知》等文件始；"十分珍惜和合理利用每寸土地，切实保护耕地"正式被树立为中国的一项长期基本国策。同年 6 月，六届人大正式通过《中华人民共和国土地管理法》，标志着耕地保护走上了规范化、法制化的道路。1987 ~ 1988 年间，国家土地局相继下发《关于在农业结构调整中严格控制占用耕地的联合通知》、《建设用地计划管理暂行办法》、《土地复垦规定》、《严格限制毁田烧砖积极推进墙体材料改革的意见》，要求从土地规划、利用管理和执法检查等多个方面对于耕地的建设占用行为加以严格的限制约束，并首次对通过土地复垦增加耕地面积做了法律规范。在此基础上，1990 年《政府工作报告》对于建设用地的计划和审批提出了严格的规定，并原则上要求地方的耕地占用与开垦补充相挂钩。1991 年国家《土地管理法实施条例》出台；1992 ~ 1993 年间，国家又相继颁布了《关于严格制止乱占、滥用耕地的紧急通知》、《关于严禁开发区和城镇建设占用耕地撂荒的通知》、《关于严格审批和认真清理各类开发区的通知》，以分别对当时的耕地撂荒、破换、违法占用和非理性过速开发转用进行抑制。中国耕地保护的法律政策得到了进一步的细化和完善。此后，1994 年《基本农田保护条例》以及此后连续 4 年的《政府工作报告》对于建立基本农田保护制度做出了递进式的部署；1996 年，"耕地总量动态平衡"被首次提出，并通过《建设用地计划管理办法》进行了详细的规定。特别是在 1997 年，为抑制已经渐趋失控的违法建设转用耕地现象，国家先后立法设立了"破坏耕地罪"、"非法批地罪"和"非法转让土地罪"，国家土地管理局甚至在该年 5 月 20 日发布了《冻结非农业建设项目占用耕地规定》。

从整体上来讲，这一时期的耕地保护已经上升至国家战略层面，得到了中央政府的高度重视；但这期间同样是中国由计划经济向市场经济转轨的关键期，在经济利益的刺激下，地方政府的土地开发热情高涨，在耕地保护过程中缺乏足够的激励和耐心。在 1996 年之前，制止违法占用耕地虽然在政策层面提出，但对于如何制止、如何处罚却采取了"一罚了之"的经济性柔和手段；由于耕地比较经济收益远低于建设用地，许多地方宁可先占地、多罚款以形成既成事实，变相削弱了耕地保护的实际执行力。同时，这一时期的土地检查和违法监督机制还未建立，大量违法占地行为被隐瞒，最终不了了之；这一问题在 1996～2010 年间全国各地《土地利用总体规划》的编制过程中被大量暴露了出来。同时，农业结构调整导致耕地流失的问题也未得到足够的重视和及时的抑制。

（三）耕地保护制度的完善和调整期（1998 年至今）

1998 年至今，特别是在 2001 年我国成功加入 WTO 之后，中国经济呈现出井喷式增长；GDP 由 1998 年的 84402 亿元猛增至 2013 年的 568845 亿元，增长近 7 倍，年均增幅达到 15.2%；农业生产总值也由 24541 亿元增长至 56957 亿元；但粮食生产能力则出现了较大的波动，特别是 2003 年，全国粮食总产量仅为 43070 万吨，比 1998 年的 51230 万吨剧减 820 万吨，而同期全国总人口则由 1998 年的 12 亿 4 千万人增长至 12 亿 9 千万人，涨幅达 5000 万人；人均粮食占有量由 411 公斤下降至 333 公斤，成为改革开放以来中国粮食供应的一个低谷，同时也再次就中国的粮食安全问题警醒了国人。与此同时，中国工业化的"重型"增长方式仍未得到改观，而城镇化速度则在 1996 年城镇化水平突破 30% 后步入快车道；在 1997 年金融危机后"双松"的财政和货币政策带动下，公路、铁路等基础设施建设达到高潮，全国固定资产投资年均增长率达到 16.8%。特别是在"西部大开发"、"振兴东北老工业基地"、"中部崛起"等战略的刺激下，原先城镇扩张速度不及东部的中西部地区也开始了大量的土地开发建设，1998~2013 年间年均建设用地增幅达到 12.9%，甚至高出东部地区该项指标 4 个百分点。在此背景之下，这一时期耕地减少量超过 1760 万公顷，比同期土地开发、整理、复垦补充耕地面积超出 963 万公顷；耕地保护难度不断加大。①

1998 年 4 月 8 日，中央将国家土地管理局、地质矿产部、国家海洋局、国家测绘局合并组成国土资源部，将农地转用、建设用地审批、土地征用和基本农田保护、土地开发整理复垦等职能集中，并专门设立了耕地保护司，与规划、利用管理、地籍、政策法规等司局协调合作开展耕地保护工作；标志着中国土地管理及耕地保护工作步入了新阶段。当年，国土资源部即配合国务院下发了《关于坚决贯彻执行中央继续冻结非农业建设项目占用耕地的通知》，同年 8 月修订完成的《土地管理法》对土地用途管制、耕地总量动态平衡、加大土地执法检查力度做出了进一步规范和细化。与此同时，中国的耕地保护任务也从单纯重视耕地数量维持转向"数量、质量并重，兼顾生态和景观建设"。2004 年中央 1 号文件《中央关于促进农民增加收入若干政策的意见》将促进耕地质量于保护耕地数量相并列，作为未来耕地保护的工作方向，并提出将国有土地出让收益的一部分拿出来用于农业土地开发和高标准基本农田建设。同年，国务院 28 号文《关于深化改革严格土地管理的决定》从严格土地执法、加强规划管理、保障农民利益、促进集约用地、健全责任制度等方面对耕地保护制度做出了全方位的机制建设安排。2005 年，《省级政府耕地保护责任目标考核办法》，建立了耕地保护的政府负责制。2006 年的国务院 31 号文《关于加强土地调控有关问题的通知》则将耕地保护作为土地供给调控的底线；同年 7 月，国家设立土地督察局，由国土资源部部长亲自兼任总督察，并由两位副部长分别担任兼职和专职副总督察，建立并强化了土地违法纠察机制。2008 年十七届三中全会《关于推进农村改革发展若干重大问题的决定》将"坚决守住 18 亿亩耕地红线。划定永久基本农田，建立保护机制，确保基本农田总量不减少，用途不改变，质量有提高"单独作为一章加以阐述。此后历年的政府工作报告也都将加强耕地保护、完善耕保机制和手

---

① 数据来源：根据历年《中国统计年鉴》、《国土资源统计年鉴》、《国土资源统计公报》、《农业统计年鉴》数据整理计算。

段、严守耕地红线作为关系中国经济社会建设全局的重要任务来抓。

这一时期的耕地保护工作逐步实现了政策导向与全方位具体措施、预先规划与事后检查、耕地"开源"（土地开发、整理、复垦补充）与耕地"节流"（土地用途管制、耕地占补平衡、用地指标审批等）的有机结合；耕地保护制度不断得到补充和完善；相应的，对于耕地使用的限制也不断收紧。但在工业化和城镇化的强大经济利益吸引下，耕地保护形势仍然不容乐观，这一问题将在下一节进行详细分析。

二、中国耕地保护的政策梳理及其对耕地产权的限制分析

（一）中国逐年耕地保护政策法规的数量和强度分析

以往研究对于耕地保护政策的梳理多采用"逐条列举"的方式，为了更加清晰地综合分析中国耕地保护政策供给的数量和强度变化趋势，本书拟建立一个"耕地保护政策供给强度评价指标"。该方法最早见于西北农林科技大学的汪阳洁、姜志德和王继军等学者在 2007 年发表的成果[1]，笔者对该方法作了进一步的发展和改进：

以 1980 ~ 2012 年中国全国性的耕地保护相关政策法规为分析对象。首先，通过查阅"北大法宝"《中国法律检索系统》（1980 ~ 1998）以及历年《中国国土资源年鉴》（1999 ~ 2013），按照土地利用与保护、土地市场规范、土地监察、土地规划及土地整治（开发、整理、复垦）五个方向对全国在该时间段内的全国性的耕地保护政策法规按照级别和部门进行分类甄选，将上述法规分为国家级（全国人大和国务院）、国土资源部（国家土地管理局）级和其他国务院直属单位级三类。

其次，根据笔者对于来自北京师范大学资源学院（1 人）、中国人民大学公共管理学院（2 人）、中国农业大学资源与环境学院（1 人）、中国地质大学（北京）土地科学与技术学院（1 人）、西南大学地理科学学院（1 人）、中国科学院地理科学与资源研究所（1 人）以及中国土地勘测规划院（1 人）、国土资源部土地整治中心（1 人）、上海市规划和国土资源

---

① 汪阳洁、姜志德、王继军：《中国耕地保护制度发挥效力了吗?》，载《山东大学研究生院、山东省公共经济与公共政策研究基地、山东大学经济学院、山东大学公共经济与公共政策研究中心．2010 年"海右"全国博士生论坛（公共经济学）"经济社会发展转型的公共政策"学术研讨会论文集》，山东大学研究生院、山东省公共经济与公共政策研究基地、山东大学经济学院、山东大学公共经济与公共政策研究中心，2010 年。

管理局（2人）共11位研究耕地保护问题的专家和负责耕地保护、土地规划、土地整治的行政管理人员的调查表，见表3-1所示统计分析，对上述各级全国性耕地保护政策法规的作用强度进行对比评定。

表3-1　　　　　　　　　中国各级耕地保护法规的作用强度咨询

政策层级	国家级	国土资源部级	其他国务院直属单位级
得分	A	B	C

注：该咨询表邀请专家以10分为最高强度值、1分为最低强度值，对三个级别的耕地保护政策法规作用强度做出对比评价。

各级政策的相对作用强度计算方法如下：

$$SL_T : SL_D : SL_R = \sum_{i=1}^{11} Ai : \sum_{i=1}^{11} Bi : \sum_{i=1}^{11} Ci \qquad 公式（3.1）$$

式（3.1）中 SL（$Strength\ Level$）为政策作用强度；下标 T、D、R 分别代表全国、国土资源部和其他相关部门；A、B、C 分别为专家给出的各级政策的作用强度评价值，i 代表专家序列（$i=1、2、\cdots、11$）。即将11份咨询表的分类得分相加再相除，以其他国务院直属单位级政策的作用强度为基准值，得出三级耕地保护法规的强度对比为 4.1：3.5：1。

最后，分别列出1980年至2012年间逐年各级耕地保护政策法规的条数，得出中国耕地保护政策供给强度评价值的公式：

$$AFPRSS = \sum_{j=1980}^{2012} a_j \times SL_T + \sum_{j=1980}^{2012} b_j \times SL_T + \sum_{j=1980}^{2012} c_j \times SL_T$$

$$公式（3.2）$$

$AFPRSS$（$Annual\ Farmland\ Protection\ Regulations\ Supply\ Strength$）即"年度耕地保护政策法规供给强度值"；$a$、$b$、$c$ 分别代表三级法规的逐年出台条数；j 为年份代码。由此得出1980年至2002年间全国耕地保护政策供给强度逐年变化见表3-2和图3-3所示。

表3-2　　　　　　1980～2012年中国逐年耕地保护政策法规供给数量和强度值

年份＼项目	国家级（a）	国土资源部级（b）	其他国务院直属单位级（c）	AFPRSS
1980	2	0	1	9.2
1981	3	0	1	13.3
1982	5	0	1	21.5

项目 年份	国家级（a）	国土资源部级 （b）	其他国务院直属 单位级（c）	*AFPRSS*
1983	4	0	2	18.4
1984	2	1	1	12.7
1985	0	1	2	5.5
1986	2	0	0	8.2
1987	3	8	9	49.3
1988	6	7	6	55.1
1989	4	6	5	42.4
1990	5	6	4	45.5
1991	5	5	3	41
1992	4	12	6	64.4
1993	5	6	2	43.5
1994	3	2	1	20.3
1995	2	9	4	43.7
1996	1	7	2	30.6
1997	2	12	0	50.2
1998	5	10	1	56.5
1999	4	19	2	84.9
2000	0	22	1	78
2001	2	15	1	61.7
2002	0	16	5	61
2003	2	29	4	113.7
2004	9	20	8	114.9
2005	2	19	4	78.7
2006	7	20	4	102.7
2007	5	19	11	98
2008	6	20	6	100.6
2009	4	15	9	77.9
2010	5	18	7	90.5
2011	4	15	5	73.9
2012	3	13	4	61.8
总计	116	352	122	—

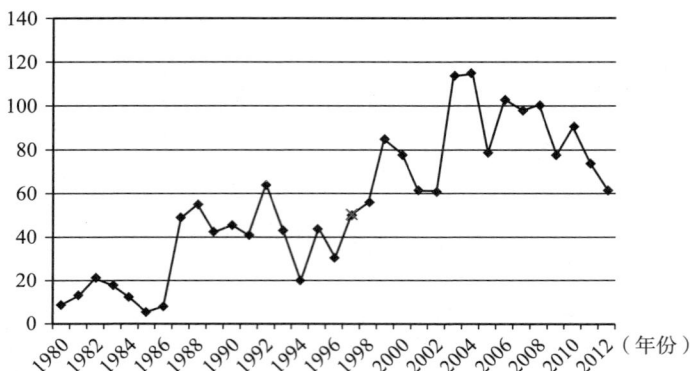

图 3 - 3　1980～2012 年中国逐年耕地保护政策法规供给强度变化

1. 耕地保护政策供给强度的阶段划分。从表 3 - 2 和图 3 - 3 所呈现的分析结果来看，中国耕地保护政策的供给强度基本符合前述耕地保护制度发展的阶段划分，呈现出 1980～1985 年、1986～1997 年、1998～2012 年三个供给强度波动周期。

2. 耕地保护政策的时效性。中国耕地保护政策在 2003～2010 年达到供给强度高峰，而这一时期也是加入 WTO 后经济快速发展、城镇化和工业化的迅速提速期和耕地保护的困难时期。国家的耕地保护政策表现出对快速耕地建设开发的警觉和迅速反应，基本上与现实国情和土地利用问题达到了同步，未出现明显的政策滞后。

3. 耕地保护政策供给强度的构成。平均来看，在年度耕地保护政策法规供给强度值的构成中，中央级政策的平均强度为 11.9，国土资源部（国家土地管理局）政策的平均强度为 16.7，而其他国务院直属部门政策的平均强度为 6.7。说明自国土资源部成立后，国家耕地保护的政策法规主要由国土部发布并布置执行，耕地保护的权责得到了集中，其制度完善速度也得到了加快。

（二）中国耕地保护政策对耕地产权的影响分析

下面对现行耕地保护政策法规体系中主要的耕地利用限制政策及其对农村集体耕地产权完整性的影响进行重点分析，从中抽析耕地保护补偿与现行耕保制度的对接点。

总体上看，中国现行耕保制度主要是通过宪法、普通法律、部门政策以及地方政策四大类中涉及耕地规划、利用管理、转用审批、整治补充、监督惩戒的法律条文构成土地用途管制制度、耕地总量动态平衡（占补平衡）制度、耕地保护责任制度、土地整治（开发、整理、复垦、增减挂钩）制度、土地税费制度五大基本制度，进而共同组成耕地保护制度体系；其中对耕地产权的主要限制政策见表3-3。

表3-3　　　　中国耕地保护制度中的耕地利用限制条款归纳

类别	法律/政策条款	限制内容
宪法	第十条第二款	国家为了公共利益的需要，可以依照法律规定对土地实行征收或者征收并给予补偿 ——国家可以剥夺耕地所有权
	第十条第三款	不得侵占、买卖或者以其他形式非法转让土地。土地的使用权可以依照法律的规定转让 ——耕地所有权不得自由转让，使用权转让受限
土地管理法	第四条	国家实行土地用途管制制度，通过土地利用总体规划限定建设用地、农用地（包括耕、园、林、草）、未利用地 ——人为地将土地用途定为耕地
	第三十一条	国家保护耕地，严格控制耕地转为非耕地 ——对耕地转用进行严格限制
	第三十六条	禁止占用耕地建窑、建坟或者擅自在耕地上建房、挖砂、采石、采矿、取土等。禁止占用基本农田发展林果业和挖塘养鱼 ——对耕地利用形式进行严格限制
	第四十三条	建设需要土地必须依法申请使用国有土地；兴办乡镇企业、农民住宅、乡镇村公共设施、公益事业建设经依法批准使用农民集体所有的土地除外 ——集体所有耕地不能自主转为建设用地
	第四十四条	建设占用土地，涉及农用地转为建设用地，应当办理农用地转用审批手续 ——剥夺耕地所有者将耕地转为建设用地的自主权
	第六十三条	农民集体所有的土地的使用权不得出让、转让或者出租用于非农业建设 ——耕地所有者无法出让土地用于建设获益

续表

类别	法律/政策条款	限制内容
基本农田保护条例	第二条	国家实行基本农田保护制度。按照一定时期人口和社会经济发展对农产品的需求，依据土地利用总体规划确定不得占用的耕地，并划定特定保护区域 ——对耕地的"精华"转用进行各为严格的限制
	第十五条	基本农田保护区经依法划定后，任何单位和个人不得改变或者占用。国家能源、交通、水利、军事设施等重点建设项目选址确实需要占用基本农田，其农地转用和征地必须经国务院批准 ——进一步上收耕地的转用决定权
	第十七条	禁止在基本农田保护区内建窑、建房、建坟、挖砂、采石、采矿、取土、堆放固体废弃物或者发展林果业和挖塘养鱼 ——进一步收紧、限制耕地的使用权
	第十八条	基本农田禁止撂荒，建设暂占基本农田需在1年内恢复耕种，否则需缴纳闲置费；2年连续未使用的，收回农户承包经营权，仍由村集体所有 ——将维持耕地使用作为农户义务
	第三十三条	基本农田的破换行为由县级以上人民政府纠正，处占用基本农田的耕地开垦费1倍以上2倍以下的罚款；构成犯罪的，依法追究刑事责任 ——对占用、转用耕地行为给予严厉打击
国务院关于深化改革严格土地管理的决定（国发〔2004〕第28号 2004年10月21日）	第十一条	基本农田是不可逾越的"红线"，占用需向国务院报批；征地补偿和耕地开垦费按最高标准；禁止以建设"现代农业园区"或"设施农业"等名义占用基本农田变相从事房地产开发 ——对占用、转用基本农田给予严厉打击
国土资源部关于进一步采取措施落实严格保护耕地制度的通知（国土资发〔2003〕388号）	—	一是不准除法律规定的国家重点建设项目之外的非农建设占用基本农田；二是不准以退耕还林为名，将平原（平坝）地区耕作条件良好的基本农田纳入退耕范围，违反土地利用总体规划随意减少基本农田面积；三是不准占用基本农田进行植树造林，发展林果业；四是不准以农业结构调整为名，在基本农田内挖塘养鱼和进行畜禽养殖，以及其他严重破坏耕作层的生产经营活动；五是不准占用基本农田进行绿色通道和绿化隔离带建设 ——对耕地的使用做出"五不准"的限制

　　通过表3-3的分析可以看出，现行耕地保护制度所涉及的法律和政策基本上对耕地产权的各个组成部分进行了全方位的严格限制：

1. 耕地所有权——随时剥夺。虽然现行土地制度规定农村土地归农民集体所有，但是国家在发展建设中可以根据需要"合法"的剥夺集体土地所有权；这种对耕地产权"很可能到来"的国家侵占也增大了农民从耕地获取长期受益的担忧，转而促使其更加关注从耕地快速获取短期受益。

2. 耕地使用权——严格限定。国家通过立法、规划人为地将土地限定为耕地用途，在划定为耕地的地区，耕地所有者既不能将耕地转为建设用途，也禁止在耕地上进行一切改变耕地性状的活动，而只能从事作物种植业；在基本农田区域内，种植耕地还被强制性定为农户的义务，这一义务直接与其农地承包经营即使用权相挂钩。

3. 耕地发展权——完全丧失。一方面，耕地所有者不能自主决策将耕地转为其他更高经济收益的用途；另一方面，也断绝了其他社会主体要同耕地所有者合作转用耕地的出路。

由以上分析可以看出，现行耕地保护制度将农民集体的土地产权打的"支离破碎"，对于耕地的利用限制已达到了"无以复加"的程度，耕地的长期稳定收益无法保证，短期高收益不准获得，耕地只能种而且必须种。这就使得耕地保护这件利国利民的"好事"变了味——虽然为社会作出贡献是公民的基本道德，但强制公民"做好事"则是既违反法理，又违反情理的行为。在耕地比较经济收益远低于建设用地的情况下，其他地区土地开发的经济收益在耕地所有者心中形成了强烈的对比反差和刺激，挫伤了其保护耕地的积极性。

不仅如此，现行耕地保护制度与宪法之间存在一些法理矛盾：既然宪法规定耕地应归农村集体所有，那么这种产权就应该得到绝对的保护。但是，为实现公众利益所采取的耕地保护政策对农村集体的耕地产权完整性构成了侵害；这与宪法的精神是背道而驰的。如何纠正这种矛盾是中国理顺土地产权关系、完善土地管理法治建设所必须面对的问题。

从中国的基本国情来看，短期内耕地保护的外部限制措施仍然无法放松。耕地保护补偿实际上是对现有耕地保护制度的弥补——在外部约束已经极其严格却仍然无法提升耕地保护绩效的背景下，通过对农户产权完整性的尊重及保护，建立农户保护耕地的激励机制。

综上所述，耕地保护补偿与耕地保护制度对接的原则应为：在坚持公有土地制度和土地用途管制制度的前提下，从耕地利用为全社会所带来的综合效益分析及其机会成本损失核算着手，对农村集体耕地产权缺失部分对应的收益损失进行补偿，逐步纠正（弥补）现行土地管理制度的矛盾与不公平现象，实现社会土地利用收益的合理分配。

第二节 中国耕地保护的执行绩效分析

虽然现行的耕地保护制度对于抑制耕地资源过速流失起到了一定作用，但其执行效果仍然不容乐观，面临着三方面的严峻形势：

一、耕地总量不断减少，占补平衡未能实现

以 1998 年国土资源部成立以来中国耕地数量的变化趋势为例，尽管有最严格的耕地保护制度作为外部约束，1998～2008 年间，全国耕地面积仍由 129642.10 千公顷下降至 121716.00 千公顷，10 年间减少达 7926.1 千公顷（约合 1.19 亿亩），年均减少量约为 793 千公顷，累计降幅达 6.1%，年均降幅达 0.49%，见图 3-4 所示①。

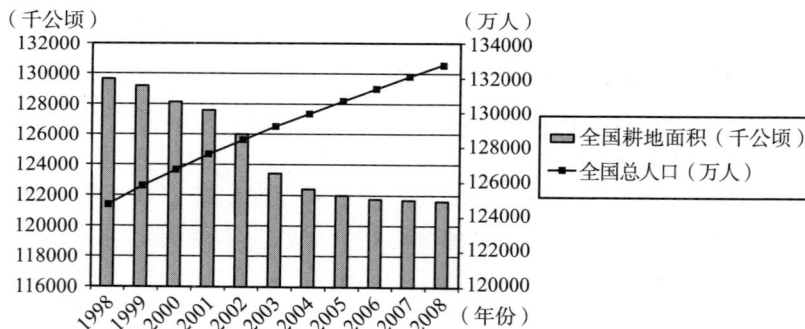

图 3-4　1998～2008 年中国耕地面积和总人口变化趋势

由于土地出让制度改革前各地"紧急"加快占用耕地的速度，2003 年成为中国耕地面积下降最快的一年，耕地面积减少 4223 千公顷，其中粮食播种面积下降了 2229 千公顷，由此也带来了当年粮食的严重减产，由 2002 年的 4.57 亿吨下降至 4.30 亿吨，降幅达 2300 万吨。

---

① 数据来源：根据历年《国土资源统计年鉴》、《国土资源统计公报》、《农业统计年鉴》数据整理计算。

与此同时，中国总人口由 1998 年的 124761 万人增长至 2008 年的 132802 万人，增幅达 8041 万人，增长率达 6.4%；使得人均耕地面积由 1.56 亩下降至 1.37 亩，不足世界平均水平的 45%；人均粮食占有量也由 410.62 公斤下降至 397.96 公斤，甚至在 2003 年降至 333.28 千克的最低值，见表 3-4 和图 3-5 所示。

表 3-4　　　　　　　1998～2008 年中国耕地面积、粮食播种
面积、粮食产量变化趋势

年份	耕地数量（千公顷）	耕地净减少量（千公顷）	耕地净减少率（%）	粮食播种面积（千公顷）	粮播面积减少量	粮播面积减少率（%）	粮食产量（千吨）	粮食产量变化率（%）
1998	129642.1	261.1	0.20	113787	596	0.52	512295	-0.40
1999	129205.5	436.6	0.34	113161	626	0.55	508386	-0.77
2000	128243.1	962.4	0.74	108463	4698	4.15	462175	-10.00
2001	127615.8	627.3	0.49	106080	2383	2.20	452637	-2.11
2002	125929.6	1686.2	1.32	103891	2189	2.06	457058	0.97
2003	123392.2	2537.4	2.01	99410	4481	4.31	430695	-6.12
2004	122444.3	947.9	0.77	101606	-2196	-2.21	469469	8.26
2005	122082.7	361.6	0.30	104270	-2664	-2.62	484010	3.00
2006	121800.2	282.7	0.23	105380	-1110	-1.06	497460	2.70
2007	121733.3	66.7	0.05	105530	-150	-0.14	501500	0.81
2008	121716.1	17.3	0.01	106700	-1170	-1.11	528500	5.11

数据来源：由 1998～2008 年间《中国统计年鉴》、《中国农业统计年鉴》数据计算得出。

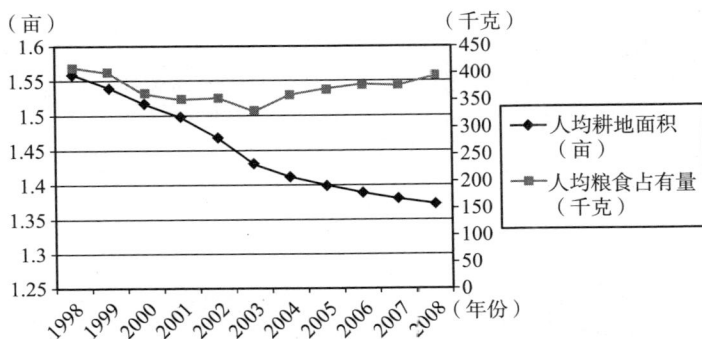

图 3-5　1998～2008 年中国人均耕地面积和粮食占有量变化趋势

从耕地流失和补充的数量结构来看，耕地流失方面，1998～2008年建设占用、农业结构调整、灾毁和生态退耕导致的耕地减少量和所占比重如表3－5和图3－6所示。

表3－5 1998～2008年中国耕地流失的构成分析

年份	建设占用		农业结构调整		灾毁		生态退耕		总减少量
	面积（公顷）	比例（%）	面积（公顷）	比例（%）	面积（公顷）	比例（%）	面积（公顷）	比例（%）	
1998	176186	30.89	56000	12.29	159519	27.97	164610	28.86	556315
1999	205258	24.39	70091	12.73	134680	16.00	394614	46.88	804643
2000	163259	10.42	107124	36.92	61738	3.94	762821	48.71	1094942
2001	163654	18.32	578225	12.13	30579	3.42	590689	66.13	1363147
2002	196500	9.69	108346	17.21	5639	2.78	1425552	70.31	1736037
2003	229106	7.95	349010	12.64	50425	1.75	2237309	77.66	2865850
2004	292804	19.81	364152	26.34	63283	4.28	732866	9.57	1453105
2005	212100	31.74	12300	1.84	53500	8.01	390400	58.42	668300
2006	259000	38.43	40000	5.93	36000	5.34	339000	50.31	674000
2007	188400	79.63	4900	2.07	25400	10.74	17900	7.57	236600
2008	191600	76.98	24900	10.00	24800	9.96	7600	3.05	248900

数据来源：由1998～2008年间《国土资源综合统计年报》及《国土资源统计公报》整理计算得出。

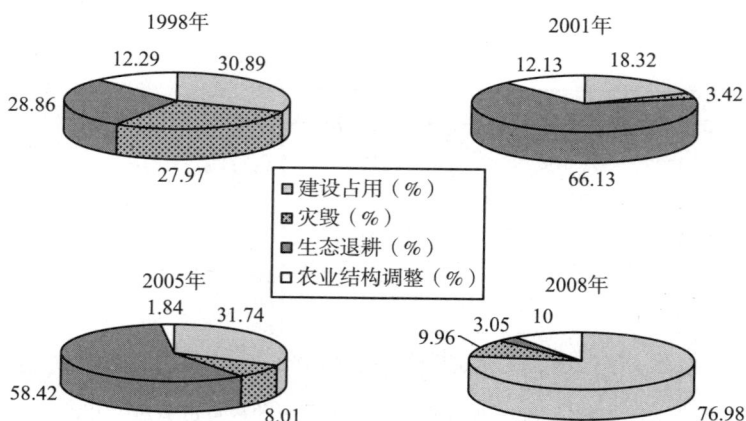

（%）

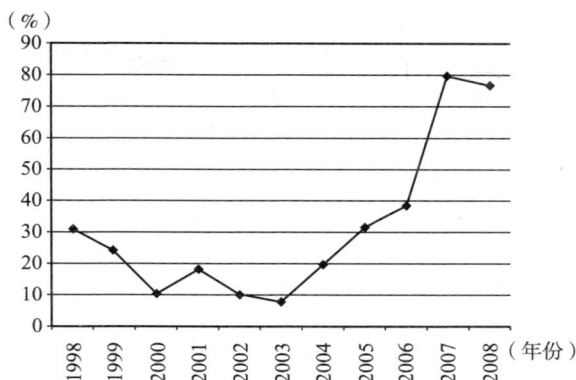

图 3 - 6　1998 ~ 2008 年中国耕地流失构成因素变化

可以看到，1998 ~ 2005 年间，生态退耕在耕地的减少量中所占比重较大，而建设占用占耕地减少量的比例则呈逐年上升的态势，并且在 2007 年和 2008 年超过总流失量的 70%，已成为耕地流失的主要原因。

在耕地补充方面，1998 ~ 2008 年间农业结构调整、土地开发和整理复垦新增的耕地面积如表 3 - 6 所示；可以看到，土地开发、整理复垦已成为中国补充耕地面积的主要来源，但每年总补充量与前述总减少量仍存在较大差额，见图 3 - 7 所示。

表 3 - 6　　　　　　　　　1998 ~ 2008 年中国耕地补充的构成分析

年份	农业结构调整		土地开发		整理 + 复垦		总补充面积（公顷）
	面积（公顷）	比例（%）	面积（公顷）	比例（%）	面积（公顷）	比例（%）	
1998	106721	41.73	98000	38.32	51000	11.94	255721
1999	147565	36.21	177000	43.43	83000	20.36	407565
2000	312617	51.79	41942	6.95	249122	41.27	603681
2001	63335	23.82	134546	50.59	68062	25.59	265943
2002	80429	23.57	173238	50.77	87523	25.65	341190
2003	32796	9.54	213922	62.26	96885	28.21	343603
2004	184737	34.83	228472	43.08	117157	22.09	530366

续表

年份	农业结构调整		土地开发		整理＋复垦		总补充面积（公顷）
	面积（公顷）	比例（％）	面积（公顷）	比例（％）	面积（公顷）	比例（％）	
2005			306700				306700
2006			367000				367000
2007			195800				195800
2008			229600				229600

数据来源：由 1998～2008 年间《国土资源综合统计年报》及《国土资源统计公报》整理计算得出。

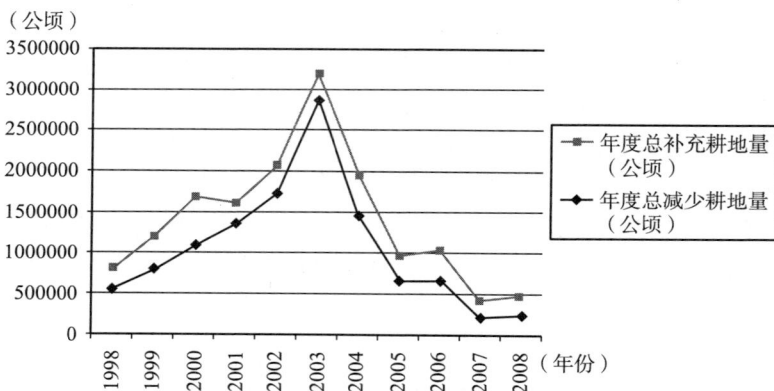

图 3－7 1998～2008 年中国耕地流失与补充量对比

二、耕地粗放式占用建设，土地浪费问题严重

从逻辑上讲，耕地流失的各类成因均具有一定的合理成分，如建设占用耕地就是经济增长、城市发展和民生改善的必要空间承载力支撑。但是就中国耕地建设占用后的用地效率而言，却存在着严重的土地浪费问题：1998～2011 年间，中国城镇化率（城市人口占总人口的比率，仅反映户口身份）从 30.4％上升至 51.27％，涨幅为 22.87％；城区人口（在城市建成区内的人口）由 35425.6 万人增加至 37411.8 万人，涨幅为 16.6％；而城市建成区面积则由 21379.6 平方千米猛增至 43603.2 平方千米，涨幅

达 103.9%；远高于城市化率和城区人口的增长速度。人均城市建成区面积由 64.22 平方米上涨至 112.31 平方米，如图 3-8 和表 3-7 所示，城市土地集约利用度严重下降；城镇摊大饼式扩张和占用耕地浪费的现象可见一斑。

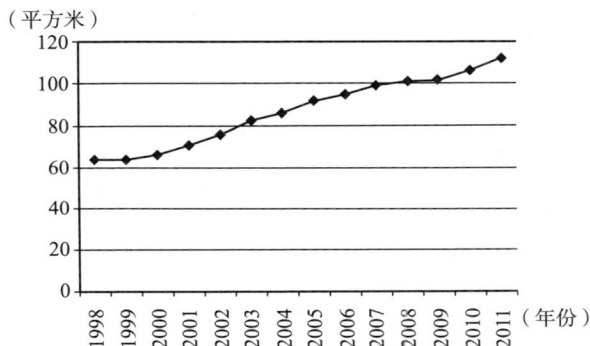

图 3-8　1998~2011 年中国人均建成区面积变化趋势

表 3-7　　　　　　1998~2011 年中国城市个数、城区人口、
　　　　　　　　　　　建成区面积及城市化率变化

项目 年份	城市个数 （个）	城区人口 （万人）	建成区面积 （平方千米）	城市化率 （%）
1998	654	33288.7	21379.6	30.40
1999	655	33471.1	21524.5	30.89
2000	655	33577.0	22439.3	36.22
2001	656	33805.0	24026.6	37.66
2002	657	34068.9	25972.6	39.09
2003	657	34147.4	28308.0	40.53
2004	660	35219.6	30406.2	41.76
2005	660	35373.5	32520.7	42.99
2006	661	35425.6	33659.8	43.90
2007	661	35747.3	35469.7	44.94
2008	662	35923.7	36295.3	45.68

年份 \ 项目	城市个数（个）	城区人口（万人）	建成区面积（平方千米）	城市化率（%）
2009	663	37411.8	38107.3	46.59
2010	667	37590.0	40058.0	47.50
2011	668	38823.7	43603.2	51.27

数据来源：由 1998～2011 年间《中国城市统计年鉴》及《中国人口统计年鉴》整理计算得出。

三、耕地质量总体不高，且呈下降趋势，耕地撂荒、污染和生态破坏严重

2013 年 12 月 30 日国土资源部、国家统计局和国务院第二次全国土地调查领导小组办公室联合发布的《关于第二次全国土地调查主要数据成果的公报》数据显示：截至 2009 年 12 月 31 日，全国耕地按坡度划分，2 度以下耕地量为 7735.6 万公顷（116034 万亩），占 57.1%；2～6 度耕地量为 2161.2 万公顷（32418 万亩），占 15.9%；6～15 度耕地量为 2026.5 万公顷（30397 万亩），占 15.0%；15～25 度耕地 1065.6 万公顷（15984 万亩），占 7.9%；25 度以上的耕地（含陡坡耕地和梯田）549.6 万公顷（8244 万亩），占 4.1%，主要分布在西部地区，见表 3-8 所示。

表 3-8　　　　2009 年末中国 25 度以上的坡耕地面积及地区分布比例

地区	面积（万公顷）	占全国比重（%）
全国	549.6	100
东部地区	33.6	6.1
中部地区	75.6	13.8
西部地区	439.4	79.9
东北地区	1.0	0.2

全国耕地中，有灌溉设施的耕地面积为 6107.6 万公顷（91614 万亩），约占 45.1%；无灌溉设施的耕地面积为 7430.9 万公顷（111463 万亩），约占 54.9%。分地区看，东部和中部地区有灌溉设施耕地比重大，

西部和东北地区的无灌溉设施耕地比重大，见表 3 – 9 所示。

表 3 – 9　　　2009 年末中国有灌溉设施和无灌溉设施耕地面积分布及比例

地区	有灌溉设施耕地		无灌溉设施耕地	
	面积（万公顷）	占耕地比重（％）	面积（万公顷）	占耕地比重（％）
全国	6107.6	45.1	7430.9	54.9
东部地区	1812.5	68.9	817.2	31.1
中部地区	1867.0	60.8	1204.4	39.2
西部地区	2004.3	39.7	3039.2	60.3
东北地区	423.8	15.2	2370.1	84.8

中国目前的耕地保护过程中，即便是已经做到数量上的"占一补一"，由于缺乏明晰的耕地质量平衡衡量标准，"占优补劣"的现象十分严重。许多地方建设占用的往往是城市周边自然和利用条件较好的耕地，而通过土地整治补充的耕地多来源于废弃地、污染土地和坑塘水面，普遍无法立即投入耕种，重建耕地土壤层耗资巨大而旷日持久，所谓耕地占补平衡常常是"金玉其外，败絮其中"，远未达到耕地生产能力维持的目的。

不仅如此，由于垃圾丢弃、工业污染排放、过量使用化肥和污水灌溉等原因，大量耕地被严重污染。根据国家环保局 2012 年 3 月 2 日公布的《全国耕地污染调查报告》，全国受到污染的耕地面积超过 1.8 亿亩，其中固体废弃物占用污染 0.05 亿亩，农药和化肥过量使用污染达 0.92 亿亩，污水灌溉污染耕地 0.48 亿亩，重金属污染面积 0.35 亿亩。加之建设占用导致的农田细碎化，中国耕地的生态环境正在日趋恶化。

与此同时，由于耕地耕种经济收益过低，加之农业生产资料价格上涨等因素，全国普遍存在较为严重的耕地撂荒问题。根据国土资源的调查，全国耕地每年撂荒面积超过 3000 万亩；大量耕地被闲置浪费，直至破坏、无法耕种。

从以上分析可以看到，现行耕地保护制度不仅在耕地的数量维持方面捉襟见肘，在维护耕地质量方面也显得力不从心，中国耕地资源总体质量较差并存在继续下降的风险，从另一个方面反映了现行耕地保护的执行绩效低下。

第三节　现行耕地保护制度下的社会利益冲突与形成机理

现行耕地保护制度执行绩效低下的问题本质上是一种政府主导的资源配置失灵。从机制设计的表面问题来讲，这种机制低效的原因在于三个方面，可概括为"三个单一"：（1）耕保主体单一，耕保责权过度集中于政府，未能有效调动社会主体的参与和社会资源的汇入，政府财政和管理负担繁重，难于及时、高效的应对复杂多变的耕地保护任务分配、落实协调及监督管理等问题；（2）耕保手段单一，仅重视强制性的耕地利用外部约束，将限制和监管作为耕地维持的唯一手段，侵害了耕地保护主体的土地产权完整性进而土地利用经济利益，严重打击了其保护耕地的积极性，变相"逼迫"耕地保护主体通过违法方式转用耕地；（3）耕保目标单一：现有耕地占补平衡方法和耕保考核机制仅能够对耕地数量起到维持作用，而对耕地的质量建设和生态改善则轻视甚至忽视，"劣质耕地驱逐优质耕地"现象严重。

实际上，上述问题具有一定的逻辑联系性：耕地保护权责过度集中于政府的根本原因在于社会其他利益主体对于耕地保护缺乏利益关切，更勿论投入资源和精力的积极性，耕地保护这项造福全社会的任务只能由政府来承担。由于政府资源有限，在缺乏社会支持的情况下，耕地利用的监管和保护成效信息的获取变得更加复杂和困难，在维持耕地数量平衡尚且难以做到的情况下，更何谈耕地质量和生态景观的建设？而社会缺乏耕保积极性的直接原因则在于耕地保护手段的单一：耕地保护的外部约束简单而粗暴，人为地将耕地保护主体的土地经济利益限定在较低水平，导致其对于耕地保护不仅缺乏兴趣、更产生了抵制情绪；而对于享受耕地正外部性价值的其他社会成员而言，耕地保护似乎是"理所应当"和"习以为常"的，其享受耕地价值输出的过程显得"事不关己"和"高枕无忧"——虽然耕保投入的部分资金和管理要素来自于他们，但对单个社会成员来说，其对耕地外部性贡献的索取被认为是"低成本、甚至免费的"，不仅无法意识到耕地的生态、社会等非经济价值重要性，更遑论对其进行支付的主观意愿。这种耕地保护中的"个体利益"与"群体利益"、"个体理性"与"群体理性"的差异和矛盾可被归结为三方面社会利益冲突，现行耕地保护制度下社会利益冲突的形成机理见图 3 - 9。

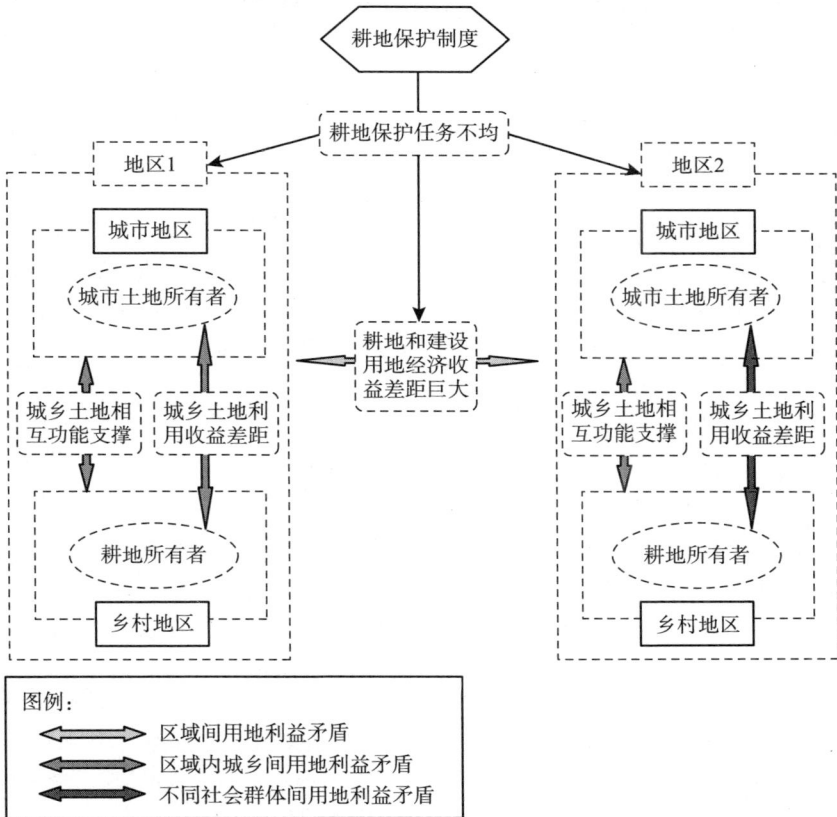

图 3 - 9 现行耕地保护制度下社会利益冲突的形成机理

一、宏观层面——区域间土地利用经济效益冲突

由于土地在转为建设用地后能够极大地提升经济要素的聚集能力，从而提高土地利用的规模报酬。通过推进城镇化拉动经济增长仍然是当前阶段中国经济发展的主要手段，而城镇化建设则必然要以土地作为空间载体；特别是在"分税制"的税收管理体制下，有多少土地可以转为建设用地直接决定了地方政府的财税收入，从而也决定了地方能够拿出多少钱来增加民生投入、发展基础设施、改善地区面貌。2005 ~ 2010 年间各省规划耕地保有量、新增建设用地和经济增长幅度比较见表 3 - 10 所示。

表 3 – 10　　　　　　2005～2010 年间各省规划耕地保有量、新增建设
用地和经济增长幅度比较

地区	2005 年耕地面积（万公顷）	2010 年规划耕地面积（万公顷）	2005～2010 年允许减少的耕地比例（%）	2005 年建设用地面积（万公顷）	2010 年规划建设用地面积（万公顷）	2005～2010 年允许增加的建设用地比例（%）	2005～2010 年间年均 GDP 增量（亿元）
北京	23.34	22.60	3.17	32.30	34.80	7.74	1199.16
天津	44.55	44.20	0.79	34.63	37.47	8.20	952.34
河北	641.04	633.33	1.20	173.25	179.29	3.49	1785.33
山西	408.16	405.00	0.77	84.05	88.78	5.63	864.45
内蒙古	710.08	705.13	0.70	143.92	151.30	5.13	1345.55
辽宁	409.08	408.00	0.26	137.01	143.30	4.59	1830.55
吉林	553.68	553.00	0.12	104.98	108.80	3.64	878.49
黑龙江	1166.95	1153.20	1.18	147.35	152.80	3.70	831.36
上海	27.31	25.80	5.53	24.01	25.90	7.87	1318.75
江苏	480.12	476.20	0.82	183.15	191.92	4.79	3936.69
浙江	194.77	191.60	1.63	94.09	102.34	8.77	2400.77
安徽	573.46	571.80	0.29	162.18	169.00	4.21	1249.37
福建	135.40	132.40	2.22	58.89	64.80	10.04	1430.65
江西	285.90	282.53	1.18	90.62	96.18	6.14	926.15
山东	751.89	750.27	0.22	242.24	252.30	4.15	3453.95
河南	792.53	791.47	0.13	215.22	225.20	4.64	2145.91
湖北	467.52	465.80	0.37	136.76	143.30	4.78	1670.03
湖南	381.60	378.73	0.75	133.87	140.37	4.86	1669.86
广东	295.27	291.40	1.31	171.53	182.61	6.46	3885.06
广西	424.71	421.33	0.80	90.97	100.16	10.10	964.74
海南	72.76	72.27	0.67	29.26	31.80	8.68	203.92
重庆	226.27	221.67	2.03	56.91	61.86	8.70	803.67
四川	599.63	594.80	0.81	156.22	165.09	5.68	1699.05
贵州	450.50	443.80	1.49	54.06	60.00	10.99	452.64
云南	609.44	604.87	0.75	77.53	83.12	7.21	647.21
西藏	36.08	35.73	0.97	6.32	7.32	15.82	43.34
陕西	408.92	399.07	2.41	79.90	84.63	5.92	1075.97
甘肃	466.77	465.60	0.25	96.70	100.31	3.73	368.81
青海	54.22	54.00	0.41	31.96	34.32	7.38	140.39
宁夏	109.99	109.47	0.47	20.31	22.43	10.44	192.75
新疆	406.34	404.93	0.35	122.07	150.50	23.29	478.44

数据来源：由《全国土地利用总体规划（2006～2020）》及《中国统计年鉴》整理计算得出。

从全国宏观层面来看，由于各地的经济发展水平、空间区位条件、耕地资源禀赋不同，其在国民经济发展全局中被人为地设定了各自的角色和功能定位。在"让一部分地区先富起来"的导向下，一些地区被赋予了"优先发展、重点保障"的优势地位，在国家各项建设、保障任务分配中都得到了政策倾斜，这一点在耕地保护任务的分配中表现得尤为突出：经济发达的东部沿海地区在土地利用规划中所承担的耕地保护任务较轻，而新增建设用地指标则较多，借助大量转用农用地获得了较高的财政收益和经济增长速度；而欠发达地区通常为农业地区，在土地规划中所分得的耕地保护任务较重，所得到的新增建设用地指标却较少；在很大程度上限制了该类地区经济发展的速度。

以经济发展水平较高的上海和相对较低吉林省为例，根据《全国土地利用总体规划（2006~2020）》的规划指标，2005~2010年间，上海市允许减少的耕地面积占原耕地面积的比例达到5.53%，而吉林省则为0.12%；上海市允许增加建设用地占原建设用地面积的比例达到7.87%，而吉林省则仅为3.64%。相应的，上海市在该时期内每年GDP增幅达到1318.75亿元，而吉林省则仅为878.49亿元。虽然近年来在西部大开发、振兴东北老工业基地和中部崛起等其他政策的扶持下，这类现象在一些省份被弱化了；但耕地保护任务分配的不公平现象以及由此导致的地区经济发展受限仍然是不容忽视的，可被概括为由于耕地保护力度不同所导致的区域间土地利用经济效益冲突。

二、中观层面——区域内土地占用和保护的用地利益冲突

从中观层面来看，具体到一个区域内部的城乡之间而言，耕地保护制度下"城镇扩张"与"耕地保护"的抉择以及由此所引发的用地利益冲突变得更加直观和剧烈。

对土地作为耕地或建设用地的决策，实际上是对土地在不同利用状态下功能与价值的比较：

土地在建设开发时主要发挥空间承载力功能，并通过与其他经济要素的高效集成发挥规模效益，带动人口、资源、产业、基础设施的集聚、整合和高速增长，将会极大地提升社会生产效率，促进贸易繁荣，创造巨量的社会财富。在欧洲城市化率于1870年突破50%[①]至1895年突破60%的

---

① 一般认为，城市化率达到和突破50%是一国城市社会经济发展出现加速的拐点，亦是城市人口增长由自然数增长向指数增长转变的临界值。

25 年间，欧洲经济增速比过去提高了 3 倍，人口增速比过去提高了 5 倍，所创造的财富超过了过去 200 年间社会财富积累的总和。新中国成立以来，经历了 1949～1957 年城市化起步发展、1958～1965 年城市化曲折发展、1966～1978 年城市化停滞发展、1979～1984 年城市化恢复发展、1985～1991 年城市化稳步发展、1992 年至今城市化快速发展等六个阶段①。从第一次人口普查至今，6 次调查城市化率分别达到 12.84%（1953），17.58%（1964），20.43%（1982），25.84%（1990），35.39%（2000），49.68%（2010）；特别是 2000 年加入 WTO 以来，中国城市化率年均提高 1.35%，至 2011 年已达 51.27%。根据世界银行 2012 年的测算②，2001 年至 2010 年间，中国城镇化率每提高 1%，就会带动中国整体经济增长 3.15%，每年创造 1500 万个非农就业岗位。在未来外需下滑的背景下，城镇建设对于启动内需和带动相关产业发展的巨大策动力将成为推动中国经济增长和社会发展的强大引擎。

土地要素在作为耕地使用时能够同时发挥生产、生活和生态等复合性功能，其价值内涵不仅包括产出粮食、蔬果、工业原材料等土地产品，维持全社会必要粮食自给率和基础生产资料供应的"经济性"生产保障价值；还具有吸纳和固定农村劳动力人口基本就业，避免过速农业人口迁移，降低社会保障性支出，维持社会秩序稳定的"社会性"公共保障价值；以及涵养水土、调节气候、改善生态景观、美化人居环境、为人类提供休憩场所等"生态性"环境保障价值。

一方面，中国正处于由工业化向后工业化的过渡阶段，保障和改善民生是当前的核心任务，而城镇建设对于促进内需、拉动经济增长、创造就业机会、提高人民生活水平的作用巨大。但另一方面，中国人口总量巨大，宜耕土地匮乏且总体质量较差，保障国家粮食战略安全同样是土地利用的头等要务。在"有限的资源"和"无限的欲望"这一经济学永恒定律的支配下，土地"建"与"留"的决策成为中国各类生产要素配置问题中最为棘手的一类。

实际上，虽然表面上保护耕地和城镇建设是对土地资源的直接争夺，其价值取向似乎是相悖的；但从区域土地利用空间和结构合理配置的深层次来看，二者实际上是相辅相成的：耕地的生产经营依赖于城镇发展所提供的市场与经济收益，耕地保护也需要从城镇发展中获取资金和技术支

---

① 中国科学院可持续发展战略研究组：《2012 中国新型城市化报告》，2012 年 11 月。
② 世界银行：《2030 年的中国》，2012 年 2 月 28 日。

持；而城镇社会秩序的维持、人居环境的改善以及食品和生产原材料的供给则依赖于耕地生产的支撑。但是，在中国的现实情况中，这种"双向互惠"的格局却变成了不断转用耕地进行建设的"一边倒"。

从第二章分析可以看到，在土地产权受到尊重和保护的前提下，只有通过土地发展权购买和转移、付出一定的经济成本和代价才能达到保护土地的目的。这一方面补偿了土地主的收益损失，促进了社会公平；另一方面，更使得其他社会成员意识到保护土地、获取土地外部性收益是需要付出成本和代价的；不仅能够促使其认识、发现土地的真实价值，更重要的是令其更加珍视来之不易的被保护的土地，在开发土地时更加谨慎。

反观中国的耕地保护制度，仅仅依靠对耕地用途进行强制性、无偿性的管制，就迫使耕地保护主体为社会提供耕地正外部性价值。使得城市居民对于获取耕地的社会和生态价值产生了"免费"、"予取予求"、"习以为常"的错觉——"保护耕地只需限制即可，无需付出成本"，"保护耕地是为了社会，发展经济才是为了自己"。"免费往往导致浪费"——在耕地保护的"保护伞"下，不仅耕地的社会、生态价值未能被社会成员所认识，其对耕地的外部性贡献也缺乏给予支付的意识。由此，中国长期处于以增加土地数量投入换取经济增长的"摊大饼"式粗放发展模式中，大量耕地被占用建设；虽然短期内获得了较高经济收益，但却导致了愈发严重的社会和生态问题。其根本原因在于"低成本的外部约束"取代了"经济性的土地保护手段"，导致社会对耕地综合价值的认识和珍惜态度的缺失——耕地保护制度本来应该消除的土地利用导向选择的摇摆性以及由此带来的用地利益冲突反而被其机制设计的缺陷变相放大了。

三、微观层面——社会群体间的土地利用收益分配冲突

耕地在开发建设后能够带来更高的经济收益已无需多言。在中国城乡双轨制的土地所有制下，现行耕地保护制度导致了城乡不同土地所有者发展机会的不公平：城市土地所有者可以通过土地的开发和使用权的转让获得高额报酬，而农村耕地所有者则只能维持耕地用途，其土地经济收益被强制性的限定在较低水平。由于土地在社会成员财富构成中占比最大，城乡土地"同地不同权、同地不同酬"所导致的土地资产性收益差距将会严重拉大城乡收入差距。

另一方面，城镇土地开发后所获得的价值实则包含了耕地为其维护生

态环境、美化景观、维持社会稳定的价值贡献；如果没有耕地的价值支撑，城镇土地也难以实现并长期维持其高额收益。国外土地发展权补偿实际上就是从被开发土地的收益和增值中拿出一部分，去对那些为开发土地做出了美化景观、维持生态等贡献的受保护土地进行补偿。但在中国的耕地保护制度下，城市土地的开发收益被其所有者所独占，农村集体的耕地在为其做出巨大价值贡献后却未能享受城镇土地开发的经济成果。由此，耕地保护导致了城乡间用地利益的不均等，进而导致了土地价值分配的不公平。

第四节 耕地保护补偿对消除耕地保护利益冲突的作用

由以上分析可见，消除现行耕地保护制度下的三类社会利益冲突是弥补其机制设计"三个单一"缺陷，进而提高耕地保护执行绩效的根本途径。而建立耕地保护补偿机制则是化解以上社会利益冲突的必要手段和有效方式。

一、消除区域间土地利用经济效益的不公平

由于耕地保护任务分配的不公，导致不同区域之间由于土地利用限制程度不同引致的经济发展机会不均。因此，耕地保护补偿首先需要针对这种区域间土地利用效益的冲突建立横向的转移补偿机制，令发达地区从土地开发所带来的经济收益增长中拿出一部分，对于欠发达地区所作出的耕地价值外部性贡献和所承担的经济效益损失进行补偿。这也是建立横向耕地保护补偿机制的现实依据。

二、显化耕地综合价值，树立全社会对耕地保护珍视、关切的态度

耕地保护补偿是对当前单一、粗暴的耕地保护政策手段的转变——从强制约束转变为经济激励。通过补偿，全面剖析并科学核算耕地的经济、社会和生态价值；基于其外部性贡献量和经济效益损失确定补偿额度，从

耕地保护的受益方获取补偿资金对耕地保护主体提供转移支付。从而促使全社会重新完整认识耕地真实价值，并且意识到保护耕地不能"一限了之"，对耕地价值的索取也不是"予取予求"，而是需要付出一定经济成本的，从而更加珍惜来之不易的耕地保护成果。与此同时，打破目前"只有建设用地才能产生土地资产性收益"的局面，给地方树立"保护耕地、以地生财"的观念，激励其保护耕地的积极性。

三、弭平不同社会群体间土地收益的差距

长期以来，中国的市场经济改革并未渗透到土地产权改革领域，城乡二元制的土地权属结构和双轨制的土地用益格局始终未被打破，而耕地保护制度则变相扩大了城乡居民间的土地利用收益差距。在"化解三农问题"、"统筹城乡发展"、"保障农民权益"的政策要求下，上述局面必须而且终将被扭转。耕地保护补偿通过集纳来自于城市土地开发收益的财政收入，对乡村地区耕地所有者的土地用益损失进行补偿，建立起城市建设开发土地对乡村地区利用受限土地的价值转移支付机制，并促进经济发展成果在不同社会群体间的"再分配"，是弥合城乡间不同土地所有者土地利用收益差距的有力手段。

第四章

耕地保护补偿的理论框架
构建与机理解释

如前所述，现有研究从不同理论角度出发，去解释耕地保护补偿的缘由、思路和机理，已经对耕保补偿的相关指导理论做出了呈现。但多数研究仅从一个理论角度出发去理解耕地保护补偿问题，并未对各类理论的指导意义进行思维贯通，研究存在理论片面性。

从耕地保护补偿研究所需要回答的五方面具体问题，即"为何补（补偿依据）"、"谁来补（补偿主体）"、"补给谁（补偿对象）"、"补多少（补偿标准）"、"如何补（补偿方式）"来看，古典政治哲学和现代经济学的产权理论从不同的角度对耕地保护补偿的前四项问题进行了思维贯通；而土地经济学的区位理论和现代地租理论则对于第二至第五项问题具有直接的指导意义；具体到耕保补偿机制的运行方式设计，则需要借助新古典经济学的市场失灵和政府失灵理论的分析范式。

第一节　耕地保护补偿的指导理论框架构建

一、耕地保护补偿的政治哲学基础

如前所述，耕地保护补偿的本质是一种国家性赔偿；而国家赔偿的起源则可追溯至古典政治经济学"均利益、共分担"的思想，具体体现在"公共负担平等说"以及由此衍生出的"特别牺牲说"两个方面。

（一）公共负担平等说

公共负担平等说源于法国，以孟德斯鸠（Charles de Secondat, Baron

de Montesquieu，1689～1755） 为代表的法国资产阶级政治理论家将维系社会经济生活的公众负担作为分析封建社会制度不公平、反对封建压迫的一项利器。将"公平"看作是民主和宪政的基本价值观；认为任何情况下，政府都应该代表公共利益而不是某一利益集团的利益实施公共行为。因此国家应从"公平、平等"的角度对公民附加义务，绝不应仅由一部分社会成员承担社会义务为另一部分人服务；假若政府政策导致了不同社会群体在实现社会共同利益的过程中承担了不同程度的社会义务，则政府必须设法平衡这种义务的不均①。

（二）特别牺牲说

19世纪末德国政治学家奥托·梅耶将公共负担平等说发展成为"特别牺牲说"。该学说最初主要是为了分析当时资本主义国家建设基础设施而征用私人土地的补偿问题。该学说认为，将私人土地投入社会整体财富创造过程，所带来的收益却为全体社会成员所共享，这违背了法制对个人权利保护的基本精神，使得私人土地主遭受了与其他社会成员不同的"特别的牺牲"。因此，本着公平公正的精神，应该由全体社会成员共同出资，对私人的特别牺牲进行国家补偿；补偿应该由全体社会成员共同负担，以实现在不损害私人利益的前提下提升公共利益的"最优的结局"②。

具体到耕地保护补偿而言，耕地保护的目的在于为全社会维持耕地综合价值供给，以避免过度、过快转用耕地所造成的社会福利损失。但是现行耕地保护制度单一、粗暴的政策约束手段迫使个别地区、个别社会群体放弃了转用耕地的高额经济收益；耕地保护主体及耕保任务较重的地区实际上是在以自身收益损失为代价为社会公共利益做出贡献，这违背了公民社会平等、公正的基本价值观，构成了"特别牺牲"。因此，国家应该代表全民对这种社会成本和利益分配的不公平做出纠正，这是进行耕地保护补偿的政治哲学基础。

---

① 马怀德：《国家赔偿法的理论与实践》，中国法制出版社1994年版。
② ［法］孟德斯鸠：《论法的精神》，张雁深译，商务印书馆1961年版。［德］奥托·梅耶：《德国行政法》，刘飞译，商务印书馆2002年版。

二、耕地保护补偿的经济学基础

（一）产权理论的指导意义

科斯（Ronald H. Coase，1910～2013）《企业的性质》从财产权利构成的角度解释经济运行过程①，将确立明晰而完整的要素产权作为实现经济效率的前提，认为：在完全竞争市场条件下，如果产权是明晰的且受到保护，只要市场的交易成本很低，则无论当初的产权是如何划分的，市场均衡的结果一定是具有经济效率并且实现帕累托最优的，即"科斯定理"②。产权的实质是排他性，要求建立相应的产权确认、维护和惩戒制度，在明晰的产权规则下，经济活动的所有成本或者收益需要按照产权的归属进行划分；因此，无论是经济活动的正外部性（收益）还是负外部性（成本）均应该得到补偿或支付，从而避免由外部所导致的市场失灵③。

土地产权包含"权"与"利"两个部分。"权"包括土地所有者对于土地占有、使用、处分、收益的权力，它实际上包含两个层面的基本含义：一是一定的制度框架和政策、法律所确立并限定的土地控制力；二是对侵犯该控制力行为的拒斥和惩戒。"利"则是指土地所有者对土地"权"进行处置时获得的各种收益，处置形式包括出售、出租、自行开发利用等，处置内容包括所有权、使用权、地役权（相邻权）、发展权等④。

在中国现行土地制度下，耕地产权由农村集体所有。但是，耕地保护制度通过剥夺土地发展权，维持了其他社会成员对耕地部分正外部性价值的免费占有；对耕地保护主体的土地产权完整性构成了损害。同时，土地用途管制也加大了耕地资源市场配置中的交易成本，使得市场无法依靠自身力量校正这一失衡。根据"科斯定理"，此时只能通过补偿耕地产权缺失所对应的损失，来维持耕地产权的完整性，提升耕地资源的配置效率，实现耕地价值分配的"帕累托改进"。这是贯穿耕地保护补偿研究的"道理"所在。

---

① ［美］科斯、阿尔钦、诺斯等：《财产权利与制度变迁——产权学派与新制度学派译文集》，上海三联书店，上海人民出版社1994年版。

② ［美］登姆塞茨：《关于产权的理论》，李新菊译，上海人民出版社1994年版。

③ 柯武刚、史漫飞：《制度经济学》，商务印书馆2000年版。

④ ［美］道格拉斯·C·诺思等：《制度变革的经验研究》，罗中伟译，经济科学出版社2003年版。

（二）区位理论的指导意义

如前所述，现行耕地保护制度造成了土地收益在区域间、城乡间和不同群体间的不公平分配。在现实中，不同区位的土地在实际利用中的收益差异实际上包含土地的"自身条件"所自发导致的"合理"因素与土地利用的"外部限制"所导致的"人为"因素两类；而耕地保护补偿的对象则是对由于人为的土地利用限制所招致的收益损失，而并非是对那些由于土地自然条件限制、只能用作耕地的土地的"低经济收益"进行"补贴"。在此方面，区位理论对于区分耕地保护过程中的人为因素、判定土地"该不该"得到补偿、应该"补多少"具有直接指导意义。

区位理论先后经历了"古典区位理论—新古典区位理论—现代区位理论"三个发展阶段。德国经济学家冯·屠能（J. H. von Thunen，1826）的《孤立国同农业和国民经济的关系》以孤立的封闭区域和固定的运输方式等六项假设为前提，推导出城市六个功能环区，阐明了"空间摩擦"对级差地租进而人类经济行为选择的影响及其对农业集约经营的指导意义，"屠能环"空间分布模型如图 4－1 所示[①]。1909 年阿尔弗雷德·韦伯（Alfred Weber，1868）在《工业区位理论：区位的纯粹理论》一书中创立了工业区位理论，提出了区位选择的"最小费用原则"；此后罗奈、伊萨德、俄林等人对其理论进行了发展[②]。

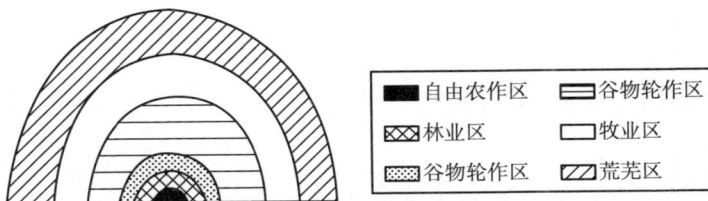

图例	
■ 自由农作区	▤ 谷物轮作区
▨ 林业区	□ 牧业区
▨ 谷物轮作区	▨ 荒芜区

图 4－1 "屠能环"空间分布模型

德国经济地理学家克里斯泰勒（Walter Christaller，1893）于 1933 年在土地条件均质、交易费用由距离单独决定的假设下，推导出理性人以"最低费用获取最高收益"为目的，根据市场原则、交通原则、行政原则

---

① 郑春：《区位理论：回顾与前瞻》，载《经济论坛》2006 年第 15 期。
② 李炯光：《古典区位论：区域经济研究的重要理论基础》，载《求索》2004 年第 1 期。

进行土地用途分工的机理；并构建了区域空间分工的六边形理论①。廖什（August Losch，1906）又在此基础之上，引入"利润原则"构建出生产适宜性的球型地域模型。此后，艾萨德（Walter Isard，1919）把自然条件、生产成本、投资与物价等因素引入了利润原则的分析，见图4-2所示②。

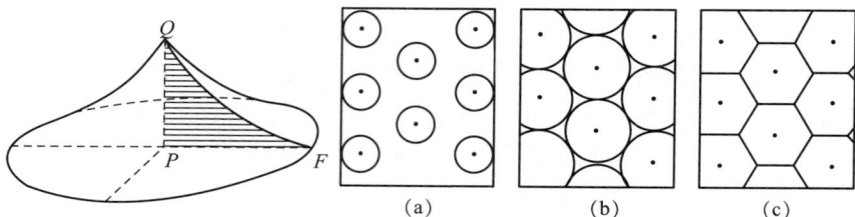

图4-2　廖什的球形状地域生产空间模型

美国土地经济学家阿隆索（W Alonso，1932）1964年基于区位理论，引入了"区位边际收益均衡的概念"；提出了"随着地租由城市中心向城郊梯次下降、各圈层土地用途分别为商业区、工业区、住宅区、城市边缘和农业区"的土地利用空间分布规律，见图4-3所示。

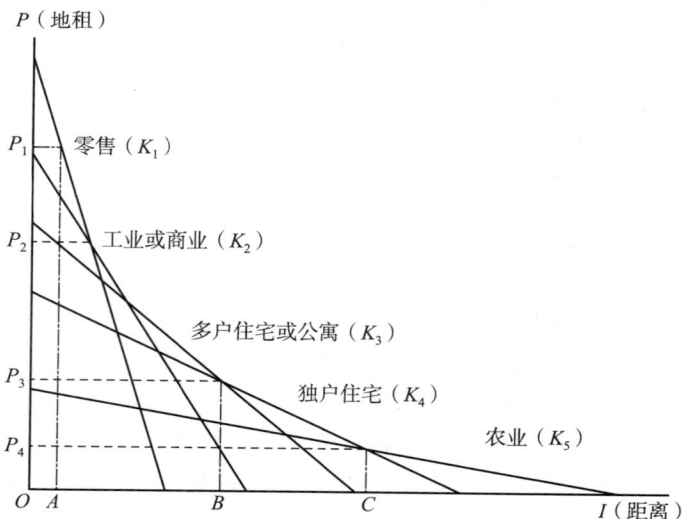

图4-3　阿隆索的预算约束线一般模型

①　李国平：《区域经济研究的进展及其启示》，载《中国人民大学学报》1998年第4期。
②　付晓东：《对区域经济研究中的几个重要问题的认识》，载《经济地理》2000年第1期。

由以上梳理分析可见，区位理论将"位置的固定性"所导致的土地区位条件差异作为研究区域经济分工、土地用途配置、土地功能评价的核心，阐明了区域经济、行政、自然条件对土地利用强度的"天然"影响；其中，"距离"也即"相对位置"是决定土地利用效能的关键因素①。其对于耕地保护补偿研究的指导意义在于：

随着与建成区的相对位置变化，耕地保护主体保护耕地的机会成本损失也不尽相同。靠近区域中心建设区、距离市场较近的土地最易受到建设侵占，耕地保护主体具有较高的"机会"将耕地转为建设用地获取更高经济收益，而耕地保护迫使其所放弃的收益即机会成本损失也相对较高；同时其为建成区社会成员所提供的社会、生态等外部性价值也更为直接。而远离区域中心建设区的耕地由于自身区位条件所限（而不是耕地保护的人为因素），其面临的转用建设压力也相对较小，耕地保护所导致的机会成本损失也相对较低。在特别极端的情况下，如果一块耕地距离建成区过远，从经济可行性以及自然条件而言都不适宜作为建设用地，维持耕地的现状即为最佳收益用途，因此不具有保护耕地的"机会成本损失"，也就不具备获取补偿的理由。

这其中，"土地被转为其他用途的压力"是决定一块耕地是否有其他更高经济收益用途，进而该不该补、应该补偿多少的关键因素。因此，耕地保护补偿应该摆脱传统农业补贴"一视同仁"的资金分配思维，不应仅以耕地数量作为依据，而应根据目标地区耕地的具体区位条件确定哪些区域多补、哪些区域少补、哪些区域不补。这一思想对于本书第五章耕地保护补偿模式设计中补偿资金的分配方式研究具有直接指导意义。

（三）地租理论的指导意义

从重农学派到亚当·斯密再到李嘉图和穆勒，古典政治经济学基于劳动价值论论述了地租的来源和本质。马克思（Karl Heinrich Marx，1818）引入了绝对地租和级差地租，从权利垄断的角度阐释土地地租差异的原因②。政治经济学地租理论包含两方面主要观点：其一，土地自身不具有价值，土地价值来源于人的耕作劳动，也即土地产品的价值扣除生产资料和劳动力价格后的余额。其二，地租的产生依赖于土地自身的自然生产

---

① Alonsow, Location and Land Use: Toward a General Theory of Land Rent. Harvard University Press, 1964.

② 李小建：《经济地理学》，高等教育出版社 2006 年版。

力。这种观点将土地参与社会价值生产的过程"神秘化"了，将土地的价值抽象为"劳动作用于土地后所产生的增值"，其评估土地价值的思路是通过衡量土地产品的价值，通过"倒推"去"验证"土地价值的存在，并将这一"剩余"归纳为"由于土地的生产特性"所带来的收益也即土地的价值，实际也就否认了土地作为一种自然资源固有的自然生产力客观价值。

古典经济学对于土地价值的认识主要基于效用价值论，从杰文斯、门格尔和瓦尔拉斯的基数效用论到希克斯的序数效用论，均认为土地价值在于其为人所提供的心理满足感[①]。现代城市地租理论正是从土地的利用特性出发，阐释土地的空间区位、人类的生产、消费需求对于土地价值的影响。在这种观点下，土地的价值取决于其满足人类需求的能力——由于土地自身的固有属性而产生的价值。相对于古典政治经济学抽象的地租来源说，城市地租理论似乎更容易被人所接受，因为它能够更为直观地反映土地在人获取效用时起到的作用，这种作用主要是源于心理评估。

地租理论对于耕地保护补偿研究的指导意义在于：

首先，耕地保护补偿的机理可以还原为耕地所创造的价值在不同社会成员群体之间的再分配，是一次"价值蛋糕"的重新切分；而耕地的多元化价值则是补偿的价值来源即"蛋糕"的大小。从社会整体而言，保护耕地的目的显然是为了获取耕地所产生的价值，对耕地保护主体丧失收益的"补偿"显然不应超过耕地为其他社会成员所提供的价值。从耕地保护主体自身而言，其得到的补偿则应等于土地作为其他用途时的收益与作为耕地时的收益的差值。可见，耕地资源价值的衡量是确定耕地保护补偿标准上限和下限的依据，进一步说，也是衡量一块土地是否应该得到补偿乃至是否应该维持耕地用途的依据：如果一块土地作为耕地时为社会整体所提供的价值量大于其作为其他用途时的价值量，则这块耕地就值得保护；相应的，社会其他成员也值得为了保护这块耕地而给予耕地保护主体补偿；反之，则没有必要对其进行保护和补偿。

其次，地租理论对于衡量耕地资源价值给出了两种方法：

（1）虽然政治经济学的地租理论对于地租本质的描述比较抽象，但为土地价值评估提供了一种思路，即通过评估土地产品的价值进行倒推。这样，对耕地价值的评估也就转换为对耕地产品价值的衡量，这也正是运用"价值替代法"核算耕地资源价值的思想渊源——耕地的经济价值可用土

---

① 高鸿业：《西方经济学》，中国人民大学出版社 2010 年版。

地物质产品的市场价值估算；社会价值则可用耕地维持农业和相关产业从业人口生活的社会保障价值（同时也是维护社会稳定的价值）替代；生态价值则通过耕地调节大气、保持水土、调节生态循环等价值来估算。

（2）现代城市地租理论认为，土地的价值源于其满足人们欲望的能力，也即土地能够为人们提供的效用水平。基于这一思路应可做这样的设想：如果能够通过某种方式了解其他社会成员对其所享受的耕地外部性价值的心理出价，以及耕地保护主体对于补偿额的心理预期，就能够对耕地的价值量和补偿额做出"公平的"判断。基于这种思路，国内一些学者以城市居民和农户为调研对象，采用意愿调查的方法，分别研究他们对耕地非市场价值的支付意愿和补偿意愿，评估其愿意为保护耕地而付出的代价或接受的补偿。这种方法同城市地租理论具有思想上的继承性。

以上两种方法的差别主要在于耕地非市场价值的评估上，前者以耕地生态功能价值和社会功能价值的替代或恢复成本为基础，而后者则以人对耕地价值的直观感受为依据。在耕地保护补偿的耕地资源价值评估和补偿额测算中，可以对两种方法进行综合运用。

三、耕地保护补偿的指导理论框架

综上所述，古典政治哲学的"均损均利"观从社会公平的角度回答了"为什么补"的问题，从"法理"和"情理"出发论述了建立耕地保护补偿机制的必要性与合法性。而现代产权理论则从实现经济效率的社会资源配置基础——产权的清晰和完整的角度阐明了耕地保护补偿的"道理"，同时也指出了耕地保护补偿的对象，即耕地产权受到侵害部分所对应的权益损失。

在耕地保护补偿机制的具体研究方面，区位和地租理论对耕地保护补偿中的核心要素"机会成本损失"和"耕地正外部性价值"给出了原则性的指导。前者为确定耕地保护"机会成本损失和外部性贡献的存在性"提供了依据，后者则为衡量耕地资源价值进而机会成本损失额度和外部性的贡献量提供了思路。并且能够推导出耕地保护的机会成本损失和外部性贡献分别是补偿的下界和上界，是对不同地区、不同群体分配和使用补偿资金的依据。即在哪些耕地上应该多补偿、哪些耕地上应该少补偿，以及采用何种方式能够对补偿对象形成有效激励。据此，可以建立起耕地保护补偿研究的基础性指导理论架构，见图4-4所示。

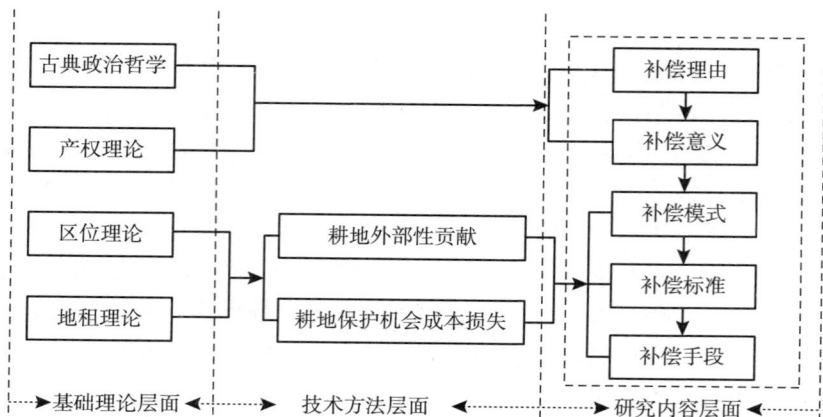

图 4 - 4　耕地保护补偿研究的指导理论框架示意图

第二节　耕地保护补偿的机理解释与指导原则

下面根据上述理论，运用古典经济学市场失灵理论中外部性内部化的基本原理，对耕地保护补偿的价值分配调整经济机理做出解释，推导耕保补偿的基本原则，细化补偿研究方案。

一、耕地保护补偿目标及其实现路径的经济学分析

对耕地保护补偿目标的理解决定了研究的逻辑起点。从深层次看，耕地保护补偿的目标包含"战略"和"经济"两个层面：

从战略高度看，耕地保护对于维护中国粮食安全的战略、政治价值是难于估量的；在这个意义上，补偿已不再是单纯的经济问题，而只能从中国经济社会长远发展对耕地价值的"需求"着眼，具有"不惜一切代价保护耕地"的意味；政府保护耕地的决心和财力才是补偿执行的根本依据；其研究也就不能以经济学的基本原理作为分析工具。

而从经济角度看，若将耕地保护及补偿视为一种提升社会经济福利、促进耕地进而国土资源最有效配置的手段，就需从耕地价值的"供给（产出）"着眼，衡量耕地究竟为社会创造了多少价值？这些价值是否比转用耕地后的社会收益更高？耕地所创造的价值在分配过程中各利益相关方的经济得失如何？也就是说，需要先确定了"哪些耕地值得保护"才能去研

究"哪些耕地值得补偿";也只有这样,补偿研究才能采用经济学的方法和范式。

基于上述思路,对耕地保护补偿目标的理解包含三个递进式的问题:为何保护耕地?为何实施耕地保护补偿?补偿目标是什么?

(一)耕地配置的市场失灵是耕地保护的经济合理性基础

在完全竞争市场条件下,市场机制能够使资源的意愿供给和需求相匹配,其所形成的均衡价格是当前该资源真实市场价值的反映,从而促使资源在不同用途间依据其"价值收益信号"自由流动,实现市场的"局部均衡"直至"一般均衡"。这一均衡结果不仅能使私人获得最高效用水平,同时也能为社会带来最高福利收益,实现资源配置的"帕累托最优"。而若某种资源的市场中存在外部性、资源的"公有资源"属性以及信息不完全和不对称等问题,则市场机制就引导资源向"既最有利于私人,又最有利于社会整体"的方向配置,造成资源配置的"市场失灵"。

如前所述,耕地不仅具有产出土地物质产品的经济价值,还具有吸纳农业就业、稳定社会秩序、维持物价水平的社会价值以及净化美化环境、维持农田生态系统稳定性和生物多样性的生态价值。耕地的有限性使得全社会对耕地多样化价值的消费具有"高竞用性";而耕地系统的自然开放性则使得其价值在社会消费过程具有"低排他性":耕地的非物质性、非经济性的生态和社会价值难于被固定在耕地的边界内为耕地保护主体所单独享有,而会被其他社会成员所共享。由于耕地非经济价值很难在土地产品的市场交易中显化,其他社会成员也缺乏对于这些"天然"的价值享有进行支付的激励,而是通过"搭便车"的方式免费地占有这些价值输出,使得耕地的一部分价值成为了"正外部性"①。

耕地价值的"高竞用性"与"低排他性"使得耕地实际上具有了"公有资源"性质。根据古典经济学的市场失灵理论,公有资源的实际供给一般都低于社会需要的最优水平。由于耕地农产品的销售市场大多接近于完全竞争市场,使得耕地种植农产品的利润率只能勉强达到社会平均利润率;而耕地的非经济价值却得不到报酬,造成耕地的比较经济收益偏低。而若将耕地转为其他用途如建设用地,则不仅能够获得更高的经济收

---

① 耕地的非经济生态、社会价值实际上是被包括耕地所有者在内的全体社会成员所共享,因此不能将耕地的全部非经济价值都视为外部性,真正的外部性是指为其他社会成员免费享有的那一部分价值。

益，而且耕地所有者也能够完整占有建设用地的经济收益。因此，若不对耕地利用施加干预，则耕地所有者出于自身利益最大化的目的，必将把耕地转为其他用途；虽然其自身能够获得较高的经济收益，但是社会整体却因此丧失了耕地的综合价值，导致社会福利水平降低。

由此可见，耕地的自然属性——"系统开放性"所导致的耕地价值"外部性"，使得"私人收益"低于"社会收益（包括耕地所有者的收益和其他社会成员的外部性收益）"，导致耕地资源配置的"个体理性"与全社会的"群体理性"产生了偏差。亚当·斯密所认为的基于"经济人"自利选择最终实现社会整体效益最大化的"看不见的手"原理在耕地价值的生产和消费过程中落空了——仅仅依靠市场机制已无法矫正这种偏差，这就为政府建立耕地保护制度提供了经济合理性基础。

（二）耕地配置的政府失灵是耕地保护补偿的经济学理由

通常，市场机制能够为大多数资源的供求各方提供有效激励，促使各方的意愿供给和需求相匹配，从而使资源配置达到均衡。市场失灵是指市场机制在资源配置当中的失优，其原因包括外部性、资源的"公有资源"属性以及信息不完全和不对称。市场失灵为政府干预提供了理由，但市场机制做不好的事，政府的非市场干预也未必能做好，往往造成资源配置的低效率，这就是政府失灵。

中国耕地保护采用"委托—代理"型的管理体制，政府代表全体社会成员利益作为"委托方"，通过各级土地规划向地方下达耕地保护任务；而耕地保护主体则是耕地保护的"代理方"即实际执行方。由于中国幅员辽阔、土地利用问题错综复杂，政府对于地方耕地现状和耕地保护执行效果的了解依赖于耕地保护主体上报；在信息不完全和不对称的情况下，耕地保护主体存在"少报、瞒报"耕地数量和违规占用耕地的较大自主空间。因此，耕地保护的效果十分依赖耕地保护主体的自愿性。但是，耕地保护所造成的社会利益冲突使得这一愿望落空——单一的政策管制对耕地保护主体的机会成本损失视而不见，不仅拉大了不同区域间、不同社会群体间的收入差距，更严重挫伤了耕地保护主体保护耕地的积极性，导致耕地保护绩效严重下降，产生了耕地保护的"委托—代理"问题。这一点从"二调"的耕地面积调查结果比以往凭空多出近2亿亩就能看出——虽然其中有统计口径和调查精度变化的影响，但地方前期为少交农业税、减轻自身耕地保护负担、多预留"可占"耕地从而虚报、少报耕地数量则是不可回避的事实。

由此可见，虽然耕地价值的"外部性"是由其自然属性所导致的，但是中国现行耕地保护制度却以简单、粗暴的外部限制强迫耕地保护主体在承担高额机会成本损失的同时为社会免费输出外部性价值——这种由耕地保护的"公平"问题所导致的"效率"下降正是耕地资源配置的"政府失灵"，而耕地保护补偿的目的则在于对政府失灵的纠正。

（三）耕地保护补偿目标的实现路径是"提升公平，促进效率"

"效率"与"公平"是现代公共政策评价的基本准绳，古典经济学家大都主张"效率优先、兼顾公平"的思路。

如前所述，耕地配置市场失灵的产生根源在于其价值输出的"自然的"外部性问题；而耕地配置的政府失灵则是由于强制外部约束政策对耕地的外部性进行了"人为的"强迫性索取。耕地保护补偿的理论依据在于耕地保护主体的土地产权完整性受到了侵害，为社会做出贡献的同时却承担着"不公平"的"特别牺牲"。而耕地保护补偿的现实依据则在于现行耕地保护制度产生并激化了社会利益矛盾，导致耕地保护效率低下。耕地保护补偿的经济学实质即是以经济性的手段替代政策性的强制措施，通过弥补耕地保护主体的机会成本损失，实现耕地价值外部性的内部化，促进土地利用收益的公平分配，促使耕地保护主体自觉、自愿地保护耕地，消除耕地保护的政府失灵进而市场失灵。

由此可见，耕地保护补偿实际上是通过促进耕地保护中社会利益的"公平分配"来实现提高耕地保护执行绩效的目的，其基本思路是"提升公平，促进效率"，这也是贯穿本书耕地保护补偿研究的总体思路。

二、耕地保护补偿的耕地价值分配调整机理

耕地保护补偿的核心在于促进公平，而这一"公平"的含义是需要推敲的："公平主义"不等于"平均主义"，耕地保护补偿不是"不计成本"的补偿，更不是损害其他社会成员利益对耕地生产的救济；而是要考虑这种补偿能够给社会整体带来多少"价值"，也即应通过确定耕地价值"值多少"来确定其"值得补偿多少"。因此，耕地保护补偿不应从社会其他不相关的经济生产部门中获取价值，而应该从耕地本身所创造的总价值中寻求补偿的价值来源——通过对耕地资源综合价值的分

配进行公平化的调整实现补偿的目的是最为理想、也是最为合理的情形；而古典经济学市场失灵理论中外部性内部化的基本原理则是这一过程实现机理的完美阐释：

假设：耕地保护主体维持耕地现状时的收益水平为 V_P，此时其他社会成员能够获取的耕地外部性价值为 V_S，即耕地一共能够为全社会创造 $V_P + V_S$ 的价值量；而耕地保护主体将耕地转为其他非农用途时能够获得的收益水平为 C_P，此时，其他社会成员将不再享有耕地的外部性价值。

倘若此时 $C_P > V_P$ 而 $V_P + V_S > C_P$。由于外部性问题的存在，耕地保护主体的边际收益水平 MR_p 低于社会的边际收益水平 MR_s，则耕地保护主体按照自身边际收益 MR_p 等于边际生产成本 MC_p[①] 所确定的保留耕地资源的量 Q_p 必然低于社会所要求的最优水平 Q_s——也即耕地保护主体为了实现自身利益最大化，必然会将耕地转变为其他用途，虽然其自身多获得了 $C_P - V_P$ 的收益，但社会整体却损失了 $V_P + V_S - C_P$ 的收益量，造成耕地资源配置的市场失灵，如图 4 – 5 （a）。因此，作为社会整体利益的代表，政府应该对这种非理性的耕地转用施加干预，也即前述建立耕地保护制度的理由。

但是，现行耕地保护制度采用了强制性政策约束而非经济性方法来纠正耕地配置的市场失灵，剥夺了耕地保护主体获得更高收益水平的机会；使其遭受了 $C_P - V_P$ 的机会成本损失，强迫其免费为其他社会成员提供 V_S 的外部性价值量；因此导致了耕地保护主体的不满和抵制，致使耕地保护产生了政府失灵，也即前述建立耕保补偿机制的理由。

同时，上述分析也指明了耕地保护补偿的运行原理：假若此时其他社会成员所享有的耕地外部性贡献量 $V_S >$ 耕地保护主体的机会成本损失 $C_P - V_P$，则其他社会成员可以从 V_S 拿出一部分补偿 $C_P - V_P$，同时与耕地保护主体分享剩余的社会收益 $V_S - (C_P - V_P)$，如图 4 – 5 （b），从而使得耕地保护主体不仅弥补了损失，而且还能获得比转用耕地更高的收益水平，从而使其耕地生产的边际收益 MR_p 上升，其自觉、自愿保护的耕地量也将随之提升；而社会其他成员由于让渡一部分外部性价值，其边际收益曲线 MR_s 下降；最终实现私人收益与社会收益的统一（MR_e），促使耕地的保有量达到社会所要求的最优水平，如图 4 – 5 （c）。

---

① 这一标准是经济学中对于经济行为主体利润最大化决策的一般性假设。

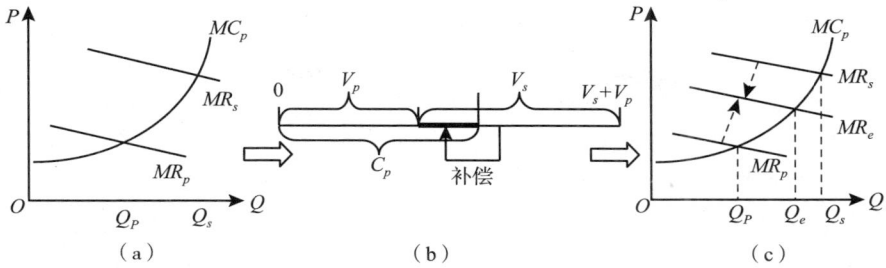

图 4 – 5　耕地保护补偿耕地外部性价值内部化的过程

三、耕地保护补偿研究的基本指导原则

以上即为最理想、也是最合理的耕地保护补偿价值分配调整路径——在上述情形下，仅通过耕地价值的自身分配调整即可实现社会公平，弥补耕地保护主体的机会成本损失，达到提升耕地保护效率的目的。而实际上，上述原理所确定的一些基本原则也是开展耕地保护补偿的前提，甚至也决定了耕地保护制度存在的合理性：

1. $C_P < V_S + V_P$ 是耕地保护制度的合理性前提。也即耕地资源为全社会所创造的综合价值（经济、社会、生态）应高于其转为其他用途后的价值。否则，维持耕地用途对于全社会而言就是不经济的。此时强行实施耕地保护就会导致土地的低效利用，是社会效率的浪费。而耕地保护补偿则会沦为一种侵占其他社会部门价值贡献，对耕地生产搞"平均主义"的不理性、不经济的行为。

2. $C_P > V_P$ 是进行耕地保护补偿的必要性前提。也即耕地保护主体转变耕地用途后应能够获得更高的收益水平，而维持耕地利用现状则需遭受一定的机会成本损失。否则，耕地保护主体就不存在转用耕地的激励，因而也就没有必要实施耕地保护，更不需要对其进行补偿。

3. $C_P - V_P < V_S$ 是耕地保护补偿实现社会公平的前提。耕地保护补偿所实现的"公平"应该是耕地保护主体和其他社会成员的"共赢"，既不能是对耕地保护主体利益的剥夺，也不能对其他社会成员的收益造成不公平的侵害。因此，只有耕地保护主体的机会成本损失 $C_P - V_P <$ 耕地的外部性价值贡献量 V_S，其他社会成员才有理由从 V_S 中拿出一部分补偿耕地保护主体，同时自身也有利可图。否则，即使其他社会成员全部让渡耕地外部性价值也无法消除耕地保护主体转用耕地的激励，而必须从其他经济

99

部门获取价值用以"填补"耕地保护主体的收益损失,这就违反了耕保补偿的公平性原则。

以上三个基本原则确定了本书耕地保护补偿研究的基本逻辑框架:

1. 耕地外部性的供给/享受关系是确定补偿方和受偿方的依据。耕地保护补偿是耕地正外部性所惠及的其他成员从外部性价值中拿出一部分补偿耕地保护主体机会成本损失的过程,确定外部性的供给和消费关系是确定补偿方和受偿方的基本依据:从地域间来看,耕地保有量较低、质量较差而人口相对较多、耕地消费量较高的区域可被认为是耕地价值的摄入区,应该对那些耕地保有量较大、质量较高而人口相对较少、耕地消费量较低的区域进行补偿;而从社会群体间来看,耕地保护主体则应作为受偿方接受其他社会成员的补偿。据此,可以确定补偿的主客体及补偿资金的流向,从而构建补偿模式。

2. 补偿资金的分配应依据耕地保护的机会成本损失和外部性贡献量高低。根据地租理论和区位理论,由于不同地区的经济发展水平、耕地的区位、自然和利用条件、人口和社会环境千差万别,其耕地的价值产出以及转化为其他用途后所获得的收益水平各不相同,使得耕地利用的外部性贡献量和机会成本损失也有较大区别。这就决定了耕保补偿不应延续以往农业补偿"一刀切、撒盐面"的平均补偿方式,而要根据具体地区的经济、社会、生态条件实施差别化的补偿。在实践过程中,这一思想可以通过全国补偿资金对不同地区进行分配过程中的"轻、重、取、舍"予以实现。

3. 耕地保护的机会成本损失和外部性贡献量分别为补偿的最低和最高值。耕地保护补偿是从耕地的外部性价值中拿出一部分来补偿耕地保护主体的机会成本损失。其中耕地保护主体的机会成本损失高低决定了最低的补偿额度,如果低于这个额度,则无法消除耕地保护主体转用耕地的意愿,达不到对其形成有效激励的目的,反而还会造成资金的浪费。而耕地资源为其他社会成员所提供的外部性价值量则决定了补偿的最高额度,如果超过这个额度,则其他社会成员的利益就会受到侵害,而耕地保护主体则会获得超出其价值贡献量的不公平的报酬,对于全社会而言保护耕地也是不经济的。因此,耕地保护主体的机会成本损失和耕地资源的外部性贡献量之间是补偿额度的"有效区间";这样,补偿标准的研究也就转化为对上述两者的核算。

第五章

中国耕地保护补偿的模式
设计与运行方案研究

笔者在前期研究中设计了全国耕地保护补偿的"双纵双横"模式，明确了补偿资金的来源和发放路径。这一模式目前已经得到国土资源部主管部门的认可，但仍需要进一步的细化和改进，主要问题包含三个方面：一是纵向补偿资金分配方式考虑因素不够全面，指标选择较为单一，与实践中地方利益平衡和资金运行效率的需求仍有一定距离；二是前期省级横向补偿分区仅以各省区粮食输入/输出为评价标准，采用标准粮折算法和人均耕地阈值进行分区，而未能考虑耕地非经济性生态、社会价值的摄入/输出关系；三是对于县级横向补偿，由于各地经济社会情况复杂，耕地禀赋差异巨大，故前期只提出了"耕地异地有偿代保"的运行框架，未作进一步的机制建设研究。

本章沿着"消除耕地保护的区域间、城乡间和不同社会群体间土地利用效益矛盾"的思路，在对"双纵双横"模式逻辑框架进行修正的基础上，结合笔者在后续研究中对福建、山东、上海、湖北等地的实地调研经验反馈，以及佛山、成都等地耕保补偿的实践经验，重新推导补偿资金的运行和管理方法。

第一节 耕地保护补偿"双纵双横"
模式的总体架构

一、耕地保护补偿主体与客体的确定

根据前一章中推导出的耕保补偿主体和客体确认原则，全国耕地保护

补偿关系应包含纵向和横向两个维度：

（一）纵向补偿方面，中央和省级政府应为补偿方，而县级及以下基层地方政府和农户应为受偿方

从具体地块来看，由于耕地系统具有开放性，其外部性价值的输出难于确定受益范围，其补偿的支付关系因而较为复杂。但在全国层面，则可将全国耕地资源视为一个统一的整体，其维护国家粮食战略安全、吸纳农业劳动力就业、节约社会保障支出、净化和美化生态环境等外部性价值具有"全民普惠"的性质，是由全体社会成员共同享有、消费的。因此：

首先，中央政府作为耕地保护的"委托方"，应该代表社会整体福利，承担耕地保护补偿的耕地价值分配"总调节"职责，从其他社会成员所享有的耕地外部性价值中拿出一部分，补偿耕地保护主体的机会成本损失。纵向补偿应面向全国所有地区的耕地，其补偿的目标应是提高全国"所有"耕地的保护效率；既需要对耕地保有量较大、输出耕地正外部性的"耕地盈余地区"的耕地进行补偿，也需要对耕地保有量较少、从其他地区摄入耕地正外部性价值的"耕地赤字地区"的耕地进行补偿；是对全国区域间、不同社会群体间耕地保护利益的总体协调和平衡。

其次，各省级政府作为现行耕地保护体制中承上启下的环节，对中央所下达的耕地保护任务进行省内的二次分配，也是耕地保护的"委托方"之一。因此，也应代表本省内享受耕地正外部性的其他社会成员对耕地保护主体实施补偿。

对于具体落实耕地保护任务的县级及以下基层政府而言，因其地方建设用地扩张受到了限制，其土地财政收入进而地方经济建设的"政绩"受到了制约；在目前以地方经济发展作为主要政绩考核标准的体制下，基层官员的升迁受到了影响。因此，县级及以下基层地方政府应是耕地保护补偿的"受偿方"；补偿的体现形式不是给官员"发钱"，而是通过补偿资金投入，使其不用通过出让建设用地就能获得改善地方民生、发展社会经济的财政资源，同时也减轻其保护耕地的难度和负担，相当于一种"政绩补偿"。

对于耕地资源的产权所有者和实际使用者，包括农村居民集体和农业生产组织由于直接承担了耕地保护的机会成本损失，也应作为耕保补偿的受偿方。

（二）横向补偿方面，省级之间和一省之内的县级单位之间应按照耕地正外部性的输出／输入关系进行横向补偿

首先，从全国来看，由于不同省份的经济发展水平、区位和自然条件、人口数量、耕地资源禀赋不同，各省份在经济发展过程中被人为地作了"优先发展地区"、"农业生产保障地区"的区分；那些耕地保有量较大、耕地质量较高且经济发展较为落后的农业省区替耕地保有量较少的经济发达省区承担了额外的耕地保护任务；其耕地价值产出不仅能够满足本省（相对较少）居民的需求，还能为发达地区提供外部性输出，理应得到后者的补偿。

其次，在各省区内部，耕地保护指标二次分解过程中，耕地保有量较大的县区所分得的耕地保护任务较重，而经济发达的县区由于耕地保有量较少，所分得的耕地保护任务较轻，客观上造成了不同县区经济发展机会的不公平。耕地保护任务较重的县区实则在为耕地保护任务较轻的县区提供着耕地资源的外部性价值输出，理应得到后者的补偿。

（三）补偿资金应主要来源于政府财政收入中的土地类收益

耕地保护补偿的实质是耕地价值在不同社会成员间的再分配。可用于耕地保护补偿的土地类收益主要来源于国有建设用地的出让收益，具体可包括新增建设用地有偿使用费、耕地开垦费、土地复垦费等。

这些土地收益源于未受到耕地保护限制的土地拥有者（除耕地保护主体外的其他社会成员）的土地的开发增值；且更多的是来源于耕地保护任务较轻、允许建设转用土地量较大的地区。这种资金来源的设定实际上体现了允许开发区域土地增值对于耕地保护区域土地收益受限的转移补偿，也即是对不同区域间、城乡间、不同社会群体间土地利用收益的再分配和平衡。

二、耕地保护补偿"双纵双横"模式的逻辑结构

基于前述分析，沿着纠正耕地保护制度下三类土地利用社会效益冲突的思路，根据前述补偿主体和客体的推定结果，可以建立全国耕地保护补偿"双纵双横"模式，其逻辑结构如图 5–1。

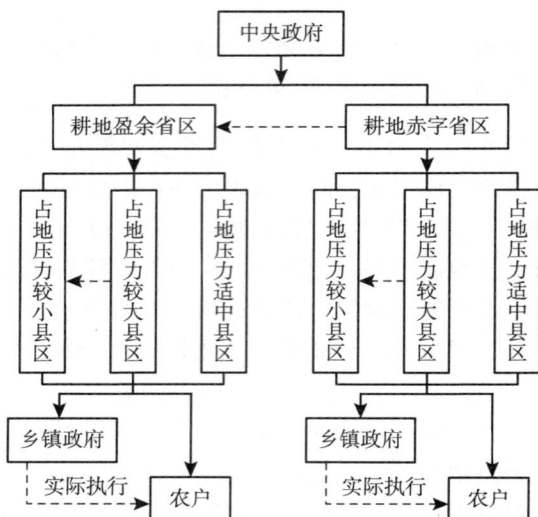

图5-1 全国耕地保护补偿"双纵双横"模式的逻辑架构

这一新的"双纵双横"补偿模式框架对笔者前期研究最主要的修改在于去掉了"耕地平衡地区"。主要原因在于无论采用何种反映耕地外部性贡献关系的分区方法,包括粮食或耕地综合价值的输入/输出评价,都不会存在恰巧既不存在摄入、也不存在输出的省份;因此真正的"平衡区"并不存在。因此,"平衡区"的划定具有很大的主观人为性,总会存在一些接近平衡区、却被划入"赤字"或"盈余"区的"夹缝"省份,导致争议的产生。这也是笔者近年来在福建、山东、上海等地调研时地方政府最为关心、最具争议的一项议题。这一点将在本章第四节"省级横向补偿实证分区"的研究中进一步说明。

因此,为了提高研究的严谨性和实践的可行性,避免这种人为因素导致的利害冲突和地方寻租行为①,本书去除了耕地平衡地区这一项划分,仅以各省耕地价值的外部性输入/输出的绝对关系划分赤字/盈余地区。

从"双纵双横"补偿模式的具体运行路径来看:

纵向补偿方面:中央政府代表社会整体利益,采用预算拨款的形式将中央财政补偿资金下发至省级行政单位;省级政府则代表本省内享受耕地正外部性的社会成员,提供配套补偿资金,连同中央补偿资金一并下发至

① 主要是指地方政府对于分区结果不满,而对上级政府采取抗辩、游说、贿赂等行为。

县级单位。纵向补偿是对不同社会群体间和不同区域间耕地保护利益冲突的综合矫正。

横向补偿方面：在省级层面，本省耕地资源所产生的价值除本省居民享用外，还能为其他省份提供价值输出的省份可视为耕地总价值的"盈余省区"；而耕地价值生产量低于本省居民耕地价值消费量的省份则可视为耕地总价值的"赤字省区"，应该按照其从盈余省区摄入的耕地外部性价值量对后者提供横向转移支付，形成一级横向补偿。在一省之内的县级层面，经济发展水平较高、建设用地扩张较快、耕地占用压力较大的县区由于在耕地保护任务分解中得到了"照顾"，应该对那些"代其"承担了较多的本省耕地保护任务、为其提供耕地正外部性的县区提供横向转移支付，形成二级横向补偿。横向补偿主要是为纠正耕地保护制度所造成的区域间发展机会不平等。

三、补偿资金运行方案设计的基本原则

（一）"宏观粗、微观细"的补偿资金管理方案研究原则

从提高耕地保护补偿运行效率、降低行政成本、提升实际可操作性的角度来看，耕地保护补偿资金管理、分配办法应尽量简单。但是，从笔者近年来对各省区传统农业补贴以及现有地方性耕地保护补偿实践的调研结果来看，通常，中央对各省的农业补贴资金分配不会面临各省"讨价还价"的过多压力；而各省内部补偿资金分配的争议却相当严重；越向下至基层，补贴额度不同所带来的社会冲突越为激烈。这一点从成都、佛山耕地保护补偿实践中农户对于自身耕地未被划入"基本农田"办法而导致补偿标准低于相邻耕地所产生的不满情绪即可得到验证。

基于这一事实，本书在纵向补偿资金运行研究方面，将尽量简化中央到省的补偿资金分配管理方案，以减轻中央政府的管理负担、节约行政资源；转而尽量细化省到县的补偿资金分配依据指标，以增强补偿依据的说服力，尽量消除基层地方民众的不公平感。

在横向补偿运行研究方面，对于补偿关系和协调对象相对简单的省级横向补偿，可采用"政府主导型"的补偿操作方案；而对于补偿关系复杂、补偿对象的具体需求和相互之间的竞合关系纷乱的县级横向补偿则可探索一种"市场主导型"的横向补偿方案，以充分利用市场机制在耕地资

源区域间配置中的高效协调作用，解决较低层级横向补偿的管理难题。

（二）综合设置耕地保护的机会成本损失以及耕地资源外部性价值贡献量反映指标

根据第四章所确立耕地保护补偿基本原则，补偿资金在对不同地区分配时应依据具体地区耕地保护的机会成本损失以及耕地资源外部性价值贡献量。一方面，发达地区耕地转用压力较大，因而其补偿的最低额度机会成本损失也较高，需给予较多的补偿才能抑制耕地转用；另一方面，欠发达（农业）地区的最低补偿额即耕地保护的机会成本损失较低，但其为社会作出的外部性贡献较大，也应该提高其在前述"其他社会成员享受的外部性价值 V_s"中的分成（即补偿有效区间中具体补偿标准的位置）。因此，耕地保护机会成本损失越高、外部性贡献量越大的地区，其所应分得的补偿资金也就越高。

综上所述，耕地保护补偿资金的分配时，应该综合考虑具体分配对象耕地保护的机会成本损失和外部性贡献量，使得经济发展水平不同、耕地占用压力不同的地区均能够得到合理的、公平的补偿资金额度。因此，在下面补偿资金分配方案的研究中应统筹考虑、分别设置反映耕地保护机会成本损失和外部性贡献量的指标。

下面依次对纵向补偿中"中央—省"、"省—县"和横向补偿省级层面、县级层面的补偿资金分配、管理方案进行研究。

第二节　纵向补偿：中央到省的资金运行方案研究

中央政府实施耕地保护补偿的对象是全国所有的（既包括耕地盈余地区、也包括耕地赤字地区）耕地，目的在于提高全国总体耕地保护绩效。

如前所述，从实际可操作性的要求出发，中央对省的补偿资金分配所依据的指标不宜过于复杂，且应综合考虑各省耕地保护机会成本损失的高低和耕地资源价值外部性贡献量的高低。

其中，各省耕地保护机会成本损失的高低可由各省耕地建设转用的"占地压力"来表示；而占地压力则能以各省区年度耕地的净减少率来衡量：占地压力＝年度耕地净减少量/耕地总面积：

$$FOP_i = (NCL_i - CLIP_i - CNFS_i)/FA_i (i = 1, 2, 3, \cdots, 31)$$

公式（5.1）

式中：FOP（*Farmland Occupation Pressure*）表示各省区耕地所面临的占地压力；NCL（*New Construction Land*）代表各省区年度新增建设用地面积，CLIP（*Construction Land Internal Potential*）代表各省区年度新增建设用地面积中通过原有建设用地内部挖潜所获得的面积①，NFS（*New Farmland Supplement*）代表各省区年度通过土地开发、整理、复垦所补充的新增耕地面积，上述三者之差即为各省区年度耕地净减少量；FA（*Farmland Area*）代表各省区耕地总面积，i 为各省区代码。

各省区耕地外部性价值贡献量可以通过各省区耕地的面积和耕地资源的质量两项指标来综合衡量。耕地面积较大且耕地质量较高的地区其耕地的土地产品产量也就越高，吸纳农业劳动力并为其提供收入保障以及维持和净化生态环境的综合能力也就越强，因而其耕地的综合价值产出进而外部性贡献量也就越高。

其中，衡量耕地的质量可以采用两种方法：一是直接运用农用地分等定级的成果，将各省区"优等地"面积占总耕地面积的比例作为衡量该省区耕地质量的指标（具体应用中可对"优等地"的界定进行灵活处理，如将土地级别为一等至六等或一等至十等的土地视为优等地）；二是运用标准粮核算方法，将各省各类耕地农产品产量换算为标准粮产量，进而计算得出各省单位面积耕地的标准粮产量，将其作为衡量耕地质量的指标。

在计算得出上述指标值后，按照各省的占地压力、耕地质量和耕地数量三项指标的高低顺序进行排序，并划分为若干区间；对各区间对应的指标得分赋值（X、Y、Z）；赋值的基本原则为：占地压力越高、耕地质量越好、耕地数量越大则得分越高。并对三项指标分别赋权重（a、b、c），根据前文分析，出于简化分析的目的，可对上述三项指标的权重做出经验性判断（a、b、c）=（50%，25%，25%）。进而，分别加权求得各省区综合得分值 CS，按照各省区综合得分在所有省区总得分中所占的比例确定各省区应分得的中央耕保补偿资金额度，中央到省的补偿资金分配指标见表5-1所示。

---

① 实践中，新增建设用地面积包括新增加的转用耕地的面积，以及在原有建设用地范围内通过土地一级开发重新开发利用的建设用地面积，也即"原有建设用地内部挖潜面积"。

表 5 – 1　　　　　　　　　中央到省的补偿资金分配指标

一级指标	二级指标	区间1	区间2	区间3	权重
耕地保护的机会成本损失	占地压力	A1≤　＜A2	A2≤　＜A3	A3≤　＜A4	50%
		X1	X2	X3	
耕地资源的外部性贡献价值	耕地面积	B1≤　＜B2	B2≤　＜B3	B3≤　＜B4	25%
		Y1	Y2	Y3	
	标准粮产量/优等地比例	C1≤　＜C2	C2≤　＜C3	C3≤　＜C4	25%
		Z_1	Z_2	Z_3	

　　注：这里只对补偿资金分配指标的选取和打分原则进行研究，实际运用时可根据具体情况对指标分区、各区间分值以及各指标权重进行灵活调整。

$$CS_i = x_i + y_i + z_i (i = 1, 2, 3, \cdots, 31) \qquad 公式（5.2）$$

$$CFDA_i = K \times \frac{CS_i}{\sum_{i=1}^{31} CS_i} (i = 1, 2, 3, \cdots, 31) \qquad 公式（5.3）$$

　　式中：x、y、z 分别代表各省上述三项指标所在某个区间的对应得分值，CFDA（Compensation Funds Distribution Amount）代表各省应分得的中央补偿资金额度，K 代表中央补偿资金总额，CS（Composite Score）代表各省根据表 5 – 1 所计算得出的综合得分，i 为各省区代码。

　　以上补偿资金分配方式能够兼顾各省区耕地价值外部性贡献以及耕地保护的机会成本损失。使得经济发达、耕地面临建设占用压力较大的地区和经济欠发达、耕地资源价值贡献较高的农业地区均能够依据自身的"优势"获得相应的公平的补偿分配额度。改变了现有农业补贴仅依据耕地面积进行无差别平均分配的资金分配的方式，避免了由此所间接导致的"发达地区吃不饱、欠发达地区用不了、发达地区耕地越保越少、欠发达地区耕地驱逐发达地区耕地"的格局。同时，综合考虑耕地数量和质量进行补偿资金分配的做法也有利于对地方加强耕地质量建设、改善农田利用条件、提高农田综合生产能力形成良性导向和有效激励。

第三节　纵向补偿：省到县的资金运行方案研究

　　省级政府代表本省内除耕地保护主体外的其他社会成员提供补偿资金，连同中央下发资金和可能来自其他省区的横向补偿资金（仅对于耕地盈余地区省份）一并下拨至县级政府财政。笔者前期研究成果中对"省—

县"的资金分配给出了按照各县区占地压力进行梯度补偿的思路。

根据笔者对前述成都、佛山、上海等耕地保护试点地区及其相邻县市基层调研结果，通过面对面访谈或下发回收的 259 份有效问卷（问卷形式见本书附录一，其中成都市 90 份，佛山市 75 份，上海市 94 份）显示，在"目前耕地保护补偿不满因素"一项中（该项为多选），管理干部和农户对"相邻地区补偿标准高"一项反应最为强烈，见图 5 - 2 所示，并且这种不满情绪已经超出了市域范围。

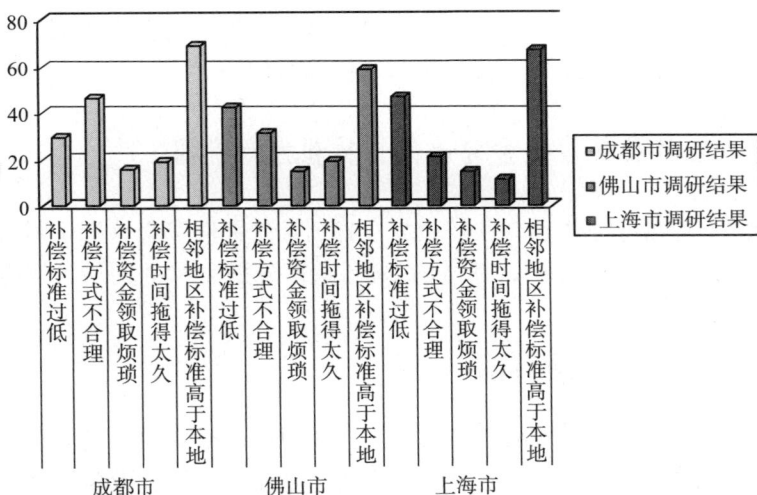

图 5 - 2 成都、佛山和上海基层民众对现行耕地保护补偿机制不满因素统计

在笔者对与成都相邻的德阳市什邡市（县级市，与成都市新都区、青白江区接壤）、眉山市彭山县（与成都市新津县、双流县接壤），以及与佛山市相邻的江门市鹤山市等地的走访中。这些周边地区的基层土地和农业管理干部、农民群众普遍认为，自身的耕地保护工作和农业生产对成都、佛山做出了贡献（成都、佛山的很多农产品是由周边市县获得的）；而仅仅相隔一条市界，成都和佛山的耕地都能获得补偿，自身的耕地却没有补偿，显然很不公平。

上述问题对于省到县的补偿方案制定具有两方面的指导意义：

首先，与中央到省的宏观补偿资金分配时各省区之间的相互比较、竞争关系相对简单、利益矛盾也便于协调不同，一省之内补偿资金分配过程中的地方博弈和矛盾更加复杂——不同市级行政单位所属的相邻县级单位对于彼此的补偿额度高低对比更为直接、心理落差也更大。基于这样的事实，同时考虑简化补偿环节、节约行政成本的需求，本书在补偿模式设计中略去了市级一层，直接在省级层面对辖区内各县级单位的补偿额度进行调配。

其次，根据本书第五章第一节的研究，由于此时补偿资金分配直接面对补偿对象（耕地保护主体），为了尽量避免补偿分配可能招致的新的基层社会矛盾，需要对补偿的分配因素考虑的更为仔细，以增强分配方案的说服力和可接受性。

基于以上两点，综合考虑各县级单位耕地保护的机会成本损失和外部性贡献情况，设计补偿资金分配依据指标体系如下。

一、省到县补偿资金分配的指标初选与说明

根据上述指导原则和既往经验，在省到县的补偿资金分配中需要依据的指标主要包括三个方面，括号内 B、C、D 分别表示准则层、亚准则层和指标层。

（一）耕地资源禀赋（B）

耕地资源禀赋即耕地的丰歉情况，具体而言包括耕地的自然条件和耕地的利用条件两个方面。它既反映了耕地产生综合价值进而提供外部性的能力，同时也反映了耕地能够转为其他用途、获取更高经济收益的能力，也即机会成本损失的高低。根据既往经验，选取反映耕地资源禀赋的指标因素如下：

1. 耕地自然条件（C）。耕地的自然条件是指非人工因素形成的，农作物生长的自然因素；其反映指标包含数量和质量两类：

（1）耕地面积（D）：一个县区耕地保有量越大，所分得的耕地保护任务通常也就越重，耕地保护对其建设扩张进而经济增长的限制也就越强，其保护耕地的机会成本损失也就越高；另一方面，其耕地综合价值的产出量进而外部性贡献量也越大[1]。因此，该项指标与县区应分得的补偿金额正相关。

（2）地均标准粮产量（D）：地均标准粮产量反映县区耕地总体质量：

---

①　这一分析的前提是其他因素不变，下面的分析也基于这一前提，不再重复叙述。

按照目前研究较为成熟的标准粮的折算方法，将县区各类作物亩均产量折算为标准粮产量，进而按照各类作物的播种面积加权求得该县地均标准粮产量值。县区耕地质量越高，其耕地综合价值产量进而外部性贡献量也越大。因此，该项指标与县区应分得的补偿金额正相关。

2. 耕地生产条件（C）。耕地的生产条件是指人工的耕地作业条件建设情况以及耕地综合价值为人所利用的便捷程度，其反映指标包含三类：

（1）农产品市场便利度（D）：农产品市场便利度主要以耕地距离区域主要行政中心、城镇等农产品集散地的直线距离和交通状况来反映，直线距离越短、通勤条件越好，该项指标值越高。这一指标值代表了耕地价值对外输出的能力，也即耕地正外部性的输出能力（作用范围大小及流通成本高低）；该指标越高，耕地的正外部性贡献能力也就越强，同时也间接反映出耕地可能具有更高的转为其他用途的机会，机会成本损失也就越高。因此，该项指标与县区应分得的补偿金额正相关。

（2）亩均农田水利设施建设资金投入（D）：该项指标反映其他社会成员对于耕地生产条件建设投入的力度，如利用规划、农田基础设施建设、农业技术支持等；也间接反映了社会对该县耕地的重视程度。该指标值越高，说明该县耕地的耕作条件越好，其产生耕地正外部性价值的能力也就越强；同时，以往建设投入量较大的耕地被占用后，对社会所造成的损失也就越大，防止其转用流失的迫切性也就越迫切。因此，该项指标与县区应分得的补偿金额正相关。

（3）人均耕地面积（D）：该项指标实则反映了一个县区人均耕地资源价值的占有量，人均耕地面积越大，说明该县居民能够从本县所拥有的耕地上获取到的耕地价值量越多，对外县输出耕地价值的能力也就越强；或者说该县消费耕地资源价值的人相对较少，能够有剩余价值为外县输出。因此，该项指标与县区应分得的补偿金额正相关。

（二）耕地资源利用效益（B）

耕地资源利用的经济收益主要反映的是一个县耕地保护主体的现状收益以及对其生活的重要程度。根据既往经验，选取如下反映指标：

1. 耕地耕作成本（C）。耕地耕作的成本反映了一个县耕地保护主体对自身耕地的价值生产过程的投入力度，其反映指标包含资金和劳动两类：

（1）亩均资金投入（D）：该项指标是指耕地保护主体在耕地生产时购买种子、化肥、农药以及租赁农机具等方面的投入；该指标越高，说明该县农户对于耕地生产具有较高的积极性，同时也反映出该县耕地可能会产生较高的综合价值。因此，该项指标与县区应分得的补偿金额正相关。

（2）地劳比率（D）：所谓地劳比率是指一个县单位面积耕地上年均投入的劳动力数量，可用该县农业劳动力从事耕地耕作的平均出工日加以反映；该指标越高，说明该县农户对于耕地生产具有较高的积极性，也反映了耕地生产劳动在该县居民生产、生活中的重要性，同时也显示出该县耕地可能会产生较高的综合价值。因此，该项指标与县区应分得的补偿金额正相关。

2. 耕地耕作收益（C）。该项指标反映了一个县农户从耕地上的获益能力，以及耕地收益对于农户生活的重要性，相应的反映指标也包含两类：

（1）亩均纯收入（D）：该项指标是指一个县耕地保护主体从事耕地生产所获得的年均经济纯收益。与前述耕地生产中投入的劳动和资金相结合来看，如果一个县的农户在耕地上投入了大量的资本和劳动，其获得的耕地经济收益也较高，说明其从事耕地生产即为土地利用的较优选择，其将耕地转为其他用途的可能性也就越小，保护耕地的机会成本损失额也就越低；反之，如果一个县的农户在耕地上投入了大量的资本和劳动，其获得的耕地经济收益却较低，则说明其从事耕地生产并不是土地利用的最佳选择，其将耕地转为其他用途的可能性也就越大，保护耕地的机会成本损失额也就越高。因此，该项指标与县区应分得的补偿金额负相关。

（2）农户耕地收入比率（D）：该项指标是指一个县农业劳动力从事耕地农业生产所获得的年均经济纯收益在农户家庭总收入中所占的比例。该值越高，说明耕地生产对于农户的重要性越强；同时也说明该县经济发展水平有限，农户除耕地生产外缺乏将土地转为其他用途的机会，因此农户将耕地转为其他用途的可能性也就越低，耕地保护的机会成本损失也就越小。因此，该项指标与县区应分得的补偿金额负相关。

（三）相关政策作用（B）

除以上反映耕地禀赋和利用效益的指标外，根据笔者在基层调研中所收集的信息，不同县区所实施的耕地生产相关政策也对耕地保护补偿资金分配中的权衡具有重要的影响，具体包括普适性的一般政策和地方性特殊政策两类：

1. 一般性政策（C）。一般性政策是指目前各省均在采用的耕地保护与农业生产的相关政策，具体包括：

（1）亩均已补贴资金（D）：该指标是指一个县以往已经在耕地上投入的农业补贴额度；该项指标值越高，说明该县已经得到了较多的耕地耕种的资金支持；虽然这种农业支持与耕地保护补偿的性质不同（见第一章中对补偿和补贴内涵的比较），但根据以往经验，得到补偿越多的地区对于新增加的补偿反应越不敏感（这一点将在第七章"边际补偿效力递减规律"中详细阐述）。因此，该项指标与县区应分得的补偿金额负相关。

（2）规划中建设占用耕地的数量（D）：该指标是指土地利用规划中允许一个县新增加的建设转用耕地面积，鉴于统计各个县区土地整治补充耕地的面积和建设用地内部挖潜面积较为烦琐，行政成本较高而执行效率较低，此处用这一指标来反映县区的占地压力。该指标越高，说明该县耕地所面临的建设转用压力总体较高，保护耕地的机会成本损失也就越高。因此，该项指标与县区应分得的补偿金额正相关。

（3）基本农田比率（D）：该指标是指一个县耕地中基本农田所占的比例，该比例越高说明该县耕地受到的重视程度越高，也间接说明该县耕地的总体质量较高，其耕地综合价值的生产能力较强。因此，该项指标与县区应分得的补偿金额正相关。

2. 地方性政策。特殊扶持性政策（D）：地方性政策主要体现的是一个省对于某些特殊县区，如特色农产品生产地区、老少边穷地区、生态脆弱地区耕地保护和农业生产的扶持政策，鉴于这些政策较为繁杂，所产生的效果也难以衡量。在该项指标在具体评定时可由各省级政府灵活掌握。该指标反映了各省对某个县耕地生产的重视程度，因此该项指标与县区应分得的补偿金额正相关。

综上所述，省到县耕地保护补偿资金分配指标体系初选结果如表5-2所示。

表5-2　　　　　　　　省到县的补偿资金分配指标初选结果

目标层	准则层（B）	亚准则层（C）	指标层（D）	相关性
县级耕地保护补偿合理分配	耕地资源禀赋	耕地自然条件	耕地面积	正相关
			地均标准粮产量	正相关
		耕地生产条件	农产品市场便利度	正相关
			亩均农田水利设施建设资金投入	正相关
			人均耕地面积	正相关

目标层	准则层（B）	亚准则层（C）	指标层（D）	相关性
县级耕地保护补偿合理分配	耕地利用效益	耕地耕作成本	亩均资金投入	正相关
			地劳比率	正相关
		耕地耕作收益	亩均纯收入	负相关
			农户耕地收入比率	负相关
	相关政策作用	一般性政策	亩均已补贴资金	负相关
			规划中建设占用耕地数量	正相关
			基本农田比率	正相关
		地方性政策	特殊扶持性政策	正相关

二、省到县补偿资金分配指标筛选及权重计算

在得到指标初选结果后，进一步的工作是对指标进行筛选。本书所采用的方法为德尔菲法（评分表的设计见本书附录三）。

首先，邀请专家对初选出的指标进行独立评价打分，打分值分为2、4、6、8、10五级，数字递增表示重要性增强，2代表不重要，4代表一般，6代表重要，8代表很重要，10代表极其重要。设评价指标共包含 m 个层次（本书中包含3个层次），各层评价指标共有 i 个因素（本书中 i 的值分别为3、6和13），参与打分的专家共有 j 位，则专家对于准则层、亚准则层、指标层的打分集合可表示为 $X_m = \{x_{ij}\}$。本书在研究过程中，共邀请了7位专家进行评价。专家来源分别为：北京师范大学资源学院（1人）、中国人民大学公共管理学院（2人）、中国农业大学资源与环境学院（1人）、中国地质大学（北京）土地科学与技术学院（1人）、西南大学地理科学学院（1人）、中国科学院地理科学与资源研究所（1人）。

用 M_i 表示评分者对第 i 个指标的评价值，$\overline{M}_i$ 即评分者的评价期望，表明指标 i 对目标影响的重要程度，$\overline{M}_i$ 值越高代表指标 i 的影响程度越大；取筛选临界值 $\overline{M}_{im}=6$；δ_i 为标准差，表示专家对第 i 个指标评价的分散程度：

$$\delta_i = \sqrt{\frac{1}{n-1}\sum_{j=1}^{n}(x_{ij}-\overline{M}_i)^2} \qquad \text{公式（5.4）}$$

以 k_0 表示标准差临界值，其为（0，1）之间的某常数，通常取2/3。如果 $\delta_i > k_0$，说明专家对于指标 i 的评价分散，需要对指标 i 进行重评。用变异系数 V_i 表示打分专家对第 i 个指标评价的协调程度，通常 V_i 应小

于 0.1，可认为专家对指标 i 的意见协调一致。

$$V_i = \delta_i / \overline{M}_i \qquad 公式（5.5）$$

在指标筛选过程中，首先对标准差 δ_i 和变异系数 V_i 进行综合分析以决定指标 i 是否需要重新评价。若对指标 i 的评价满足要求，则再根据 $\overline{M}_i$ 的大小判断指标 i 的重要性，决定是否在评价指标体系中保留该指标。根据专家打分结果统计得出准则层、亚准则层、指标层的重要性测算表如表5－3至表5－5所示。

表5－3　　　　　省到县的补偿资金分配指标体系准则层重要性测算

序号	准则层	评价期望值	分散程度	协调程度
		$\overline{M}$	δ_i	V_i
B_1	耕地资源禀赋	9.33	0.58	0.06
B_2	耕地利用效益	8.77	0.40	0.05
B_3	相关政策效果	7.53	0.55	0.07

表5－4　　　　　省到县的补偿资金分配指标体系亚准则层重要性测算

序号	亚准则层	评价期望值	分散程度	协调程度
		$\overline{M}$	δ_i	V_i
C_1	耕地自然条件	8.67	0.58	0.07
C_2	耕地生产条件	8.60	0.53	0.06
C_3	耕地耕作成本	7.53	0.67	0.09
C_4	耕地耕作收益	7.37	0.64	0.09
C_5	一般性政策	5.50	0.50	0.09
C_6	地方性政策	5.43	0.40	0.07

表5－5　　　　　省到县的补偿资金分配指标体系指标层重要性测算

序号	指标层	评价期望值	分散程度	协调程度
		$\overline{M}$	δ_i	V_i
D_1	耕地面积	9.83	0.29	0.03
D_2	地均标准粮产量	9.70	0.44	0.04
D_3	农产品市场便利度	7.03	0.35	0.05
D_4	亩均农田水利设施建设资金投入	4.07	0.12	0.06
D_5	人均耕地面积	7.20	0.36	0.05
D_6	亩均资金投入	7.47	0.35	0.05

序号	指标层	评价期望值 $\overline{M}$	分散程度 δ_i	协调程度 V_i
D_7	地劳比率	7.87	0.51	0.07
D_8	亩均纯收入	8.53	0.50	0.06
D_9	农户耕地收入比率	8.07	0.51	0.06
D_{10}	亩均已补贴资金	3.90	0.36	0.09
D_{11}	规划中建设占用耕地数量	8.77	0.25	0.03
D_{12}	基本农田比率	8.77	0.67	0.08
D_{13}	特殊扶持性政策	6.37	0.42	0.07

从表 5 - 3、表 5 - 4 中可以看出，准则层和亚准则层评价结果的 δ_i 均小于 2/3，协调程度 V_i 均小于 0.1，说明专家的评价是集中且协调的；同时 7 位专家对各指标评价期望值 $\overline{M}_i$ 均大于 6，说明指标具有足够的重要性，据此可以认为准则层和亚准则层选取合理。

从表 5 - 5 来看，各项指标的 δ_i 值均小于 2/3，协调程度 V_i 全部小于 0.1，表明专家的评价意见是集中且协调的。各指标中，亩均农田水利设施建设资金和亩均已补贴资金 2 项指标的评价期望值小于 6，说明专家普遍认为上述二者对耕地保护补偿资金分配的影响较低，据此剔除以上 2 项指标，保留其余 11 项，得出指标筛选结果如表 5 - 6 所示。

表 5 - 6　　　　　　省到县的补偿资金分配指标筛选结果

目标层	准则层	亚准则层	指标层
县级耕地保护补偿合理分配	耕地资源禀赋（B1）	耕地自然条件（C1）	耕地面积（D1）
			地均标准粮产量（D2）
		耕地生产条件（C2）	农产品市场便利度（D3）
			人均耕地面积（D4）
	耕地利用效益（B2）	耕地耕作成本（C3）	亩均资金投入（D5）
			地劳比率（D6）
		耕地耕作收益（C4）	亩均纯收入（D7）
			农户耕地收入比率（D8）
	相关政策作用（B3）	一般性政策（C5）	规划中建设占用耕地数量（D9）
			基本农田比率（D10）
		地方性政策（C6）	特殊扶持性政策（D11）

在得到指标筛选结果后，运用层次分析法计算各指标的权重值。由于运算过程过于烦琐，这里只列出计算步骤、方法、公式和主要结果。首先，根据前文分析的各层指标的逻辑相关性，构建层次结构模型如图5-3所示。

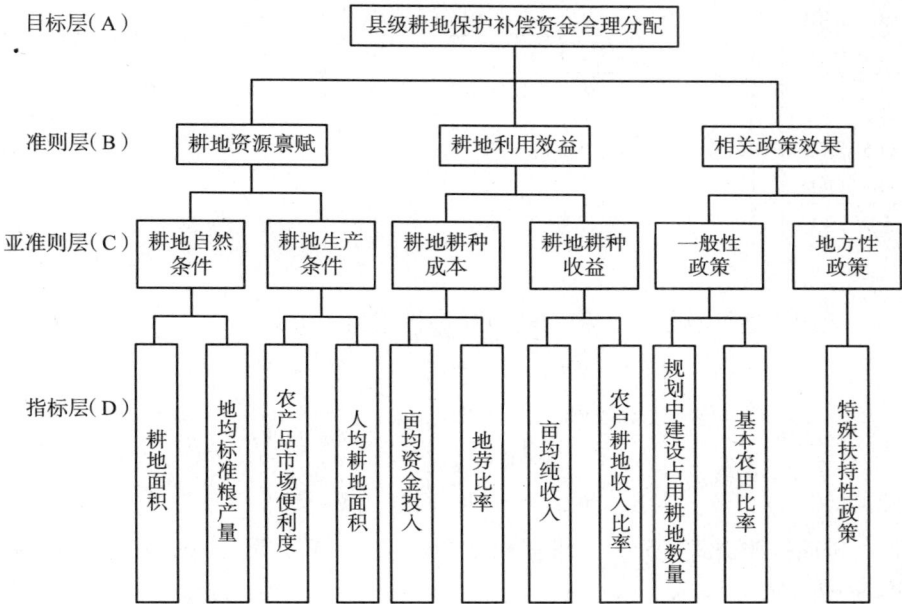

图5-3 省到县的补偿资金分配指标体系层次结构模型

进而，按照下层元素之于上层元素的相对重要性来决定相应元素的权重，采用德尔菲法，邀请专家用1~9九级标度法来对各元素之间的相对重要性进行评价（评价表的设计见本书附录四），组建各层的判断矩阵 A 形式如下：

$$A = \begin{bmatrix} a_{11} & a_{12} & \cdots & a_{1n} \\ a_{21} & a_{22} & \cdots & a_{2n} \\ \cdots & \cdots & \cdots & \cdots \\ a_{n1} & a_{n2} & \cdots & a_{nn} \end{bmatrix}$$

根据专家调查的结果，本指标体系的判断矩阵如表5-7所示。

表5-7   省到县的补偿资金分配指标体系判断矩阵

A	B1	B2	B3
B1	1	2	3
B2	1/2	1	3
B3	1/3	1/3	1

B1	C1	C2
C1	1	2
C2	1/2	1

B2	C3	C4
C3	1	1
C4	1	1

B3	C5	C6
C5	1	3
C6	1/3	1

C1	D1	D2
D1	1	1
D2	1	1

C2	D3	D4
D3	1	2
D4	1/2	1

C3	D5	D6
D5	1	3
D6	1/3	1

C4	D7	D8
D7	1	5
D8	1/5	1

C5	D9	D10
D9	1	1
D10	1	1

C6	D11
D11	1

运用上述计算结果，将判断矩阵每行相加，求和得：

$$\begin{bmatrix} a_{11} & a_{12} & \cdots & a_{1n} \\ a_{21} & a_{22} & & a_{2n} \\ \vdots & & \ddots & \vdots \\ a_{n1} & a_{n2} & & a_{nn} \end{bmatrix} \begin{matrix} \sum_{j=1}^{n} a_{1j} = V_1 \\ \sum_{j=1}^{n} a_{2j} = V_2 \\ \\ \sum_{j=1}^{n} a_{nj} = V_n \end{matrix}$$

进而按照公式（5.6），求得权重向量 $W = [W_1, W_2, \cdots, W_n]^T$，$W_1 + W_2 + \cdots + W_n = 1$。

$$W_i = \frac{V_i}{\sum_{i=1}^{n} V_i} \qquad 公式（5.6）$$

比较 W_1，W_2，$\cdots$，W_n 的大小，从而得到指标测相对于亚准则层、亚准则层相对于准则层、准则层相对于目标层的重要性单排序。按照公式（5.7）计算最大特征根 λ_{max}。其中，n 为判断矩阵的阶数。

$$\lambda_{max} = \sum_{i=1}^{n} \frac{(AW)_i}{nW_i} \qquad 公式（5.7）$$

以 $(AW)_i$ 表示向量 AW 的第 i 个元素，则 AW 的计算表达式如下：

$$AW = \begin{bmatrix} a_{11} & a_{12} & \cdots & a_{1n} \\ a_{21} & a_{22} & & a_{2n} \\ \vdots & & \ddots & \vdots \\ a_{n1} & a_{n2} & \cdots & a_{nn} \end{bmatrix} \begin{bmatrix} W_1 \\ W_2 \\ \vdots \\ W_n \end{bmatrix}$$

则有：

$$(AW)_1 = a_{11}W_1 + a_{12}W_2 + \cdots + a_{1n}W_n$$

$$(AW)_2 = a_{21}W_1 + a_{22}W_2 + \cdots + a_{2n}W_n$$

……

$$(AW)_n = a_{n1}W_1 + a_{n2}W_2 + \cdots + a_{nn}W_n$$

根据以上方法得到判断矩阵的权重值，层次单排序结果如表5－8所示。

表5－8　　　　　　　省到县的补偿资金分配指标体系层次单排序结果

A	单排序权值	B1	单排序权值	B2	单排序权值	B3	单排序权值
B1	0.49	C1	0.67	C3	0.50	C5	0.75
B2	0.37	C2	0.33	C4	0.50	C6	0.25
B3	0.14	CR	0.00	CR	0.00	CR	0.00
CR	0.06						

C1	单排序权值	C2	单排序权值	C3	单排序权值	C4	单排序权值
D1	0.50	D3	0.67	D5	0.75	D7	0.83
D2	0.50	D4	0.33	D6	0.25	D8	0.17
CR	0.00	CR	0.00	CR	0.00	CR	0.00

C5	单排序权值	C6	单排序权值
D9	0.50	D11	1
D10	0.50	CR	0.00
CR	0.00		

最大特征根的计算结果如下：

$$A = \begin{bmatrix} 1 & 2 & 3 \\ 1/2 & 1 & 3 \\ 1/3 & 1/3 & 1 \end{bmatrix} \quad W = \begin{bmatrix} 0.49 \\ 0.37 \\ 0.14 \end{bmatrix} \quad AW = \begin{bmatrix} 1.65 \\ 1.035 \\ 0.427 \end{bmatrix}$$

最大特征根 $\lambda_{max} = 3.072$。

三、省到县补偿资金分配指标体系的构建

根据以上层次单排序的计算结果，按照由下至上的顺序，得到层次总排序，进而确定各级指标的权重，最终构建出省到县的补偿资金分配指标

体系如表5-9所示。

表5-9 省到县的补偿资金分配指标体系

目标层	准则层	亚准则层	指标层（＋－号表示相关性）		权重		
县级耕地保护补偿合理分配	耕地资源禀赋（B1）	耕地自然条件（C1）	（＋）耕地面积（D1）	0.16	0.33		0.49
			（＋）地均标准粮产量（D2）	0.17			
		耕地生产条件（C2）	（＋）农产品市场便利度（D3）	0.11	0.16		
			（＋）人均耕地面积（D4）	0.05			
	耕地利用效益（B2）	耕地耕作成本（C3）	（＋）亩均资金投入（D5）	0.14	0.18		0.36
			（＋）地劳比率（D6）	0.05			
		耕地耕作收益（C4）	（－）亩均纯收入（D7）	0.15	0.18		
			（－）农户耕地收入比率（D8）	0.03			
	相关政策作用（B3）	一般性政策（C5）	（＋）规划中建设占用耕地数量（D9）	0.05	0.12		0.15
			（＋）基本农田比率（D10）	0.07			
		地方性政策（C6）	（＋）特殊扶持性政策（D11）	0.03	0.03		

上述指标体系是各省在对所辖县区进行耕保补偿资金分配时的依据。在具体运用时，各省可以根据自身的经验判断和政策侧重点，对指标权重进行微调。

四、省到县补偿资金的分配方式

出于方便各省实际运用、便于基层理解的考虑，这里给出最简单的上述指标体系的使用流程：

（一）汇总补偿资金

按照"双纵双横"模式的资金运行框架，省级政府所支配的补偿资金包括三个方面：（1）中央下发的补偿资金；（2）自身配套的补偿资金；（3）对于耕地盈余地区省份而言，还包括来自于耕地赤字地区的横向补偿资金。在得到以上三方面资金后，省级政府需对三笔资金进行汇总形成补偿资金总额 TCF（Total Compensation Funds），统筹支配，确保专款专用。

（二）按照上述指标体系计算各县区综合得分值

各省在获取所辖各县上述指标体系的各项指标值之后，对该指标由小到大进行排序，找出每项指标的最小值和最大值 D_{ijmin} 和 D_{ijmax}；其中 i 为指标代码，j 为县区代码；将 $\{D_{ijmin}, D_{ijmax}\}$ 等分为 m 个区间，m 可按照各省县区的数量灵活调整；按照由 1 至 m 逐渐增大的顺序为各指标各区间赋值；各县按照自身该指标值对应的区间确定自身在该项指标上的得分值，进而加权求得各县各自的综合得分值：

$$CCS_j = \sum_{i=0}^{11} D_{ij}q_i (i = 1, 2, 3, \cdots, 11)(j = 1, 2, 3, \cdots, n)$$

公式（5.8）

式（5.8）中：CCS（$County\ Composite\ Score$）代表各县区根据上述指标体系所计算得出的综合得分，D_{ij} 表示第 j 个县在第 i 项指标上的对应得分，q_i 表示第 i 项指标的权重。

（三）按照各县区综合得分值在总得分值中的比率拨付补偿资金

各县区应该得到的补偿额度计算公式如公式（5.9）：

$$CCFDA_j = TCF \times \frac{CCS_j}{\sum_{j=1}^{n} CCS_j} (j = 1, 2, 3, \cdots, n) \qquad 公式（5.9）$$

$CCFDA$（$County\ Compensation\ Funds\ Distribution\ Amount$）代表各县所应分得的补偿资金额度；$n$ 为县区个数。

以上省到县的补偿资金分配方法较为充分地考虑了各县区耕地保护机会成本损失、外部性贡献量以及具体政策需求等各类影响因素；能够较为全面地反映各县区可能存在的、影响补偿额度的具体问题和实际需求，因而能够增强补偿资金分配结果的说服力，避免基层矛盾的产生；同时在计算方法上也避免了过度复杂给实际执行带来的困难。

第四节 "政府主导型"的省际
横向补偿方案研究

如前所述，在全国耕地保护补偿"双纵双横"模式的横向补偿层面，享受耕地价值正外部性的省区应对提供耕地价值正外部性的省区进行一级横向补偿。由于这一层次的横向补偿所涉及的调整对象较少（仅包含中国大陆地区的 31 个省区），补偿关系也较为简单，故可采用"政府主导型"的横向补偿方案，以中央政府作为组织协调方，对各省间的补偿资金运行进行管理。其中的首要任务是确定各省区之间的外部性贡献/享有关系。

这里需要对前述研究做一个梳理：占地压力较大的省区，耕地保护的机会成本较高，为维持其耕地数量，应该在纵向补偿资金的分配中加大其补偿份额；但是从横向比较来看，这些省区的耕地往往不能满足其自身发展所需的耕地资源价值量，需要从其他省区摄入耕地资源外部性，因此这些省区又应该对其他省区提供横向补偿。也就是说，无论是占地压力较大还是较小的省，补偿的目标都应该是保住耕地，前文所设计的纵向补偿分配方式是对这些占地压力较大省区机会成本损失较高所作出的响应；而横向补偿实际上是占地压力较大省区除耕地保护主体外的其他社会成员对占地压力较小省区的耕地保护主体提供的补偿。在分析省级横向补偿时需要对这一问题具有清楚的认识。

一、省级横向补偿分区的理论方法

如前所述，目前国内耕地保护补偿分区研究大多是基于粮食的输入和输出关系，通过对不同地区粮食产量和消费量的比较，确定耕地赤字、平衡和盈余地区。笔者前期研究中，也是基于标准粮产量和人均耕地阈值的方法，对全国各省区进行了横向补偿分区。该方法的优点在于能直观反映耕地生产的受益关系，对于传统农业地区（粮食主产区）的耕地经济价值的贡献做出了清晰的阐释。但其仅考虑了耕地经济价值的输入/输出关系，而未能完整的反映耕地综合（经济、生态、社会）价值的外部性贡献关系，具有一定理论缺陷。因此，应研究一种能够全面反映耕地各类价值在省级层面的贡献/享受关系的补偿分区方法。

沿着上述思路，省级耕地保护横向补偿分区应同样采用"本省耕地综合价值总产出"与"本省居民耕地综合价值总消费"相比较的方式来确定各省的耕地赤字或盈余状况。但从目前中国耕地资源价值供需的现状来看，这一方法还能够被进一步的简化：

（1）从中国耕地经济价值的总体供需状况来看，以粮食的供需作为评价标准则可看到，总体上目前中国已经成为粮食的净进口国，不再有对外的粮食输出行为。按照联合国粮农组织（FAO）的测算结果，人均粮食占有量达到400kg·年为一国粮食安全的底线；胡守溢（2003）根据中国的人口总量、劳动力体力消耗速度、食物结构和膳食营养构成、营养热能转换关系及饮食消费习惯等因素，测得中国粮食安全的最低标准的经验值为人均400kg·年，人均370kg·年为基本安全[①]。康晓光（1996）、孙复兴（2005）在不同时期对于这一数值的测算结果也十分相近，分别为人均376kg·年和人均360kg·年[②]。2008年至2013年间，中国人均粮食占有量始终在390kg~400kg间波动，分别为398.12kg、397.69kg、394.82kg、393.24kg、396.23kg。据此，可以推断目前中国粮食供需基本可以实现自给自足，因而可以认为目前中国耕地资源经济价值的总产量与总需求基本持平（至少不高于总需求）。

（2）从中国耕地生态价值的总体供需状况来看，近年来全国耕地质量退化、农田生态环境恶化的局面已成共识；但综合张传华（2006）[③]、陶金（2013）[④]、张锐（2013）[⑤]等学者的计算结果来看，目前中国耕地生态安全虽然面临挑战，但总体上仍保持在可控范围内。从总量上看，根据2012年12月中国环境与发展国际合作委员会和世界自然基金会共同发布的《中国生态足迹报告2012》，中国目前已处于"生态赤字"状态，并且这一赤字未来还存在着进一步加大的趋势[⑥]。据此，可以将国际间的耕地生态价值摄入与输出视为相互抵消[⑦]，认为中国耕地生态价值供给量已基本等于或小于（至少不高于）其总需求。

（3）从中国耕地社会价值的总体供需状况来看，中国劳动力总量巨大，耕地稳定农业劳动力就业的作用不可或缺。根据目前公认的测算结果，中国年经济增速只有达到或超过8%才能有效满足新增劳动力的就业

---

① 胡守溢：《国家粮食安全形势估计及成本分析》，载《安徽农业科学》2003年31卷第5期。

② 康晓光：《2000~2050：中国的粮食国际贸易及其全球影响》，载《战略与管理》1996年第4期。孙复兴、黎志成：《关于构建我国粮食安全评估指标体系的思考》，载《特区经济》2005年第4期。

③ 张传华：《耕地生态安全评价研究》，西南大学2006年论文。陶金：《中国耕地生态系统运行效应与响应》，中国地质大学（北京）2013年论文。

④ 陶金：《中国耕地生态系统运行效应与响应》，中国地质大学（北京）2013年论文。

⑤ 张锐、刘友兆：《我国耕地生态安全评价及障碍因子诊断》，载《长江流域资源与环境》2013年第7期。

⑥ 这里的生态赤字反映了中国整体生态系统（包括耕地、园地、林地、草地、未利地中的河湖水面等）的生态价值总供给低于总需求；而根据前述分析，仅就耕地而言，其生态安全目前总体还处于可控范围内。因此可以推断，中国耕地资源所生产的总价值并未对外输出，而可以看做是全部被本国居民所消费。

⑦ 由于耕地系统具有自然开放性，其净化生态环境、涵养水土和稳定社会秩序的功能不可能被限定在一国境内，因此现实中耕地资源价值必然存在着国境间的输入和输出。但基于以上分析，可以推出中国耕地价值产量已无力在满足自身需求的基础上还能够对外输出，且目前的耕地价值尚且能勉强维持本国消费。因此可以将中国从别国摄入或向别国输出的耕地价值看作相互抵消，认为中国耕地价值的总产量等于其总消费量，下面的分析也是基于这一思路。

需求；而从近年来看，未来相当长时间内中国经济都将维持在 7.5% 左右的增速水平，并且随着经济结构的调整和发展方式的转变，经济增长放缓的趋势已成必然。而从城乡人口增速来看，1998 ~ 2012 年间城镇人口的年均增速约为 5.9%，而农村人口的年均增速则达到 7.8%，农业劳动力的增幅已成为劳动力增长的主要方面，更加凸显了全社会对于耕地稳定农业劳动力就业的迫切需求。从社会总体就业情况来看，根据人力资源与社会保障部的统计结果，1998 ~ 2012 年间中国平均登记失业率约为 4.35%，在世界范围内仍处于较低水平。据此可以推断，从总量上讲，目前中国耕地资源吸纳农业劳动力就业、维持社会稳定的社会价值总供给尚能够与社会需求相持平（至少不高于总需求）。

综合以上三方面分析可以看出：第一，中国目前耕地资源综合价值的总供给尚且能够勉强满足社会的总需求，但已达到或接近临界值，未来保护耕地资源的重要性将更加凸显；第二，从总体上看，中国耕地价值的供需目前仍未出现显著失衡，即"社会耕地价值总需求≤耕地价值总供给"，至少已不存在耕地价值的国际输出（现实中，国际耕地价值的输出和输入可被认为相互抵消）。出于简化分析的目的，应可作出如下假设和推定：将中国国境整体视为一个封闭的区域，中国目前耕地价值总需求 = 耕地价值总供给。

在上述假定下，将中国全体国民和全部耕地资源价值分别视为一个整体，则目前中国国内耕地价值的省域间输出/摄入关系就可以用各省人均的耕地价值占有量来衡量：

$$NAPFVOA = NATFVP/P \qquad\qquad 公式（5.10）$$

$$PAPFVOA_i = PATFVP_i/p_i (i = 1, 2, 3, \cdots, 31) \qquad 公式（5.11）$$

式中：NAPFVOA（National Annual Personal Farmland Vavle Occupacation Amount）代表全国人均年度耕地价值占有量；NATFVP（National Annual Total Farmland Value Production）代表全国年度耕地价值生产总量；PAPFVOA（ProvincialAnnual Personal Farmland Vavle Occupacation Amount）代表各省人均年度耕地价值占有量；PATFVP（Provincial Annual Total Farmland Value Production）代表各省年度耕地价值生产总量；P 为全国总人口，p 为各省总人口；i 为省份代码。

如果一省的人均年度耕地价值占有量 $PAPFVOA_i$ 低于全国人均年度耕地价值占有量 NATFVP，则可认为该省份从其他省份摄入了耕地价值；反之，则可认为该省为其他省份提供了耕地价值输出。

二、基于人均耕地价值占有量的省级横向补偿实证分区

按照上述思路，全国耕地保护省级横向补偿分区的实证核算可分为三个主要步骤：一是综合核算全国和各省区耕地价值的年度总产量；二是计算全国和各省人均耕地价值的年度占有量；三是将各省人均耕地资源综合价值的年度占有量与全国平均标准相比较，得出补偿分区测算结果。

（一）全国和各省区年度耕地价值产量核算与比较分析

耕地资源价值的核算方法研究目前虽有一定争议，但也形成了一些具有广泛共识的核算路径：作为生产、生活和生态的复合系统，耕地资源价值的内涵包括：产出土地产品、维护国家粮食必要自给率和基本生产原料供应的"经济性"战略保障价值；吸纳农村劳动力基本就业、减少社会必要生活保障支出、维持社会稳定的"社会性"公共服务价值；以及维持农田系统物质和能量循环、保护和净化环境、维护农田生态多样性的"生态性"环境维护价值。以上耕地价值的分类也是目前普遍接受并已为实践运用所采纳的耕地价值分类方式[①]。据此，可列出耕地资源综合价值 V 的表达式如公式（5.12），式中 Ve、Vs、V_Z 分别代表耕地资源的经济价值、社会价值和生态价值。

$$V = Ve + Vs + V_Z \qquad 公式（5.12）$$

鉴于耕地生态价值的核算通常以"单位耕地面积"为计算单元，难于将全省作为整体进行核算；同时，本章耕地价值核算结果也将在下一章全国耕地保护补偿标准核算的耕地价值生产函数构建中运用。为避免重复论述，此处统一计算得出各省每公顷耕地价值年度产量，然后再与耕地总面积相乘得到各省耕地价值年度总产量。

1. 全国及各省区耕地价值产量的实证测算。

（1）耕地资源经济价值核算方法：耕地资源经济价值 Ve 即耕地农业生产获得经济收益的价值，故而可用土地产品的市场价值加以核算：耕地

---

① 胡蓉、邱道持、谢德体、王昕亚、莫燕：《我国耕地资源的资产价值核算研究》，载《西南大学学报（自然科学版）》2013 年第 11 期。赵新新、金晓斌、周寅康：《基于虚拟土理念的中国耕地资源价值核算初探》，载《地理与地理信息科学》2013 年第 3 期。李孟波：《耕地资源价值研究》，华中农业大学 2005 年论文。李翠珍、孔祥斌、孙宪海：《北京市耕地资源价值体系及价值估算方法》，载《地理学报》2008 年第 3 期。唐建：《耕地价值评价研究》，西南大学 2010 年论文。

经济价值＝土地产品产量×产品单价。首先，将中国各省每公顷耕地年均土地产品总产量按照标准粮换算系数①折算为标准粮产量②Q；其次，根据标准粮构成，按照每年国家各类粮食收购指导价加权计算单位标准粮的市场价格p，则有：

$$Ve = Q \times p \qquad\qquad 公式（5.13）$$

其中，各省耕地各类农产品产量信息来源于2010～2013年间（数据为2009～2012）中国大陆地区31个省的《统计年鉴》，各省各类作物收购指导价格则依据同期国家粮食局和各省粮食局所公布的价格。

（2）耕地资源社会价值核算方法：目前，虽然农村劳动力出外打工收入已占到农村居民总收入的很大比重，但耕地资源本身所具有的养育功能、承载功能、增值与保值功能、信用担保功能等依然是中国农民基本生活、养老、就业、医疗与信用担保的基本物质基础。故而将中国耕地社会价值可归纳为：a. 吸纳农村劳动力基本就业、维持社会秩序稳定的社会稳定价V_α；b. 维持农村人口必要生活收入、从而减少社会保障支出的社会保障价值V_β。借鉴以往学者所采用的价值替代法③，鉴于目前各地农村最低生活保障标准较为混乱且缺乏最低收入标准参照，为保证数据资料的可得性和可靠性，可以各省城镇居民最低工资水平和社会养老金额度为参照，以城乡居民人均年可支配收入比为修正系数进行估算。以I_1表示农村居民人均可支配收入；I_2表示城镇居民人均可支配收入；m表示城镇最低工资水平；n表示城镇居民社会养老保险金额度；A表示人均耕地面积，则有：

$$Vs = V_\alpha + V_\beta = \frac{\dfrac{I_1}{I_2} \times m}{A} + \frac{\dfrac{I_1}{I_2} \times n}{A} \qquad\qquad 公式（5.14）$$

其中，城乡居民人均可支配收入可通过2010～2013年间全国各省《统计年鉴》获得；各省城镇最低工资水平和社会养老保险金额度则来源于2010～2013年间《中国人力资源与社会保障年鉴》。鉴于中国各省耕地

---

① 标准粮换算系数是中国以国家指定的基准作物为基础，基准作物单位面积实际产量与当地各种指定作物单位面积实际产量的比值。

② 标准粮产量是中国农用地分等中所采用的，将其他作物产量按标准粮折算系数折算得出的标准粮产量。

③ 吴兆娟、魏朝富：《国内耕地资源价值研究现状及展望》，载《农机化研究》2012年第1期。范胜龙、邢世和、林翔程：《从耕地资源价值论中国耕地征用补偿的完善：以福建省为例》，载《福建农林大学学报》（自然科学版）2010年第6期。金姝兰、金威、徐磊：《基于耕地价值的江西省征地补偿标准测算》，载《湖北农业科学》2011年第15期。

保有量数据在"二调"之后有很大的跳空（这也是本书选取 2009~2012 年间数据进行实证分析的主因），且官方数据连续 4 年缺失；为保证数据的时效性和可靠性，本书采用了中科院地理科学与资源研究所的土地变更数据作为核算依据（下同）。

（3）耕地资源生态价值核算方法：耕地资源生态价值即耕地资源所提供的多种生态服务的价值：包括大气调节 V_I、环境净化 V_{II}、水土保持 V_{III}、营养物质循环 V_{IV} 以及生物多样性维持 V_V 五类[①]。其中，V_I 可借鉴国际通行的碳税价格法加以核算；V_{II} 和 V_{IV} 可采用"影子价格法"加以核算；V_{III} 和 V_V 则可借鉴欧阳志云（1999）[②]、谢高地（2005）[③] 等学者的研究，将单位耕地生态当量折算为人工草地和林地，采用"影子工程法"加以核算：

$$Vz = V_I + V_{II} + V_{III} + V_{IV} + V_V \qquad 公式（5.15）$$

综上所述，各类耕地价值的核算方法如表 5-10 所示。

表 5-10　　　　　　　　　　耕地资源价值核算方法选择

耕地资源价值	经济价值 Ve	社会价值 Vs		生态价值 Vz				
		社会保障价值	社会稳定价值	大气调节价值	净化环境价值	土壤保持价值	营养物质循环价值	生物多样性维持价值
基本评价方法	传统市场法	市场替代法	市场替代法	市场替代法	市场替代法	市场替代法	市场价值法、市场替代法	市场价值法、市场替代法
具体评价方法	替代法	成本替代法	成本替代法	碳税法	影子价格法	影子工程法	影子价格法	影子价格法

代入上述 2009~2012 年间中国大陆地区 31 个省、直辖市、自治区相关统计数据，逐年计算得出各省每公顷耕地资源经济价值 $Ve(it)$、社会价值 $Vs(it)$、生态价值 $Vz(it)$，进而求得耕地资源综合价值 $V(it)$。其中 i 表示省区代码 1~31，$t = 2009$、2010、2011、2012。计算结果如表 5-11 所示。

---

① 王仕菊、黄贤金、陈志刚：《基于耕地价值的征地补偿标准》，载《中国土地科学》2008 年 22 卷第 11 期。

② 欧阳志云、王效科：《中国陆地生态系统服务功能及其生态经济价值的初步研究》，载《生态学报》1999 年 19 卷第 5 期。

③ 谢高地、肖玉、甄霖等：《我国粮食生产的生态服务价值研究》，载《中国生态农业学报》2005 年 13 卷第 3 期。

表 5 - 11　　　　2009～2012 年全国各省区年度耕地面积及
单位面积耕地总价值产出

地区	耕地面积（/10^3hm^2）				每公顷耕地资源价值产出（元/hm^2·年）			
	2009 年	2010 年	2011 年	2012 年	2009 年	2010 年	2011 年	2012 年
北京	232	232	231	230	152618	180250	202115	191115
上海	260	244	229	231	135348	191835	199079	135872
浙江	1918	1921	1924	1923	147200	161824	171165	180131
广东	2848	2831	2814	2810	128689	136951	151950	172055
福建	1333	1330	1327	1330	139640	138467	145631	139908
湖南	3789	3789	3790	3790	96499	109202	116337	136537
江苏	4764	4764	4764	4764	109368	109903	114429	122047
天津	444	441	439	435	104575	115683	99497	100497
江西	2827	2827	2828	2828	82297	100239	104507	103206
山东	7507	7515	7524	7526	91927	97657	93660	97270
河南	7926	7926	7927	7927	85325	96070	98609	99189
四川	5950	5947	5945	5926	80535	92597	94571	96540
河北	6315	6317	6320	6324	75256	86217	92726	87738
湖北	4663	4664	4665	4664	69993	79779	83606	86896
安徽	5728	5730	5732	5733	61090	74585	76415	78619
海南	731	730	730	728	60993	69750	77199	79280
广西	4215	4218	4220	4210	58845	67268	73897	74185
重庆	2239	2236	2233	2232	61350	68827	69444	70167
辽宁	4085	4085	4085	4086	60156	61685	64447	60182
西藏	361	362	363	362	44830	53288	69814	71707
陕西	4049	4050	4052	4055	46824	52572	55034	56781
青海	542	540	532	529	45366	49724	55880	58470
山西	4053	4056	4058	4061	46239	50227	52472	49982
贵州	4488	4485	4483	4484	41388	46904	48923	47218
吉林	5535	5535	5534	5530	42105	47293	44352	49430
新疆	4114	4125	4135	4137	39693	43588	48662	46741
云南	6074	6073	6072	6069	38923	44047	46491	49136
宁夏	1106	1107	1108	1109	35121	37794	41539	46532
甘肃	4660	4659	4658	4662	32342	36148	41093	38340
黑龙江	11838	11830	11822	11819	28956	25954	34232	27581
内蒙古	7146	7147	7148	7149	25367	28489	28650	28279
全国	121735	121716	121700	121680	63201. 08*	69644. 19*	73159. 38*	74176. 75*

注：* 全国每公顷耕地价值年均总产出 = $\sum$ 各省每公顷耕地年均总价值产出×该省耕地面积占全国耕地面积的比例。

2. 全国及各省区耕地价值的构成及变化分析。

（1）全国及各省区耕地价值的构成分析：根据以上的计算结果进一步计算得出 2009～2012 年间全国各省区单位面积耕地价值每年平均产出量及构成如表 5－12 所示。

表 5－12　　　2009～2012 年全国各省区单位面积耕地年均价值产出及构成

地区	耕地综合价值产出（元/hm²·年）	经济价值产出		社会价值产出		生态价值产出	
		数额（元/hm²·年）	占比（%）	数额（元/hm²·年）	占比（%）	数额（元/hm²·年）	占比（%）
北京	181525	24978	13.76	141825	78.13	14722	8.11
上海	165534	27528	16.63	125342	75.72	12663	7.65
浙江	165080	30325	18.37	118478	71.77	16277	9.86
广东	147411	26681	18.10	106401	72.18	14328	9.72
福建	140912	32945	23.38	92734	65.81	15233	10.81
湖南	114644	26230	22.88	67250	58.66	21163	18.46
江苏	113937	29441	25.84	81248	71.31	3247	2.85
天津	105063	17293	16.46	77558	73.82	10212	9.72
江西	97562	24498	25.11	53728	55.07	19337	19.82
山东	95129	23354	24.55	61510	64.66	10264	10.79
河南	94798	24354	25.69	52224	55.09	18220	19.22
四川	91061	19460	21.37	54363	59.70	17238	18.93
河北	85484	26603	31.12	50325	58.87	8557	10.01
湖北	80069	18496	23.10	48401	60.45	13171	16.45
安徽	72677	18991	26.13	43141	59.36	10545	14.51
海南	71806	12171	16.95	41712	58.09	17923	24.96
广西	68549	13730	20.03	37702	55.00	17117	24.97
重庆	67447	13941	20.67	42653	63.24	10852	16.09
辽宁	61618	15312	24.85	37617	61.05	8688	14.10
西藏	59910	10862	18.13	33106	55.26	15942	26.61
陕西	52803	9663	18.30	23117	43.78	20023	37.92
青海	52360	9582	18.30	27583	52.68	15195	29.02
山西	49730	10597	21.31	30717	61.77	8415	16.92
贵州	46108	9309	20.19	20057	43.50	16742	36.31
吉林	45795	10711	23.39	23030	50.29	12053	26.32

地区	耕地综合价值产出（元/hm²·年）	经济价值产出		社会价值产出		生态价值产出	
		数额（元/hm²·年）	占比（%）	数额（元/hm²·年）	占比（%）	数额（元/hm²·年）	占比（%）
新疆	44671	8505	19.04	25328	56.70	10837	24.26
云南	44649	10296	23.06	24061	53.89	10292	23.05
宁夏	40247	7687	19.10	22727	56.47	9832	24.43
甘肃	36981	7041	19.04	14648	39.61	15292	41.35
黑龙江	29181	7931	27.18	17208	58.97	4042	13.85
内蒙古	27696	7788	28.12	16668	60.18	3240	11.70
全国	70047*	16392*	23.40	41909*	59.83	11746*	16.77

注：*全国每公顷耕地各类价值年均产出 = $\sum$ 各省每公顷耕地年均各类价值产出 × 该省耕地面积占全国耕地面积的比例。

从耕地资源综合价值来看：中国单位面积耕地资源综合价值均值达到70047 元/hm²·年，其中非经济价值为53656 元/hm²·年，约为经济价值的3.27 倍；北京单位面积耕地资源综合价值最高，为181525 元/hm²·年，内蒙古最低，仅为27696 元/hm²·年，前者是后者的6.5 倍；上海、浙江、广东、福建、湖南、江苏、天津等经济发达的省市均突破100000 元/hm²·年；宁夏、甘肃、黑龙江、内蒙古等则较低，均不足全国均值一半。

具体来看各省耕地资源综合价值中各类价值的占比：

从耕地资源经济价值占比来看：排在前十的省份是河北、内蒙古、黑龙江、安徽、江苏、河南、江西、辽宁、山东、吉林，占比均超过全国23.40%的平均水平。这些地区均属于中国农产品主产区，耕地质量较高，故而耕地资源的经济产出效率也高。

从耕地资源社会价值占比来看：排在前十的省份是北京、上海、天津、广东、浙江、江苏、福建、山东、重庆、山西，占比均超过60%，前6 位省份达到70%以上。耕地社会价值呈现出与地方经济发展水平正相关关系。对于经济发达地区来说，耕地资源保障农民基本就业和生活的社会保障功能更为显著，而经济发展相对落后地区则相对较低。

从耕地资源生态价值占比来看：排在前十的省份是甘肃、陕西、贵州、青海、西藏、吉林、广西、海南、宁夏、新疆，占比超过1/5，超过全国平均水平16.77%，且前三省高达35%以上。根据2011 年6 月发布的《全国主体功能区规划》，这些地区均属于中国重点生态功能区，耕地资源调节大气、净化环境、保持水土、循环营养物质以及维持生物多样性的生态价值在这些地区生态系统中具有重要的支撑作用，为全社会提供着巨大的生态正外部性价值。

总体上讲，耕地的非经济价值呈现出与地方经济发展水平的正相关关系：经济较为发达的北京、上海、福建、广东、浙江等地由于耕地自然和利用条件较好，其耕地的经济价值（即农产品产能）也较高，但在耕地总价值中所占比重较低；而耕地非经济生态、社会价值在耕地总价值产出中的占比较高，表明目前这些地区耕地虽然已不再是保障地方粮食供给的主要来源，但却对于维护当地社会秩序、改善当地生态环境具有显著作用。

（2）全国及各省区耕地价值的变化分析：根据表 5-11 的计算结果，计算得出 2009~2012 年间全国及各省区单位面积耕地价值产出的变化率如表 5-13 所示。

表 5-13　　　　　　2009~2012 年全国各省区单位面积耕地
价值总产出年度变化率

地区	2010 年	2011 年	2012 年	地区	2010 年	2011 年	2012 年
北京	18.11%	12.13%	-5.44%	广西	14.31%	9.85%	0.39%
上海	41.73%	3.78%	-31.75%	重庆	12.19%	0.90%	1.04%
浙江	9.93%	5.77%	5.24%	辽宁	2.54%	4.48%	-6.62%
广东	6.42%	10.95%	13.23%	西藏	18.87%	31.01%	2.71%
福建	-0.84%	5.17%	-3.93%	陕西	12.28%	4.68%	3.17%
湖南	13.16%	6.53%	17.36%	青海	9.61%	12.38%	4.63%
江苏	0.49%	4.12%	6.66%	山西	8.62%	4.47%	-4.75%
天津	10.62%	-13.99%	1.01%	贵州	13.33%	4.30%	-3.49%
江西	21.80%	4.26%	-1.24%	吉林	12.32%	-6.22%	11.45%
山东	6.23%	-4.09%	3.85%	新疆	9.81%	11.64%	-3.95%
河南	12.59%	2.64%	0.59%	云南	13.16%	5.55%	5.69%
四川	14.98%	2.13%	2.08%	宁夏	7.61%	9.91%	12.02%
河北	14.56%	7.55%	-5.38%	甘肃	11.77%	13.68%	-6.70%
湖北	13.98%	4.80%	3.94%	黑龙江	-10.37%	31.89%	-19.43%
安徽	22.09%	2.45%	2.88%	内蒙古	12.31%	0.57%	-1.29%
海南	14.36%	10.68%	2.70%	全国	10.19%	5.14%	1.39%

从耕地资源价值变化趋势来看：2009～2012 年间，中国有 16 个省份的单位面积耕地资源价值逐年提高，分别为河南、广西、陕西、安徽、西藏、海南、四川、重庆、江苏、云南、浙江、青海、湖北、湖南、广东、宁夏；2009～2010 年间，除了福建、黑龙江，其余 29 个省份的单位面积耕地资源价值均有所提高；2010～2011 年间，除了山东、吉林、天津，其余 28 个省份的单位面积耕地资源价值均呈现提高态势；2011～2012 年间，单位面积耕地资源价值降低的省份增至 12 个。由此可见，随着城镇化的推进，土地开发强度不断增大，耕地占优补劣现象愈发突出，导致越来越多省份整体耕地质量逐步降低，耕地经济价值、生态和社会保障价值被削弱，表现为全国平均耕地综合价值增幅放缓。

（二）各省区人均耕地资源价值占有量核算

由表 5 - 11、表 5 - 12 的计算结果，可以计算得出 2009～2012 年间全国各省区平均耕地面积、每公顷耕地资源平均耕地价值产出量以及年均耕地资源价值总产出量；进而，求得 2009～2012 年间全国各省区年均人口数，其中各省逐年人口数量信息来源于《2013 年中国统计年鉴》，该数据是根据第六次人口普查数据调整后的统计结果。进而根据公式（5.10）和公式（5.11）计算得出上述时间段内全国和各省人均年度耕地价值占有量如表 5 - 14 所示。

表 5 - 14　　　　　　2009～2012 年全国各省区年度耕地价值生产
总量及人均年度耕地资源价值占有量

地区	年均耕地面积（/10³hm²）	年均每公顷耕地综合价值产量（元/hm²·年）	年均耕地总价值产量（亿元）	年均人口（万人）	人均年度耕地价值占有量（元/hm²·人·年）
北京	231.25	181524.50	419.78	1977.45	2122.812
天津	439.75	105063.00	462.01	1323.90	3489.799
河北	6319.00	85484.25	5401.75	7189.01	7513.905
山西	4057.00	49730.00	2017.55	3551.33	5681.106
内蒙古	7147.50	27696.25	1979.59	2475.49	7996.756
辽宁	4085.25	61617.50	2517.23	4371.98	5757.647
吉林	5533.50	45795.00	2534.07	2746.49	9226.561
黑龙江	11827.25	29180.75	3451.28	3831.85	9006.824

地区	年均耕地面积 （/10^3hm^2）	年均每公顷耕地 综合价值产量 （元/hm^2·年）	年均耕地总 价值产量 （亿元）	年均人口 （万人）	人均年度耕地 价值占有量 （元/hm^2·人·年）
上海	241.00	165533.50	398.94	2310.21	1726.839
江苏	4764.00	113936.75	5427.95	7874.53	6893.042
浙江	1921.50	165080.00	3172.01	5415.50	5857.281
安徽	5730.75	72677.25	4164.95	6010.93	6928.967
福建	1330.00	140911.50	1874.12	3706.72	5056.015
江西	2827.50	97562.25	2758.57	4471.69	6168.966
山东	7518.00	95128.50	7151.76	9595.03	7453.607
河南	7926.50	94798.25	7514.18	9421.62	7975.471
湖北	4664.00	80068.50	3734.39	5746.10	6499.004
湖南	3789.50	114643.75	4344.42	6552.66	6630.02
广东	2825.75	147411.25	4165.47	10417.45	3998.553
广西	4215.75	68548.75	2889.84	4698.25	6150.894
海南	728.00	71805.50	522.74	874.13	5980.179
重庆	2235.00	67447.00	1507.44	2901.91	5194.658
四川	5942.00	91060.75	5410.83	8089.03	6689.096
贵州	4485.00	46108.25	2067.96	3492.18	5921.669
云南	6072.00	44649.25	2711.10	4615.60	5873.781
西藏	361.75	59909.75	216.72	301.75	7182.34
陕西	4051.50	52802.75	2139.30	3739.40	5720.986
甘肃	4659.75	36980.75	1723.21	2564.16	6720.377
青海	542.75	52360.00	284.18	565.53	5025.112
宁夏	1107.50	40246.50	445.73	636.20	7006.13
新疆	4127.75	44671.00	1843.91	2196.31	8395.487
全国	121707.75	70047.19	85252.82	134420.00	6342.28

从表 5 - 14 的核算结果来看，全国耕地资源每年能够为全社会生产的耕地综合价值总量达到了 85252.82 亿元，超过近年来全国 GDP 均值的 13%，体现出耕地资源对于社会整体福利水平的巨大贡献。

（三）省级横向补偿分区的确定

由表5-14可见，全国人均年度耕地价值占有量为6342.28元。根据第五章第三节的推导结论，高于这个标准的省份可被认为是耕地盈余地区，而低于这一标准的省份则可被认为是耕地赤字地区。按照这个标准，从表5-14的计算结果来看：

1. 耕地盈余地区。全国耕地盈余的省份包括：湖北、湖南、四川、甘肃、江苏、安徽、宁夏、西藏、山东、河北、河南、内蒙古、新疆、黑龙江和吉林共15个省（区）。除江苏、安徽、西藏3省外，其余地区均属于传统农业地区或粮食主产区，且主要集中在中西部，这也间接的印证了前述耕地保护制度下区域间的贡献/享受关系不平等的结论。耕地盈余地区在评价时段内所拥有的年均耕地面积为81419千公顷，占到全国耕地总面积的66.90%。

2. 耕地赤字地区。全国耕地赤字的省份包括：上海、北京、天津、广东、青海、福建、重庆、山西、陕西、辽宁、浙江、云南、贵州、海南、广西、江西共16个省（区）。除青海、云南、贵州、广西、山西五省外，其余地区均为经济发达省份或直辖市，且主要集中在东部地区。在评价时段内所拥有的年均耕地面积为40289千公顷，占到全国耕地总面积的33.10%。

将以上分区结果对比表5-11、表5-12的计算结果可以看到，虽然一些经济发达地区如上海、北京、浙江、广东、福建等省市由于地处东部沿海地区，耕地自然条件和利用条件较好，耕地质量较高，因此其单位面积耕地资源总价值产出较高；但由于其耕地面积相对很少且人口总量较大，其自身耕地所生产的耕地综合价值无法满足域内居民的消费需求，只能从耕地盈余地区摄入。而中西部地区的经济落后省份虽然耕地质量不高，但耕地总量巨大且人口量相对较少，因而不但能够满足自身域内居民的耕地价值消费需求，还能够对其他地区提供耕地价值外部性输出。

从上述分区结果来看，除个别省份外，基本与经验性预期相吻合。需要说明的是，上述分区结果仅反映了中国各省区之间耕地资源综合价值的摄入和输出"关系"，同时也反映了耕地外部性价值的贡献和享用"关系"；这一"关系"的内涵包括两个层面：一是耕地资源的综合价值由"谁"给了"谁"；二是各省享有或贡献耕地综合价值的相对强度。各省区人均耕地资源价值占有量分布见图 5 - 4 所示。

（元/hm²·人·年）

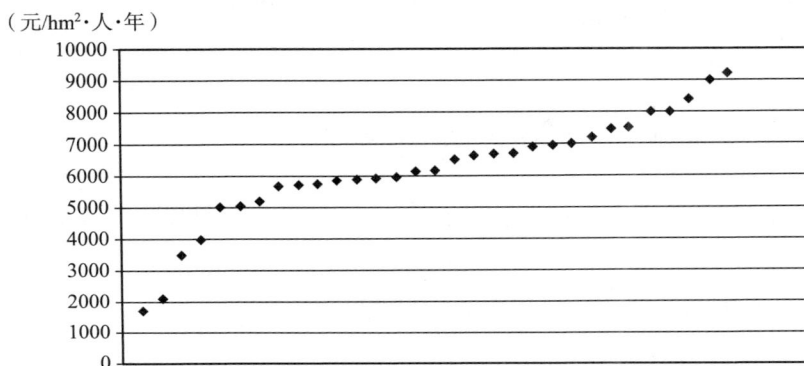

图 5 - 4 各省区人均耕地资源价值占有量分布

而耕地价值摄入/输出量和耕地外部性价值摄入输出量是有区别的，上述分区体现的"关系"并不能作为衡量各省耕地资源外部性价值接受或输出的"量"来看待，也即不能以各个省区的耕地资源价值输出或摄入量作为其应该得到或支付的补偿额度：

首先，根据第四章第二节中耕地保护补偿的指导原则，补偿的标准以耕地保护主体保护耕地的机会成本损失为下限，以其为社会其他成员所提供的耕地外部性价值量为补偿上限，而不能要求其他社会成员将享有的外部性价值全部返还给耕地保护主体。

其次，回顾第一章"外部性贡献"的内涵界定可以看到，外部性主要指的是无补偿、无支付的价值享有或利益损失；即"未参加某项经济过程的外部利益主体却受到了该项经济过程的影响，并且没有为这种影响付费（影响为正），或没有得到这种影响的补偿（影响为负）"。在中国耕地价值的现实生产过程中，除了耕地保护主体对耕地的直接生产要素投入外，还包含了中央及各级政府对耕地的规划、基建、技术支持及农业补贴投入，而这些投入则来源于中央从全国各地所获得的税收收入，而这些税收收入实则更多的来源于经济发达地区。现实中这一关系是十分错综复杂并难以描述的，因为我们无法追踪一笔税金究竟由何处征集又被用于哪块耕地的生产；但由此至少可以看出，实际上上述"耕地赤字地区"已经为其获得的耕地综合价值投入了一定的成本，只是在耕地保护制度对于耕地利用的无成本性的政策约束下，这些成本并不足以完全支付其所获得的耕地价值外部摄入量。因而，根据"外部性"的定义，将各省区摄入或提供的全部耕地价值均看作耕地的"外部性"是不准确、不可取的，真正的"外部性"只是其中的一部分，这一点将在第六章耕地保护补偿标准的核算中进行详细分析。

三、省级横向补偿资金的筹集与分配

基于上述分析，进一步计算可得出全国耕地保护省级横向补偿分区实证结果所反映出的省区之间耕地价值输入/输出的强度：

$$POFVDP_i = \frac{(PAPFVOA_j - NATFVP)}{NATFVP}(i = 1, 2, 3, \cdots, 31)$$

公式（5.16）

$$PFVDPIDP_j = \frac{(PAPFVOA_j - NATFVP)}{\sum_{j=1}^{16}(PAPFVOA_j - NATFVP)} \times p_D(j = 1, 2, 3, \cdots, 16)$$

公式（5.17）

$$PFVDPISP_k = \frac{(PAPFVOA_k - NATFVP)}{\sum_{k=1}^{15}(PAPFVOA_k - NATFVP)} \times p_S(k = 1, 2, 3, \cdots, 15)$$

公式（5.18）

式中：$POFVDP$（$Provincial\ Own\ Farmland\ Value\ Difference\ Proportion$）表示各省耕地资源价值差额比例，所反映的是本省耕地资源价值人均占有量与全国平均水平的差额大小，耕地赤字地区该比例为负，表示该省耕地资源价值人均占有量与全国平均水平具有差距，耕地盈余地区该比例为正，表示该省耕地资源价值人均占有量高于全国平均水平。

$PFVDPIDP$（$Provincial\ Farmland\ Value\ Difference\ Proportion\ in\ the\ Deficit\ Partition$）表示耕地赤字地区省份耕地资源价值差额在耕地赤字地区总差额（总摄入量）中所占的比例；$PFVDPISP$（$Provincial\ Farmland\ Value\ Difference\ Proportion\ in\ the\ Surplus\ Partition$）表示耕地盈余地区省份耕地资源价值差额在耕地盈余地区总差额（总输出量）中所占的比例；上述两者在计算过程中均需加入人口比例权重。

$PAPFVOA_i$ 和 $NATFVP$ 的解释同前；p_D 和 p_S 分别代表耕地赤字/盈余地区省份在耕地赤字/盈余地区总人口中所占的比例；i 为省份代码，j 和 k 分别代表耕地赤字和盈余地区的省份代码。由此计算得到 $POFVDP$、$PFVDPIDP$、$PFVDPISP$ 的结果如表 5 – 15 所示。

表 5 - 15　　　2009～2012 年全国各省区人均年度耕地资源价值
占有量差额比例及在分区中的加权比例

分区	省份	人均年度耕地资源价值占有量（元/hm²·人·年）	人均年度耕地资源价值占有量差额（元/hm²·人·年）	人均年度耕地资源价值占有量差额比例（POFVDP）（%）	在本分区中耕地价值输入/输出总量中的加权比例（PFVDPIDP/PFVDPISP）（%）
耕地赤字地区	上海	1726.84	-4615.44	-72.77	-14.91
	北京	2122.81	-4219.47	-66.53	-11.67
	天津	3489.80	-2852.48	-44.98	-5.28
	广东	3998.55	-2343.73	-36.95	-34.14
	青海	5025.09	-1317.19	-20.77	-1.04
	福建	5056.01	-1286.27	-20.28	-6.67
	重庆	5194.65	-1147.63	-18.09	-4.66
	山西	5681.10	-661.18	-10.42	-3.28
	陕西	5720.98	-621.30	-9.80	-3.25
	辽宁	5757.64	-584.64	-9.22	-3.57
	浙江	5857.28	-485.00	-7.65	-3.67
	云南	5873.78	-468.50	-7.39	-3.02
	贵州	5921.67	-420.61	-6.63	-2.05
	海南	5980.16	-362.12	-5.71	-0.44
	广西	6150.89	-191.39	-3.02	-1.26
	江西	6168.97	-173.31	-2.73	-1.08
耕地盈余地区	湖北	6499.01	156.73	2.47	1.18
	湖南	6630.02	287.74	4.54	2.47
	四川	6689.10	346.82	5.47	3.68
	甘肃	6720.37	378.09	5.96	1.27
	江苏	6893.04	550.76	8.68	5.68
	安徽	6928.96	586.68	9.25	4.62
	宁夏	7006.13	663.85	10.47	0.55
	西藏	7182.22	839.94	13.24	0.33
	山东	7453.61	1111.33	17.52	13.97
	河北	7513.90	1171.62	18.47	11.04
	河南	7975.47	1633.19	25.75	20.16
	内蒙古	7996.76	1654.48	26.09	5.37
	新疆	8395.48	2053.20	32.37	5.91
	黑龙江	9006.83	2664.55	42.01	13.38
	吉林	9226.56	2884.28	45.48	10.38

根据上述 *PFVDPIDP* 和 *PFVDPISP* 计算结果，可制定如下的省级横向补偿管理方案：

首先，由中央政府（如中央农村工作领导小组）牵头建立一个省级横向补偿协调和管理平台，作为中央层面横向补偿的中介机构；同时建立一个补偿资金管理专用账户，这一账户的管理可交由国家开发银行或农业发展银行等政策性银行，以提高资金管理的专业性进而效率，由国家审计署对该项资金的拨付和使用进行监督，做到专款专用。

其次，由中央政府视地方财政的承受能力（特别是地方土地类收益的缴存情况），经过各省会商，设定横向资金总规模 Q_T[①]；然后按照各省耕地赤字/盈余量在各自所属的耕地赤字/盈余地区总额中所占的比例 *PFVDPIDP* 和 *PFVDPISP* 确定各省份应该缴纳/接受的横向补偿资金额度：

$$PIDPCA_j = Q_T \times PFVDPIDP_j (j = 1, 2, 3, \cdots, 16) \qquad 公式（5.19）$$

$$PISPCA_k = Q_T \times PFVDPISP_k (k = 1, 2, 3, \cdots, 15) \qquad 公式（5.20）$$

式中：*PIDPCA*（*Province in the Deficit Partition Compensation Amount*）表示耕地赤字地区应该缴纳的补偿资金额度；*PISPCA*（*Province in the Surplus Partition Compensation Amount*）表示耕地盈余地区应该获得的补偿资金额度；其他变量的解释同上。

通过上述的资金筹集和分配管理方式，实现全国层面不同省区之间耕地保护利益的平衡。

第五节 "市场主导型"的县级
横向补偿方案研究

如前所述，县级之间进行横向补偿的原因在于一省内部耕地保护任务分配的不均，导致县级单位之间经济发展机会不均衡，部分县区承担了经济发展受限的机会成本损失，而为发展较为迅速、耕地转为建设用地量较大的县区输出了耕地价值，为维护发达县区经济社会的发展环境（物价稳定、社会稳定、生态环境稳定）做出了贡献。因此，判断哪些县区应该提

---

① 在实际执行中，中央政府需统筹考虑各省的经济发展和财力现状，还需考虑政治上的可行性，并不是一个单纯的经济问题。因此这里对补偿额度不做进一步测算；在下一章中对于全国耕地保护补偿标准的计算中也将只对全国的平均标准及总的补偿资金额度进行核算，不对具体省区、具体地块的补偿标准进行细分。

供补偿、哪些县区应该接受补偿最为直观且有力的依据即是各县区的占地压力。

这里需要对前述研究做一个梳理：占地压力较大的县区，耕地保护的机会成本较高，为维持其耕地数量，应该在纵向补偿资金的分配中加大其补偿份额；但是从横向比较来看，这些县区的耕地往往不能满足其自身发展所需的耕地价值量，需从其他县区摄入耕地价值，因此这些县区又应该对其他县区提供横向补偿。也就是说，无论是占地压力较大还是较小的县区，补偿的目标都应该是保住耕地，其中纵向补偿分配是对这些占地压力较大县区机会成本损失较高所作出的响应；而横向补偿实际上是占地压力较大县区除耕地保护主体外的其他社会成员对占地压力较小县区的耕地保护主体提供的补偿。在分析县级横向补偿时需要对这一问题具有清楚的认识。

一、县级横向补偿的管理难题与化解思路

根据第五章第一节的分析，补偿资金运行管理越向基层越为复杂。一省之内县级之间的横向补偿复杂性主要体现在三个方面：（1）管理对象增多：与省级横向补偿协调只面对31个对象不同，县级横向补偿的管理对象更多，其经济水平、区位条件、自然条件、人口及民生发展现状更为复杂；（2）管理对象之间耕地保护的受益关系更为复杂，在现行土地利用规划体制下，耕地保护指标由省向市再向县分配时出现了多次不公平分配，不同市交界处的相邻县之间也存在相互的耕地价值输入/输出；（3）社会利益冲突更加直接，由于直接面对基层，耕地保护所涉及的不同利益群体之间竞合关系更加繁杂，补偿利益冲突反应也更为强烈。

倘若仍由政府主导县级横向补偿，将面临三方面困难：首先，不同县区的相互补偿量若通过类似省级横向补偿的方法加以确定工作量将极大；其次，由于耕地价值贡献关系复杂，县区补偿关系难于匹配；最后，由上级政府人为确定县级之间的补偿关系很容易招致基层的抵制与反弹，增加地方寻租的风险。

基于以上分析可以看到，县级横向补偿如果仍由政府作为统筹协调者已不大现实，不仅难以保障执行效率，也会极大地增加基层政府管理负担和行政成本；并且为地方的寻租行为提供了可乘之机。现行耕地保护制度"主体单一"的问题再一次成为制约耕地保护补偿执行的壁垒。这也是目

前耕地保护补偿研究中尚未触及的一个难点。

如果对上述思路进一步延伸，探索一种更加高效、灵活的，能够吸引社会力量参与的，能够为县区自愿接受并认可的，反映耕地真实价值贡献的，且便于监督和审核的横向补偿机制就成为化解县级横向补偿管理难题的主要诉求。而在这方面，美国等发达国家所建立的、并已成为耕地保护主要模式的土地信托保护模式就成为值得我们借鉴和学习的对象。下面将对土地信托保护模式的主要做法以及中国在县级耕地保护横向补偿中借鉴引入该机制的可行性进行分析。

二、土地信托保护模式的运作方案与评价

美国土地信托保护（Land Trust Protection）是在政府主导的土地保护基础之上发展而来的一种由市场化运作的社会信托组织作为土地保护主导方的土地保护模式；其建立背景也是为应对政府主导土地保护的高成本和低效率问题。

具体而言，土地信托保护是指社会组织出于公益目的，以信托方式多方募集资金，用以购买特定地区、特定类型土地所有权、发展权、地役权，或接受土地权利捐赠，基于现状统一经营保护土地的行为；有时也充当政府收购保护土地的中介；在美国农用地、开敞空间及生态用地的保护中成效显著[1]。其经验对于中国未来耕地保护主体多元化、手段多样化、目标综合化具有直接、深刻的借鉴价值；同时，该机制能够充分调动社会资源，借助市场机制在土地资源配置中的基础性作用，替代政府对于县级横向补偿关系作出高效、公平、有力的调节。

（一）美国土地信托保护的发展现状

美国土地信托保护可追溯至 1856 年 MVLA 购买乔治·华盛顿家乡弗农山庄（Mt. Venron）的土地留存历史遗迹。1969 年，马萨诸塞州的一个非营利社会机构获得州政府拨款，用于购买一块私人农场的地役权并予以保护，社会组织正式介入土地保护[2]。根据美国土地信托联盟（Land Trust

---

① 刘志仁：《农村土地保护的信托机制研究》，中南大学 2007 年论文。
② Dominic P. and Walter N. , Crowding out open space: Federal Land Programs and Their Effects on Land Trust Activity. AAEA Short Paper, Vol. 8, No. 3, 2004, pp. 214 – 222.

Alliance，LTA）2010 年统计显示，目前共有 1723 家土地信托机构保护着 4700 万英亩土地，相当于南卡罗来纳州和西弗吉尼亚州的总面积；LTA 把其中 24 家定为国家级土地信托机构；其中美国大自然保护协会（Nature Conservancy），公共用地基金会（Trust for Public Land）和自然保育基金（Conservation Fund）三家影响力最大；24 家机构共持有 66% 的信托保护土地；余下 34% 则由州和地方组织保护；就保护手段而言，其中 55% 采用保护地役权的方式，13% 则采用所有权收购形式①。

目前，美国土地保护形成了政府主导与土地信托两种形式共存的格局。即使政府最终持有的土地，也大多采用"信托机构预收购—政府持有"的形式，该类土地达到 1200 万 ~ 1500 万英亩；政府基本不再直接实施土地保护，土地信托机构成为美国土地保护的主角。美国土地信托保护机构增长情况见图 5 - 5 所示。

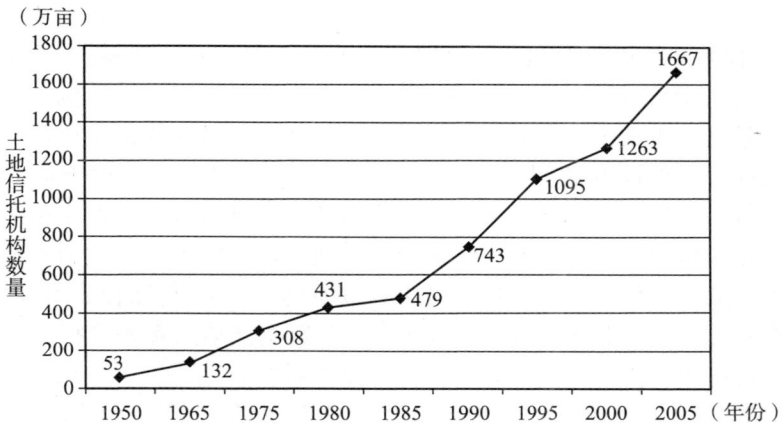

图 5 - 5　美国土地信托保护机构增长情况（LTA）

资料来源：Land Trust Alliance. 2005 National Land Trust Census Report.

（二）美国土地信托保护模式的主要做法

美国土地信托保护的运作流程和主要做法如下，其与政府主导模式的差别如图 5 - 6 所示。

---

① Land Trust Alliance，2005 National Land Trust Census Report. 2005.

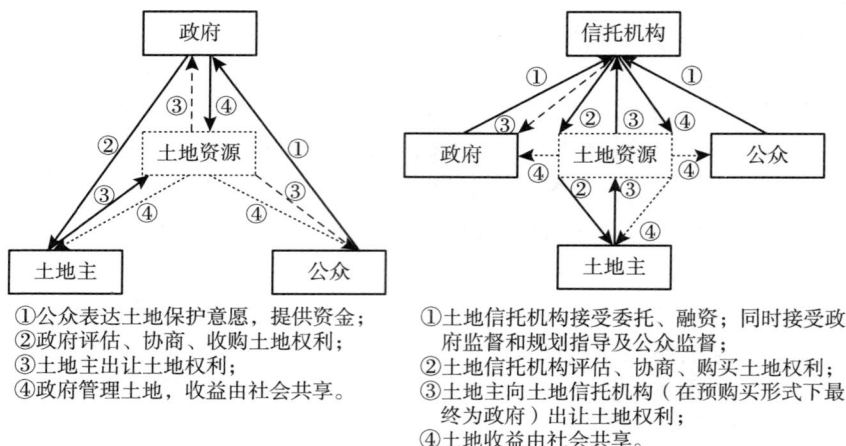

①公众表达土地保护意愿，提供资金；
②政府评估、协商、收购土地权利；
③土地主出让土地权利；
④政府管理土地，收益由社会共享。

①土地信托机构接受委托、融资；同时接受政府监督和规划指导及公众监督；
②土地信托机构评估、协商、购买土地权利；
③土地主向土地信托机构（在预购买形式下最终为政府）出让土地权利；
④土地收益由社会共享。

图 5 - 6　政府主导土地保护与土地信托保护的对比

1. 建立土地信托机构。土地信托机构按其建立方式可分为三类：（1）为保护环境而自发成立的全国性土地信托保护公益机构。（2）联邦或州政府采用税收优惠等手段推动建立的全国性或地方性信托机构，政府为土地信托保护的出资企业和个人减免所得税、提升税收信用点数，或允许其将应上缴的联邦和州税用于土地信托保护，对信托保护土地减免税收，并给予土地登记等行政环节的优先权等[①]。（3）地方民众为保护当地具体某块土地而集资成立的信托机构。现在，若需保护某块土地，则既可以借助已成立的信托机构，也可以为其单独成立一个信托组织。不同信托机构在资金实力、股权构成、组织形式、管理模式以及保护目标方面种类丰富，能够应对不同类型和难度的土地保护需求。

2. 募集信托资金。信托组织形成后，其募集资金的来源包括：（1）社会主动的慈善捐赠。（2）政府拨款，包括政府的土地保护专项基金和一些财政收益提成，如西弗吉尼亚州、北达科他州（North Dakota）、伊利诺伊州等州从博彩、乐透、汽车牌照登记等收入中抽取一定数额划拨土地信托保护机构[②]。（3）土地信托机构利用其政府授权、担保、较高的信用评级及私人社会关系，对一些财团或公众进行游说所募集的资金。（4）通过金融市场募集资金，如借助股票、债券市场平台，以土地经营收益为担保，

① Michelle S. , The Land Trust Solution. Dollars&Sense, No. 3, 2005, pp. 16 - 18.
② Dominic P. and Walter N. , Crowding out open space: Federal Land Programs and Their Effects on Land Trust Activity. AAEA Short Paper, Vol. 8, No. 3, 2004, pp. 214 - 222.

发行低息但收益稳定的债券、期权、信托基金等金融衍生品[1]。（5）受保护土地周边民众集资。其中前两类是土地信托的主要资金来源。

3. 确定应受保护土地。土地信托机构多数有特定的土地保护类型，包括耕地、水体、自然土地、公园、作业场地五类；在实际运作中也存在交叉。信托保护土地的来源包括：（1）主动选取的土地，土地信托机构自己或聘请专业土地评估机构，按照土地规划，对于不同区位土地的经济、社会、生态价值及保护难度进行综合评价，划定潜在应保护土地范围，进而依据自身关注领域、资金实力以及社会需求确定土地保护优先顺序。（2）被动接受的土地，一方面，政府和地方民众可委托土地信托机构对特定地块进行保护；另一方面，一些慈善家和环保人士也会将土地权利捐赠给土地信托机构代为保护[2]。

4. 取得土地权利。确定保护地块后，土地信托机构取得土地权利的方式包括：（1）完整取得，即购买土地所有权。（2）部分取得，即运用土地发展权保护手段，在维持土地所有权不变的前提下，通过购买或接收捐赠，取得土地的发展权或地役权，控制土地提高利用强度及转变利用类型等"发展"权利，保护土地利用现状。除经济补偿外，土地信托机构还依靠一些联邦、州议员的支持和政治影响力，或者代表政府做出的税收和经营收益优惠许诺（如弗吉尼亚州的可转移税收信用项目）[3]，以及环境公益教育等促成与土地主的交易。

5. 受保护地块的经营管理。按照联邦法规，除偶然情况（如自然灾害、战争等）外，无论是政府持有的还是信托保护的土地均永远不得进行开发建设。土地信托保护机构获得土地权利后，对土地的用途、地形地貌、地物和景观特征进行详尽的登记[4]；自行或聘请专门的园艺、农艺机构，按照"尽量少的改变和适度改良"原则对该土地进行经营管理；农用地继续经营耕作，而一些生态用地、开敞空间和历史遗迹则大都被开发为休憩、观光区（如国家、州立、郡立公园等），但对其旅游开发的强度、配套设施建设的地点和规模等均有严格的审核和限制，对土地的"原生

---

① Michelle S., The Land Trust Solution. Dollars&Sense, No. 3, 2005, pp. 16 – 18.

② Robert S., The Community Land Trust: A Guide to a New Model for Land Tenure in America. 1972.

③ Julie Ann G., The Ethics Economics Policy Paradigm: The Foundation For An Integrated Land Trust Conservation Decision Sipport Model. UrbanEcosystems, No. 1, 1999, pp. 83 – 111.

④ Tom D., Conservancy: The Land Trust Movement in America/Land Financing. Journal of the American Planning Association, No. 4, 2004, pp. 494 – 496.

态"性进行严格保护①。

6. 土地信托保护的收益机制。土地信托保护大都属于慈善性、公益性行为，其"收益"主要体现在地区自然和人文环境保护所带来的人居环境的改善；其间接经济收益包括受保护土地周边物业的保值增值以及旅游等产业发展的经济和地方税收贡献；该类收益由包括原土地主在内的社会整体共享。而土地保护的直接经济收益则包括农用地的经营耕作收益和休憩、观光区的门票和经营性设施收益；通过所有权、发展权和地役权购买所取得的土地，原权利人不再享有土地收益权，土地收益为土地信托机构持有并用于未来土地管护或其他土地的收购保护；也有极少数会依据信托合约返还信托出资人。而捐赠土地的经营收益分配则具体依据当初的捐赠合约而定②。

7. 保障机制建设。除按照《联邦法规》第 12 编第 9 节的信托责任法、《1940 投资顾问法》、《联邦信托法》（United Trust Act）、《联邦受托人法》（United Fiduciaries Act）、《联邦托管信托法》（United Custodial Trust Act）规范土地信托保护行为外，美国还采用在期权和基金市场搭建土地信托融资平台，提供免费便捷的广电、平面公益性宣传平台等手段，为土地信托保护提供配套支持③。其中，对信托保护土地后续利用的监督是最为重要的一环，除美国环境保护部（US Environmental Protection Agency）和土地管理局（bureau of land management）下设专门机构定期巡查外，监督主要通过地方税务机构的年度土地财产税征收予以实现：税务机构通过对信托保护土地进行检查评估，确定是否继续给予其税收优惠；而一旦发现违规用地，则会对信托机构施以成倍重罚，并剥夺其土地经营权利，甚至强制解散该信托机构并对责任人给予刑事处罚④。

（三）土地信托保护模式的主要优势

从总体上讲，土地信托保护模式相较于传统的政府主导的土地保护模式其最大的优势包括如下几个方面：

① Rebecca B., Land Trust Training and Technical Assistance Program: A National Assessment. Texas State University, 2005.
② Steven C. Bourassa., The Community Land Trusts as A Highway Environmental Impact Mitigation Tool. Journal of Urban Affairs, Vol. 28, No. 4, 2006, pp. 399 – 418.
③ Michael A., Can Land Trust be Trusted?. The American Enterprise, No. 7, 2000, pp. 48 – 49.
④ Linda S., Klein C. Simons F., Reverse Mortgage and Prepayment Risk. Journal of the American Real Estate and Urban Economics Association, No. 2, 1994, pp. 41 – 48.

1. 灵活性。相较于政府主导土地保护需要漫长、复杂的审议、财政拨付程序，经常贻误土地保护最佳时机，采用现代企业制度的土地信托机构决策程序简单、决策成本较低、反应更为迅捷①；选取保护工具及资金募集方式也更加灵活；甚至能做出政府无法做出的承诺以满足土地所有者提出的特殊条件；更易使利益相关方坐到谈判桌前。

2. 经济性。土地信托机构利用最经济的融资工具募集资金，且能迅速把握最有利的地价，降低了保护成本；其便捷的决策和执行过程及富于弹性的员工聘用、薪酬制度也削减了管理成本；政府的监管对象由众多土地所有者变为有限的信托机构，利于降低管理难度并提高管理绩效；土地保护各环节的专业外包和成本控制，减少了寻租和腐败风险；利用市场机制促使土地资源的有效配置和价值充分显化。

3. 开放性。土地信托保护集聚单个公民有限的经济资源实现公众福利的提升，提高了土地保护的透明度和公众参与度，增强了公众土地保护意识，也使得保护成果为社会共享。

4. 专业性。政府和公众不再直接实施土地保护，而是借助土地信托机构的金融知识、融资技巧和土地管理经验执行保护任务，增强了土地保护各环节的专业化程度。

5. 保密性。与政府主导模式需要对土地收购价格和原土地权利人信息全面公开相较，土地信托保护能够充分尊重原土地权利人的隐私和一些特殊条件，从而更易为其所接受。

三、县级"土地信托"横向补偿模式的建立路径、可行性与优势

土地信托保护机制对于化解县级横向补偿管理难题的意义在于其为县级横向补偿提供了一种可行的模式：

（一）县级"土地信托"横向补偿模式的建立路径设想

如前所述，现行耕地保护"主体单一"的问题是制约县级横向补偿执行的主要壁垒，难于消除执行效率低下、执行成本高昂的弊病，并且对于地方的抵制、反弹以及寻租行为缺乏应对能力。因此，县级横向补偿运行

① Rebecca B., Land Trust Training and Technical Assistance Program: A National Assessment. Texas State University, 2005.

模式需要满足以下要求：

（1）高效性和灵活性。即能够对不同县区耕地保护的形势和所出现的问题作出迅速反映，以最为有效和公平的方式满足耕地保护主体多样化的补偿需求。

（2）吸引社会力量参与。政府作为补偿的唯一协调方不仅难胜繁钜，仅仅依靠县级财政的力量亦难于满足横向补偿的资金需求；因此，必须调动耕地保护受益方的积极性，引入社会资金和管理资源，分担政府的财政和管理压力。

（3）能够为县区自愿接受并认可，反映耕地真实价值。避免政府单方制定的补偿关系和补偿额度引发县级单位抵制的唯一途径，就是各县区都在自愿的基础上，通过自我评估，自发确定各自补偿提供者或接受者的"身份"，并且形成一个"公平的"能够被补偿提供者和接受者都认可的补偿量——提供补偿的县区需要依据自身耕地价值的受益情况以及愿意且能够提供给其他县区的补偿额度确定"出价"；接受补偿的县区也需要衡量自身保护耕地的机会成本损失，评估自身补偿的"要价"；这种建立在补偿双方的自我评估与公平协商基础上的、"供需市场化的"补偿额度形成方式也能够反映真实县区间耕地的价值贡献。以上分析实际上论证了县级横向补偿中引入市场机制的必要性和重要作用。

（4）具有跨市域协调补偿的能力。如前所述，在现行土地利用规划体制下，虽然耕地保护任务实行"省—市—县"分级负责制，但是不同市交界处的相邻县之间也存在相互的耕地价值输入/输出。仅局限在市域范围内的县级横向补偿很容易导致相邻市的相邻县区之间产生补偿不公平进而利益冲突。因此，本书在纵向补偿中跳过了市级环节，同时在县级横向补偿中也应跳出市域的局限，建立全省县区间的联动补偿。这虽然需要对目前的耕地保护管理体制进行调整，但也是保障基层耕保补偿地域公平性的必然需要。

（5）便于监督和审核。管理对象过多是县级横向补偿难于由政府主导的主要原因之一；然而耕地保护的现状和实施成效又离不开政府的监管。寻求一种简化监管流程、降低监管复杂性的横向补偿方法是现实管理需要对县级横向补偿模式提出的又一个要求。

综合前文分析可以看出，土地信托保护模式的优势恰巧能够满足以上要求。因此，引入土地信托保护模式化解县级横向补偿管理难题就成为一种可行的路径。为此，借鉴目前已在部分地区运行的"耕地异地有偿代保"的思路,可建立一种"县级土地信托横向补偿模式",如图5-7所示。

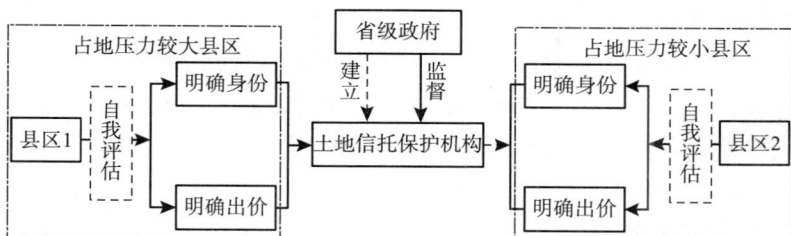

图5-7 县级"土地信托"横向补偿模式逻辑框架

1. 耕保任务分解的"轻重调整"。实践中,仅仅依靠占地压力较大县区的自觉性督促某为占地压力较小县区提供耕地保护补偿是不现实的。为此,必须建立一种"倒逼机制",促使占地压力较大的县区自愿提供补偿,这就需要对现行土地利用规划中耕地保护任务分解的方式进行革新:在耕保指标分解时,可以适当加大经济发展水平较高、耕地转用压力较大地区的耕地保护任务,同时相对减轻原先耕地保有量较大、耕地保护任务较重地区的耕保任务;并在规划中分别设定占地压力较大(转出)和较小(转入)县区耕地保护的"机动性指标",允许这些指标进行省内调剂。

2. 建立土地信托保护/补偿机构。在法规建设尚未成熟的情况下,像美国土地信托保护一样任由地方组建土地信托机构可能导致地方借"土地信托保护"的名义从事违法用地行为的问题。因此,为了规范土地信托管理,初期可由省级政府提供一部分启动资金,筹建若干个经营范围限于本省的土地信托保护/补偿机构。

就现实基础而言,目前中国正在推进农村土地承包经营权流转,一些地区也在农地整治中探索形成了由"种粮大户"或"农业公司"包干经营村集体耕地、以"分红"的形式向村民返还耕地收益的组织形式。省级政府可以以这些"种粮大户"或"农业公司"为雏形,选择部分规模大、信誉高、经营业绩良好的组织,通过控股权转移的方式将其改造成为非营利性的土地信托保护/补偿机构。其组织形式应采用现代企业制度,设立董事和监事机构,并广泛吸纳与耕地保护相关的金融、法律、土地管理专业人才,设立专门的职能部门;且应严格限定其非营利性经营导向。

这些土地信托保护/补偿机构所承担的角色有二:一是代替政府,作为县区间异地有偿代保的协调中介（作为补偿机构）；二是作为代保土地后续管理者，承担代保土地经营管理的职责（作为保护机构）。

3. 获取横向补偿资金。土地信托保护/补偿机构成立后，获取横向补偿资金的渠道可包含三类：

（1）占地压力较大县区财政注资。即在耕地保护补偿机制下，一个县区能够获得的补偿资金源于中央财政、省级财政以及可能来自于其他省区的横向补偿（仅对于耕地盈余地区）。因此，假设每个县区都是"理性经济人"，则县区在转用和保护耕地间做出选择时会自发地对其转用耕地能够获得的收益以及保护耕地能够获得的补偿进行比较，从而自发的对自身究竟属于"占地压力较大县区（愿意提供补偿，减轻耕地保护任务）"还是"占地压力较小县区（愿意接受补偿，多承担一些耕地保护任务）"做出定位。

占地压力较大的县区会依据其保护耕地的机会成本损失、能够获得的补偿量以及对自身所享受的由耕地价值（带来的好处）评估为减少单位面积耕地保护任务所愿意付出的价格。依据这一自愿的心理评估，占地压力较大的县区可以将拟转出耕地保护任务量（限于前文所述的"机动指标"范围内）、愿意提供的补偿资金汇入土地信托机构，形成信托资金池；委托土地信托机构作为中介，联系愿意多承担耕保任务的县区，对这些指标进行有价流转。

（2）占地压力较大县区用地单位的注资。即为了减轻县级财政的压力，横向补偿资金可不必直接从县级财政中支取：对于占地压力较大县区的具体用地单位而言，其实际上是耕地转用经济收益的直接获益者。因此，可以要求这些新增建设用地的利用单位对本县耕地保护任务指标向外县流转提供资金，而这部分资金则可以在土地"招标、拍卖、挂牌"出让时进行单独竞价，作为最终成交的重要参考；相应的，也应该在这些建设用地出让时，抵扣耕地开垦费、土地复垦费和新增建设用地有偿使用费三项。这实际上相当于明确了占地压力较大县区新增建设用地和减少耕地保护指标的挂钩关系，让用地单位直接出资参与耕地保护工作。

（3）地方民众的自发集资与慈善、环保组织捐赠。近年来，随着中国经济发展水平的提高和生态环境的恶化，富裕起来的中国居民对于自身生存环境的要求也不断提升，同时社会公益、慈善事业也得到了长足发展。耕地保护作为一项利国利民的好事，与居民的生活质量息息相关，理应得到社会的支持和认同。实践中，土地信托保护/补偿机构除接受政府、用地企业注资外，还可以开放融资渠道，创新融资手段，通过发行"耕保债券"、"耕保基金"，或者接受民众自发捐赠的形式，不断拓宽补偿资金来源。例如，一些县区的民众为避免相邻县区耕地占用开发从而导致自身生存环境质量下降，可以自发组织集资，通过土地信托保护/补偿机构与邻近县区达成耕地保护协议。

4. 达成横向补偿协议。土地信托机构在接到占地压力较大县区的委托后，对于计划转出的耕地保护指标数额和出价（补偿）进行公示，与占地压力较小的县区开展指标转入协商。

占地压力较小的县区在综合评估其保护耕地的机会成本损失、能够获得的补偿量以及对自身为外县所提供的耕地所价值定位自身"身份"后，相应的也会对自身增加单位面积耕地保护任务所要求得到的补偿额做出心理预期。根据这一预期，占地压力较小的县区可以与土地信托机构提供的指标数额和报价相比较，做出耕地保护指标转入量和所需补偿额的决策。

土地信托机构在与占地压力较小县区达成意向后，签订耕保指标转入合同，并对这些县区提供补偿。补偿资金应全部划拨给转入指标落地时对应耕地的村集体，由土地信托机构获得相应耕地的承包经营权并对耕地进行经营；其经营收益除一部分支付土地信托机构的日常运转费用外，剩余部分应全部返还给拥有这些耕地产权的村集体。这样就相当于购买了这些村集体耕地的"发展权"，从而减轻了占地压力较小县区耕地保护的管理任务量，体现了横向补偿的思路。自此，完成横向补偿过程。

5. 耕保指标流转的后续监管。

首先，耕保指标流转过程中，除需做到"数量"平衡，还需对流转指标的具体落地进行严格审查，要求异地代保的耕地的产量必须达到占地压力较大县区被转出耕保指标的产量水平。在具体操作时，可将转入指标优先安排至占地压力较小县区内占地压力较大的城乡结合地带（通常耕地质量较高、利用条件较好），以进一步提高其补偿额度，弥补其较高的机会成本损失，增强其保护力度，同时也降低了指标异地流转可能导致的"占优补劣"风险。而这一耕地"质量"平衡的评估工作，则可由土地信托机构在市场上聘请专业人员完成。

其次，在耕保指标落地后，土地信托机构应代表省级政府承担起对这部分耕地后续利用的监管职责；而省级政府对于这一过程的监管则可通过对土地信托机构的审查加以实现；实际上实现了省级政府对受保护耕地的"直管"。

总体上讲，协调横向补偿力度的"杠杆"在于第一步耕保任务的初次分解，各省在具体横向补偿协调过程中，可以通过对这一杠杆的调节，增大或减低县级横向补偿力度。

（二）县级"土地信托"横向补偿模式的可行性分析

建立土地信托保护/补偿模式的设想不仅源于化解县级横向补偿管理难题的实际需求，更重要的是基于以下现实基础：

1. 农村土地流转政策为土地信托补偿机制的引入建立了制度基础。由本书第三章第一节现行耕地保护政策中的主要耕地利用限制规定及其对耕地产权的影响分析可以看到，在原先的土地管理体制和耕地保护制度下，农村集体土地的使用权受到了严格限制，使得由土地信托机构控制农村集体耕地承包经营权进行保护性经营的方法难于实现。2005 年《农村土地经营权流转管理办法》和 2013 年中央一号文件对于推进农村土地经营权流转做出了重点布置；此后，党的十八大《报告》和十八届三中全会《决议》再次对这一问题做出了部署。这些政策、法规的出台为县级"土地信托"横向补偿模式扫清了政策障碍。

2. 中国民众公益觉悟和生态意识的提高为土地信托补偿机制的引入奠定了社会基础。随着国民收入的提高和生态保护意识的觉醒，近年来中国公民耕地保护的意愿不断增强，一些非营利性社会组织如慈善机构、环保组织的迅速成长也为耕地保护工作注入了新的活力，使得依靠民间资金、管理力量保护耕地逐步成为可能。虽然现阶段这种方式的实际执行效果可能并不显著，但从国外经验来看，其却是经济发展到一定水平后土地保护由政府转向民间的必然趋势。

3. 中国金融市场的发育特别是信托行业的成长为土地信托补偿机制的引入创造了可能。近年来，中国金融行业经历了快速发展、壮大的过程，其中信托行业也得到了极大的发展和完善。2007 年 1 月 23 日中国银行业监督管理委员会颁布了《信托公司管理办法》和《信托公司集合资金信托计划管理办法》，对信托行业做出了进一步规范，使得土地信托保护/补偿机构的运营有法可依、有章可循。与此同时，近年来中国金融衍生品和融资平台如股票、期权、债券市场以及相关的信用评级机构、融资产品发行和分销机构、保险和再保险机构等金融中介得到了充分发育，这就为未来进一步创新融资渠道，引入社会资金参与耕地保护（补偿）创造了可能。

（三）县级"土地信托"横向补偿模式的优势分析

与政府主导的横向补偿相较，县级"土地信托"横向补偿模式的优势在于：

1. 提升补偿执行效率。衡量"效率"的标准包含两个方面，一是"速度"，二是"质量"。首先，建立在现代企业管理制度上的土地信托机构，减少了许多不必要的行政程序，能够迅速对耕保指标流转的供需做出匹配，提高横向补偿的运行速度；与此同时，借助其部门分工和专业化，提升横向补偿相关的金融（融资）、土地管理（耕地评估、选取、经营）、法律（协议）各环节的专业化水平，能够最大限度地保障横向补偿的落实质量。

2. 节约补偿行政成本。土地信托保护/补偿这种市场化的运作方式形成了对政府职能的有效替代，减轻了政府的管理负担和成本。政府的监管对象也由众多的县区转变为有限的几个土地信托机构，并且实现了对于部分受保护耕地的直管，简化了政府对县区耕地保护执行情况的监督工作。

3. 避免地方利益冲突。借助县区间基于耕地保护成本和收益的横向补偿意愿自我评估，指标流转的匹配价格能够真实地反映耕地保护的机会成本损失和外部性贡献，从而借助市场经济的价值发现机能，实现了耕地资源价值的真实反映。所形成的补偿结果也能够为补偿和受偿双方自愿接纳、认可，避免了横向补偿可能导致的地方矛盾。

4. 引入多方社会参与。不同于政府主导的耕地保护补偿，土地信托保护/补偿基于市场化、公司制的运作模式，可以"名正言顺"地吸纳社会的资金、管理资源参与耕地保护（补偿）；不仅能够扩充补偿资源、减轻财政负担，还能够通过这种方式培养公民的耕地保护意识，使得耕地保护不再仅仅是政府关心的事，而成为全社会共同关注、共同努力的"利国利民"工程。

5. 运作更加透明开放。上述模式中，从土地信托机构对耕保指标转出量和出价的公示，到补偿资金募集中引入社会集资和捐赠，再到企业对本县耕保指标转出的竞价，都做到了耕地保护数量和价格信息的公开、透明，使得横向补偿的出资方和接受者都能够了解本省内耕保指标的价值信息，同时也方便公众对于补偿的执行情况进行了解和监督，提升了补偿运作的透明性，能够有效降低横向补偿的寻租风险。

综上所述，县级"土地信托"横向补偿模式所具有的优势正是对前述县级横向补偿管理难题的全面回应；在实践操作的制度环境、社会环境以及具体措施、工具的准备方面已经具备了一定基础。不仅"不得不做"而且"可以操作"，因而能够成为一种行之有效的基层耕地保护横向补偿方案。

第六节　全国耕地保护补偿模式研究总结

　　本章对于全国层面的耕地保护补偿运行模式，包括补偿路径与资金分配管理方法做出了全面的研究。综合以上成果，全国耕地保护补偿模式可以用图 5-8 加以总结，其中县级单位在获取补偿资金后对于补偿资金进行最终运用、对所辖乡镇和农户落实补偿的原则和方式将在本书第七章的进行探讨。

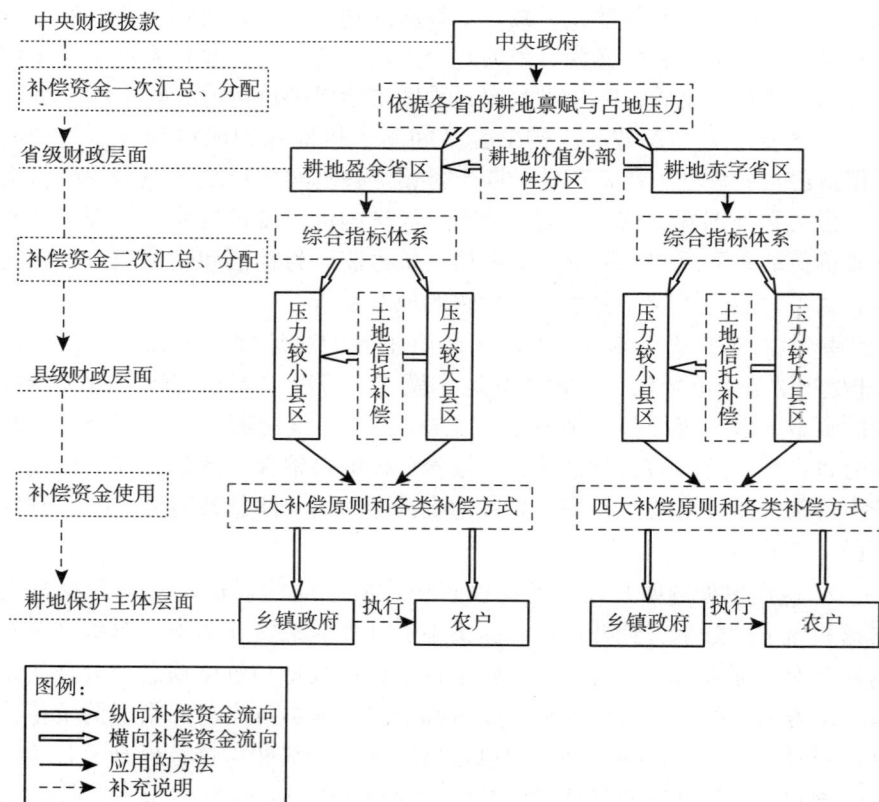

图 5-8　全国耕地保护补偿"双纵双横"模式

第六章

中国耕地保护补偿标准与
资金需求测算

从研究关系来讲，第五章补偿模式的研究是基于"由上至下"的思路，探讨耕地保护补偿资金应该如何筹集，现有财力能够筹集到的补偿资金应该如何分配。从研究结果来看，全国耕保补偿最终落到地上的资金来源包括四个部分：中央政府的补偿资金、省级财政的配套补偿资金、可能来自于其他省区的横向补偿资金（对于耕地盈余省区）和可能来自于其他县区的横向补偿资金（对于占地压力较小的县区）。至于这四部分资金具体应该出多少以最终汇集成补偿总资金则取决于政府的执行力、财力、地方利益协调、政治可行性等多种因素，因而难以在经济学的分析框架中寻求答案。

但是，中国耕地保护补偿的一般标准和资金总需求大致是多少这一问题的答案对于全国耕保补偿工作能否全面推广具有重要的决策参考效力：一方面，它是各级政府在确定上述各类补偿资金来源比重时的主要参考因素；另一方面，通过补偿资金的总需求与目前政府总体财力相比较，也能够为全国耕保补偿机制目前是否适宜建立，以及在多大程度、多大规模上实施补偿提供依据。

本章将以全国层面为研究对象，基于第四章中所推导出的补偿标准核算理论框架，依据古典经济学市场论"外部性内部化"的基本原理，创新性地引入"耕地价值生产函数"研究方法和福利经济学的边际生产率分配理论，运用各类统计资料和全国4省6地实地调研中农户一对一访谈（问卷设计见附录一），对基层土地、农业部门管理干部的面对面访谈（调研提纲见附录二），和在全国其他省区下发并回收的共 1782 份①调查问卷，对中国耕地保护补偿标准进行理论推导和实证估算；并对前述研究划定的

---

① 其中包括实地调研获得问卷 798 份，在全国其他省区下发问卷 984 份。

"耕地赤字、盈余区"进行补偿标准横向比较分析；测算全国补偿的资金需求总规模。

第一节 耕地保护补偿标准核算的基本原则

根据本书第四章第二节依据耕地资源外部性价值内部化原理所推导出的耕地保护补偿研究的基本指导原则，耕地保护补偿标准核算的基本原则包括：

一、公平补偿原则

本书第四章第二节耕地保护补偿机理分析中推导出了耕保补偿标准核算的基本原则，并且论证了耕地保护补偿的实施路径应该是通过"促进公平"来"提升效率"。这一"公平"不仅仅是对于耕地保护主体的公平，同时也应是对于其他社会成员的公平。在补偿中，既需要对耕地保护主体的"特别牺牲"也即机会成本损失进行补偿，尊重耕地保护主体的耕地产权完整性；同时也不能损害其他社会成员的利益、对耕地进行过度补偿。

二、全额补偿原则

进一步分析，对耕地保护主体机会成本损失的补偿程度包括"部分"补偿和"全额"补偿两类。部分补偿"促进"公平的意味更强，只是现有耕保制度的"配套"和"辅助"；而全额补偿则类似于国外土地发展权等土地保护工具，是现行强制性耕地保护手段的"替代机制"——通过"实现"耕地保护的"完全公平"进而耕地保护主体的"绝对满意"，彻底消除其转用耕地的激励，使其自觉自愿保护耕地。虽然目前中国尚缺乏实施全额补偿的制度和经济基础，但只有基于全额补偿思路，才能较准确地进行补偿标准的经济学估算，给实际补偿标准提供参考。

以上原则也是耕地保护补偿标准核算的基本思路。基于这一思路，回顾本书第二章可以看到，国内现有耕地保护补偿标准研究的局限性主要体现在两个方面：

其一，有些研究单纯的衡量耕地保护的机会成本损失或外部性，并将其作为耕地保护补偿的标准，而没有认识到二者各自对于维持补偿双方利益公平的意义（见本书第四章第二节的结论），其错误的本质在于未能认清耕地保护补偿应该是耕地保护主体和其他社会成员的"双赢"，既应该弥补耕地保护主体的损失，也不应该超出耕地的外部性贡献，以其他社会成员在其他经济部类中所创造的价值为代价对耕地进行超额补偿。

其二，即便是已经意识到耕地保护机会成本损失和外部性分别是补偿标准的下界和上界，多数研究对上述二者的核算也是不准确的：

（1）对于耕地保护的"外部性"价值衡量而言，从耕地价值的生产过程来看，实际上既包含了耕地保护主体的土地、资本劳动力投入，也包含了其他社会成员通过农业补贴、耕地利用规划和日常管理、农田基础设施建设、农业技术支持等方式投入的资金和管理要素。也就是说，耕地价值是由耕地保护主体和其他社会成员所共同创造的，在其他社会成员所获得的耕地价值中，有一部分是对其要素投入的必要回报，是"已经支付"的耕地价值。因此，单纯地将其他社会成员获得的耕地价值（有些研究中甚至将耕地全部的生态和社会价值）全部看作耕地资源的外部性贡献并将其全部返还给耕地保护主体，对于其他社会成员而言是不公平的。

（2）对于耕地保护主体保护耕地的"机会成本损失"衡量而言，由于耕地不仅能够产生经济价值，还能够产生生态、社会等多种非经济价值，这些非经济价值实际上是由耕地保护主体和其他社会成员所共享的。也就是说，耕地保护主体保护耕地的总收益不又包含了经济收入，还包含着一部分生态和社会价值（这也是不能把耕地的非经济价值全部看作外部性的原因）。因此，单纯地将耕地的经济收益与其转变为其他用途后的经济收益相比较来确定机会成本损失也是不科学的。

综合以上分析可以看到，根据第四章第二节所推导的耕地保护补偿耕地价值外部性内部化的基本思路，耕地保护补偿标准核算实际上就是要弄清两个问题：

第一，耕地保护主体保护耕地的现状收益（包括经济、生态、社会价值收益）是多少，将耕地转为其他用途后又能获得多少收益？也即耕地保护的机会成本损失测算。

第二，其他社会成员获得了多少耕地综合价值，其中又有多少是其应该获得的，又有多少是免费获取的正外部性？也即耕地的外部性价值测算。

现有耕地保护补偿研究中所采用的技术手段已无法对于耕地价值分配

的复杂关系进行准确剖析；为此，需要借助古典经济学生产理论以及福利经济学价值分配理论的研究方法。

第二节　耕地保护补偿标准核算方法的理论推导

为了准确分析耕地保护补偿中耕地价值分配调整的机理，不妨回归到古典经济学的四要素生产理论，建立如下分析模型：

如前所述，耕地资源的综合价值包括经济价值 Ve、社会价值 Vs 和生态价值 V_z。若将耕地价值的输出抽象为一个生产过程，参与价值生产的要素包括：土地（N）、资本（K）、劳动（L）和管理（A），则可列出耕地资源综合价值生产函数的一般形式如公式（6.1）：

$$V = Ve + Vs + V_z = F(N, K, L, A) \qquad 公式（6.1）$$

式中：V 为耕地价值量，N 为耕地数量，K 为耕地价值生产投入的资本量，L 代表劳动力投入量，A 代表各级政府管理者的智力投入。

根据中国耕地资源价值的产生、消费（利用）市场的基本特征，可作出如下推论假设：

（1）由于耕地资源价值的高竞用性和低排他性，在目前中国分田到户的农业生产模式及耕地价值全民共享的现状下，可认为耕地价值的生产（即耕地生产劳作）和消费（耕地经济、社会、生态价值的社会享用）市场具有众多的生产者和消费者。

（2）鉴于本书的研究是基于全国层面，可以忽略不同地区耕地质量、区位等条件的差异，而将全国耕地资源视为一个均质的整体。

（3）由于耕地保护覆盖面较大、监管任务繁重而复杂，耕地保护主体对于耕地价值的供给（完全利用、撂荒、转为其他用途）具有较大的自主选择权，也即耕地要素可以在较大程度上在不同用途间自由流动。

（4）在市场经济条件下，耕地保护主体对耕地在不同用途下的收益高低比较拥有充分信息。

（5）短期内，耕地价值生产不具有飞跃性提升（革命性生产技术创新），也即耕地价值生产过程规模报酬不变。

在以上假设下，耕地价值的生产和消费市场均可被视为完全竞争市场。此时，按照福利经济学的边际生产率分配理论和欧拉定理，耕地资源的综合价值应该并可以按四类生产要素的边际贡献率进行完全分配而无剩余；将公式（6.1）耕地综合价值 V 对四种生产要素分别求偏导数，并对其进行全微分可得公式（6.2）：

$$V = F(N, K, L, A) = \frac{\partial V}{\partial N}N + \frac{\partial V}{\partial K}K + \frac{\partial V}{\partial L}L + \frac{\partial V}{\partial A}A = V_N + V_K + V_L + V_A$$

公式（6.2）

$V_N \sim V_A$ 为各要素应分得的耕地价值量；$\frac{\partial V}{\partial N} \sim \frac{\partial V}{\partial A}$ 为各要素边际耕地价值贡献率；

根据福利经济学，此时耕地价值按照四类生产要素的贡献率进行分配后所形成的结果是最为"公平"且"有效率"的分配结果：从四类生产要素来看，其价值分配实现了"帕累托最优"，而从社会总体来看，该分配结果可以实现社会福利的"一般均衡"。由此，在耕地资源综合价值被四要素公平且有效分配后，对于耕地保护主体和社会其他成员最公平的再分配方案应为"谁出资、谁受益"，即应按土地（N）、资本（K）、劳动（L）和管理（A）四种要素的提供比例进行分配。进而，通过对耕地保护外部性与机会成本损失的核算，可确定耕地保护补偿的有效区间。

一、耕地正外部性价值的理论表达

（1）如果没有耕地保护制度对于耕地产权的干预，则耕地保护主体的投入包括全部劳动力 L、部分农业投资 kK；而耕地 N 则应全部看作耕地保护主体的投入。其他社会成员的投入包括管理智力投入 A 以及部分农业投资 $(1-k)K$；k 为常数（$0 \leqslant k \leqslant 1$）。此时，耕地价值在耕地保护主体和其他社会成员间最公平的分配方案应为：

$$V_P = V_L + kV_K + V_N \qquad \text{公式（6.3）}$$
$$V_S = V_A + (1-k)V_K^{①} \qquad \text{公式（6.4）}$$

式中：V_P 和 V_S 分别为耕地保护主体和其他社会成员所应分得的耕地价值。

（2）在耕地保护制度对于耕地产权的干预下：由于中国各类农业支持

---

① 智力要素投入的划分对笔者前期发表的成果有所修正，缘于笔者在基层调研中发现，相对于其他社会成员土地及农业管理智力投入，耕地保护主体的管理性投入微乎其微；且主要体现为对上级管理的被动接受和执行，其对自身管理智力投入并不认知。故本书在实证研究中将管理要素均视为其他社会成员投入。

157

和农产品收购保护价的作用，耕地保护主体的劳动力 L 和资本 kK 投入仍能获得社会平均利润水平；而其他社会成员的农业管理 A 和投资 $(1-k)K$ 也应获得必要的收益。但此时，对于土地要素 N 投入的界定则较为复杂：如前所述，虽然按照现行土地制度耕地保护主体应享有耕地的完整产权（收益权），但与其他土地利用形式易于取得土地收益完整控制权不同，现实中耕地的生态和社会等非经济价值无法被固定在耕地域内，实际上为耕地保护主体和其他社会成员共享，导致耕地保护主体的土地收益继而产权边界产生模糊；耕地保护制度的作用则是通过外部强制性约束固化了这种无补偿的外部性价值。因此，从现实角度来看，耕地保护制度下的土地要素实际变成了"社会整体的共同投入"，使得本应由耕地保护主体享有的耕地产权收益 V_N 变成了全民共享。由于耕地外部性的受益范围难以界定，收益方也缺乏向耕地保护主体提供支付的激励，为便于分析，不妨按照人口数量对耕地产权进行平均化处理，则可得到耕地保护制度下耕地保护主体和其他社会成员的耕地价值收益现状表达式如公式（6.5）、公式（6.6）：

$$V_P' = \frac{Ma}{M}V_N + V_L + kV_K \qquad 公式（6.5）$$

$$V_S' = \frac{Mb}{M}V_N + V_A + (1-k)V_K \qquad 公式（6.6）$$

式中：M 代表总人口，Ma 代表耕地保护主体人数，Mb 代表社会其他成员人数。此时，其他社会成员以耕地保护主体的收益损失为代价获得了额外的耕地产权收益也即耕地的正外部性价值 V_o：

$$V_o = \frac{Mb}{M}V_N \qquad 公式（6.7）$$

二、耕地保护机会成本损失的理论表达

根据以上推导，在耕地保护制度下，中国耕地保护主体维持耕地利用现状的综合收益如公式（6.5）。设：耕地保护主体将耕地转为其他用途能够获得的最高经济收益为 C_P，而需投入的土地前期开发成本为 C_F。则耕地保护主体的机会成本损失可表示为：

$$(C_P - C_F) - V_P' = (C_P - C_F) - \left(\frac{Ma}{M}V_N + V_L + kV_K \right)$$

$$公式（6.8）$$

三、耕地保护补偿标准的有效区间

根据本书第四章第二节的推论，耕地保护补偿标准的下界为耕地保护主体的机会成本损失，补偿若低于这一标准则无法消除耕地保护主体转用耕地的激励，对于耕地保护主体而言是不公平的。而耕地保护补偿标准的上界为耕地为其他社会成员所提供的正外部性价值量，补偿若高于这一标准则其他社会成员就需要从其他不相关的经济部类中拿出价值量来"贴补"耕地，对于其他社会成员而言是不公平的。

据此得出耕地保护补偿标准的有效区间：

$$\left\{ (C_P - C_F) - \left(\frac{Ma}{M} V_N + V_L + kV_K \right); \ \frac{Mb}{M} V_N \right\} \qquad 公式（6.9）$$

第三节　耕地保护补偿标准与资金需求的实证核算

下面基于上述公式，运用2009～2012年31个省、市、自治区（不含港、澳、台地区）的面板数据，结合笔者在山东省菏泽市，福建省福州市、厦门市、南平市，四川省成都市以及湖北省荆州市等地的调研数据成果，以及在全国31个省区下发并回收的1782份调查问卷成果，对全国耕地保护补偿标准进行初步核算。

一、中国耕地价值生产函数的实证构建

构建耕地价值生产函数是核算耕地保护机会成本损失和外部性价值的基础。

（一）相关变量的来源与处理

根据公式（6.1），构建全国耕地资源价值生产函数所需的变量包括五个：即耕地价值量 V，耕地数量 N，耕地价值生产的资本投入量 K，劳动力投入量 L，以及各级政府管理者的智力投入 A。

1. 各省区年度耕地综合价值总产出 V 核算。其中，2009～2012年31

个省区每公顷耕地综合价值产量 V 已在第五章第四节中计算得到（详见表 5-11 的计算结果），将各省区、各年度耕地资源单位面积的价值产出乘以对应年度的耕地面积，可得到各省区各年度耕地资源综合价值总产出如表 6-1 所示，从而得到耕地价值生产函数的因变量面板数据。

表 6-1　2009～2012 年全国各省区年度单位面积耕地价值产出及耕地综合价值总产出

省（市、区）	每公顷耕地资源价值产出（元/hm²·年）				耕地综合价值总产出（亿元）			
	2009 年	2010 年	2011 年	2012 年	2009 年	2010 年	2011 年	2012 年
北京	152618	180250	202115	191115	354.07	418.18	466.89	439.56
上海	135348	191835	199079	135872	351.90	468.08	455.89	313.86
浙江	147200	161824	171165	180131	2823.30	3108.64	3293.21	3463.92
广东	128689	136951	151950	172055	3665.06	3877.08	4275.87	4834.75
福建	139640	138467	145631	139908	1861.40	1841.61	1932.52	1860.78
湖南	96499	109202	116337	136537	3656.35	4137.66	4409.17	5174.75
江苏	109368	109903	114429	122047	5210.29	5235.78	5451.40	5814.32
天津	104575	115683	99497	100497	464.31	510.16	436.79	437.16
江西	82297	100239	104507	103206	2326.54	2833.76	2955.46	2918.67
山东	91927	97657	93660	97270	6900.96	7338.92	7046.98	7320.54
河南	85325	96070	98609	99189	6762.86	7614.51	7816.74	7862.71
四川	80535	92597	94571	96540	4791.83	5506.74	5622.25	5720.96
河北	75256	86217	92726	87738	4752.42	5446.33	5860.28	5548.55
湖北	69993	79779	83606	86896	3263.77	3720.89	3900.22	4052.83
安徽	61090	74585	76415	78619	3499.24	4273.72	4380.11	4507.23
海南	60993	69750	77199	79280	445.86	509.18	563.55	577.16
广西	58845	67268	73897	74185	2480.32	2837.36	3118.45	3123.19
重庆	61350	68827	69444	70167	1373.63	1538.97	1550.68	1566.13
辽宁	60156	61685	64447	60182	2457.37	2519.83	2632.66	2459.04
西藏	44830	53288	69814	71707	161.84	192.90	252.73	259.58
陕西	46824	52572	55034	56781	1895.90	2129.17	2229.98	2302.47
青海	45366	49724	55880	58470	245.88	270.00	303.43	317.49
山西	46239	50227	52472	49982	1874.07	2037.21	2129.31	2029.77
贵州	41388	46904	48923	47218	1857.49	2103.64	2193.22	2117.26
吉林	42105	47293	44352	49430	2330.51	2617.67	2454.44	2733.48

续表

省（市、区）	每公顷耕地资源价值产出（元/hm²·年）				耕地综合价值总产出（亿元）			
	2009 年	2010 年	2011 年	2012 年	2009 年	2010 年	2011 年	2012 年
新疆	39693	43588	48662	46741	1632.97	1798.01	2012.17	1933.68
云南	38923	44047	46491	49136	2364.18	2674.97	2822.93	2982.06
宁夏	35121	37794	41539	46532	388.44	418.38	460.25	516.04
甘肃	32342	36148	41093	38340	1507.14	1684.14	1914.11	1787.41
黑龙江	28956	25954	34232	27581	3427.81	3070.36	4046.91	3259.80
内蒙古	25367	28489	28650	28279	1812.73	2036.11	2047.90	2021.67
全国	63201	69644	73159	74176	76937.37	84768.12	89034.97	90258.27

注：表中实证耕地综合价值总产出一项由于数值过大，统一以亿元为单位呈现；回归运算中将以元为单位。

2. 省区年度生产要素（N，K，L，A）投入量统计数据来源及处理。耕地投入量 N 以各省区当年耕地面积表示。如前所述，由于在"二调"之后官方统计数据自 2009 年始连续 4 年空缺，为保证数据的时效性和可靠性，本书采用了中科院地理科学与资源研究所全国耕地面积统计数据库的变更数据作为核算依据，由此得到各省区耕地要素投入量面板数据，见表 6-2 所示。

表 6-2　　　　　　　2009~2012 年全国各省区年度耕地面积

省（市、区）	耕地面积（/10³hm²）				省（市、区）	耕地面积（/10³hm²）			
	2009 年	2010 年	2011 年	2012 年		2009 年	2010 年	2011 年	2012 年
北京	232	232	231	230	广西	4215	4218	4220	4210
上海	260	244	229	231	重庆	2239	2236	2233	2232
浙江	1918	1921	1924	1923	辽宁	4085	4085	4085	4086
广东	2848	2831	2814	2810	西藏	361	362	363	362
福建	1333	1330	1327	1330	陕西	4049	4050	4052	4055
湖南	3789	3789	3790	3790	青海	542	540	532	529
江苏	4764	4764	4764	4764	山西	4053	4056	4058	4061
天津	444	441	439	435	贵州	4488	4485	4483	4484
江西	2827	2827	2828	2828	吉林	5535	5535	5534	5530
山东	7507	7515	7524	7526	新疆	4114	4125	4135	4137
河南	7926	7926	7927	7927	云南	6074	6073	6072	6069
四川	5950	5947	5945	5926	宁夏	1106	1107	1108	1109

续表

省（市、区）	耕地面积（/$10^3\,hm^2$）				省（市、区）	耕地面积（/$10^3\,hm^2$）			
	2009 年	2010 年	2011 年	2012 年		2009 年	2010 年	2011 年	2012 年
河北	6315	6317	6320	6324	甘肃	4660	4659	4658	4662
湖北	4663	4664	4665	4664	黑龙江	11838	11830	11822	11819
安徽	5728	5730	5732	5733	内蒙古	7146	7147	7148	7149
海南	731	730	730	728	全国	121735	121716	121700	121680

注：表中耕地面积一项以千公顷为单位呈现；回归运算中将以公顷为单位。

　　资本投入量 K 由中央政府农业投入、省市级政府农业投入、县级及以下政府农业投入、农户农业投入四部分构成。其中，前两项代表"其他社会成员的资本投入量"，后两项代表耕地保护主体的资本投入量。中央政府农业投入、省市政府农业投入数据来源于 2010～2013 年中国和各省《统计年鉴》、《中国财政统计年鉴》；县级及以下政府农业投入、农户农业投入的基础数据来源于 2010～2013 年各省和地方《统计年鉴》、《中国农村住户调查年鉴》，并结合笔者在耕地盈余地区的山东省菏泽市、四川省成都市、湖北省荆州市，耕地赤字地区的福建省福州市、厦门市、南平市的实地调研数据成果，以及在全国其他省区下发并回收的共 1782 份调查问卷统计成果进行了修正；上述问卷和基层访谈提纲见本书附录一、附录二。2009～2012 年间，各省区每公顷耕地价值生产的年均资本投入量、耕地保护主体和其他社会成员资本投入量、总投资量，以及耕地保护主体的投资比例 k 计算结果如表 6-3 所示，由此得到各省区资本要素投入量面板数据。

表 6-3　　　　　2009～2012 年全国各省区每公顷耕地
生产年均资本投入量、构成及比例

省（市、区）	每公顷耕地价值生产年均资本投入量（元/hm^2）	其他社会成员资本投入量（元/hm^2）	耕地保护主体资本投入量（元/hm^2）	耕地保护主体的投资比例 k（%）	耕地价值生产年均总投资 $\overline{K}$（亿元）
北京	13271	9847	3424	25.80	30.69
天津	11034	8513	2521	22.85	48.52
河北	8047	6379	1668	20.73	508.49
山西	7984	6324	1660	20.79	323.91
内蒙古	7853	6567	1286	16.38	561.29

省（市、区）	每公顷耕地价值生产年均资本投入量（元/hm²）	其他社会成员资本投入量（元/hm²）	耕地保护主体资本投入量（元/hm²）	耕地保护主体的投资比例 k（%）	耕地价值生产年均总投资 $\overline{K}$（亿元）
辽宁	7739	6012	1727	22.32	316.16
吉林	7965	5949	2016	25.31	440.74
黑龙江	8181	6431	1750	21.39	967.59
上海	15348	11067	4281	27.89	36.99
江苏	14449	10171	4278	29.61	688.35
浙江	14524	11593	2931	20.18	279.08
安徽	9238	6989	2249	24.35	529.41
福建	11437	9052	2385	20.85	152.11
江西	8058	5937	2121	26.32	227.84
山东	8349	5987	2362	28.29	627.68
河南	8024	6579	1445	18.01	636.02
湖北	8064	6214	1850	22.94	376.10
湖南	8139	6329	1810	22.24	308.43
广东	12159	9076	3083	25.36	343.58
广西	7082	5352	1730	24.43	298.56
海南	6978	5078	1900	27.23	50.80
重庆	7584	5942	1642	21.65	169.50
四川	7419	5918	1501	20.23	440.84
贵州	7047	5629	1418	20.12	316.06
云南	6839	4989	1850	27.05	415.26
西藏	6549	4917	1632	24.92	23.69
陕西	7748	5789	1959	25.28	313.91
甘肃	7721	5874	1847	23.92	359.78
青海	7049	5001	2048	29.05	38.26
宁夏	7054	5412	1642	23.28	78.12
新疆	6972	5424	1548	22.20	287.79
全国	8900	6785	2115	23.76	10832.19

注：表中只给出各指标年均值，且各省耕地价值生产年均总投资以亿元为单位呈现；回归运算中将以逐年资本总入量为对象，并以元为单位。

劳动力投入 L 以从事耕地生产的农村劳动力总出工日表示，总出工日 T = 人均年出工日 Dp × 农村劳动力总量 Q_L × 其中从事耕地生产的人口比例

修正系数 e。其中各省农村劳动力总量 Q_L 统计数据来源于 2010～2013 年《中国农村住户调查年鉴》，各省人均年出工日 Dp 以及各省从事耕地生产的人口比例修正系数 e 的数据来源于前述全国 31 个省区的 1782 份调查问卷，并结合笔者在耕地盈余区和耕地赤字区代表省份的实地调研数据成果进行了修正。2009～2012 年间全国各省区每公顷耕地年均劳动力投入量及年均总劳动力投入量计算结果如表 6-4 所示，由此得到各省区劳动力投入量面板数据。

表 6-4　　　　　　　　2009～2012 年全国各省区每公顷耕地年均
劳动力投入量及劳动力投入总量

省（市、区）	修正系数 e	每公顷耕地年均劳动力投入量（天/hm²）	年均劳动力投入总量（天）	省（市、区）	修正系数 e	每公顷耕地年均劳动力投入量（天/hm²）	年均劳动力投入总量（天）
北京	0.27	62.52	14457750	湖北	0.39	75.74	353251360
天津	0.31	69.17	30417508	湖南	0.40	76.19	288722005
河北	0.37	74.46	470512740	广东	0.23	64.50	182260875
山西	0.36	69.52	282042640	广西	0.41	70.19	295903493
内蒙古	0.39	77.24	552072900	海南	0.19	59.80	43534400
辽宁	0.29	79.55	324981638	重庆	0.31	73.29	163803150
吉林	0.29	76.49	423257415	四川	0.40	79.58	472864360
黑龙江	0.32	77.53	916966693	贵州	0.39	70.67	316954950
上海	0.21	60.67	14621470	云南	0.38	77.77	472219440
江苏	0.23	62.69	298655160	西藏	0.19	70.15	25376763
浙江	0.25	64.10	123168150	陕西	0.35	78.24	316989360
安徽	0.30	65.94	377885655	甘肃	0.34	79.28	369424980
福建	0.31	65.27	86809100	青海	0.33	75.29	40863648
江西	0.37	73.48	207764700	宁夏	0.37	75.90	84059250
山东	0.42	83.15	625121700	新疆	0.36	73.11	301779803
河南	0.48	82.27	652113155	全国	0.33	72.38	8809206945

注：表中只列出 2009～2012 年间各省区年均耕地价值生产劳动力投入额；回归运算中将以各省区逐年劳动力投入量为对象。

各级政府管理者的管理智力投入量 A 由中央、各省区、省内至市级从事耕地生产、管理及支农服务的土地及农业部门管理人员人数表示。$A =$ 管理人员人数统计数据 $Q_M ×$ 修正系数 l；管理人员人数统计数据来源于各省区地方人力资源与社会保障部门农业、土地管理相关政府及事业单位人员编制统计资料;而笔者在实地调研过程中发现,一些类型的支农服务如农业技术推广、农机具租赁、生产资料经营管理以及耕地基建、测绘等业务还涉及财政、发改、水务、林业等部门的综合协助;部分业务还向一些企业单位进行外包。为避免遗漏,笔者通过前述耕地盈余、赤字地区 4 省 6 地的调查,获得了 6 个样本地区农业、土地编制内管理人员和"编外"耕地生产服务人员的大致比例;进而根据各省行政和事业单位编制人员统计数量对比,估算出各省"编外"耕地生产服务人员修正系数 l。2009 ~ 2012 年间全国各省区每公顷耕地年均管理要素投入量及年均管理要素投入总量计算结果如表 6 - 5 所示,由此得到各省区管理要素投入量面板数据。

表 6 - 5　　　　　　2009 ~ 2012 年全国各省区每公顷耕地年均
管理投入量及管理投入总量

省(市、区)	修正系数 l	每公顷耕地年均管理投入量(人/hm²)	年均管理要素投入总量(人)	省(市、区)	修正系数 l	每公顷耕地年均管理投入量(人/hm²)	年均管理要素投入总量(人)
北京	4.52	0.137	31681	湖北	3.56	0.096	447744
天津	4.21	0.126	55409	湖南	3.43	0.092	348634
河北	3.94	0.136	859384	广东	3.98	0.119	336264
山西	3.67	0.187	758659	广西	3.19	0.076	320397
内蒙古	3.45	0.089	636128	海南	2.99	0.054	39312
辽宁	3.67	0.101	412610	重庆	3.67	0.084	187740
吉林	3.62	0.097	536750	四川	3.74	0.091	540722
黑龙江	3.98	0.103	1218207	贵州	3.28	0.078	349830
上海	4.05	0.142	34222	云南	3.45	0.074	449328
江苏	4.57	0.131	624084	西藏	3.14	0.053	19173
浙江	4.01	0.129	247874	陕西	3.76	0.098	397047
安徽	3.93	0.103	590267	甘肃	3.20	0.095	442676
福建	3.91	0.114	151620	青海	3.34	0.084	45591
江西	3.55	0.1	282750	宁夏	3.49	0.087	96353
山东	3.52	0.087	654066	新疆	3.23	0.063	260048
河南	3.65	0.084	665826	全国	3.67	0.103	12535898

注:表中只列出 2009 ~ 2012 年间各省区年均耕地价值生产管理要素投入额;回归运算中将以各省区逐年管理要素投入量为对象。

由此形成耕地价值四类生产要素省际年度面板数据。

（二）全国及耕地盈余/赤字地区耕地价值生产函数构建

由于自变量和因变量数值单位不同，本书对数据进行了标准化处理；同时，为避免伪回归，先对面板数据进行单位根检验，结果表明数据序列一阶单整，故需进一步检验各个变量间是否存在长期协整关系。由于本书采用的面板数据为短期面板数据，而且是分区进行分析，故本书选取固定效应变截距模型进行协整检验。检验结果表明，数据回归残差项均为平稳序列，因此上文所选各变量之间存在长期平稳关系。进而，由 F 检验与 Hausman 检验可知，不论是全国数据还是分区数据，均适合采用固定效应变截距模型。据计算耕地价值生产要素边际生产率进而价值分配额的需要，设耕地价值生产函数计量模型如下：

$$V_{it} = \alpha_{it} + \beta_1 N_{it} + \beta_2 K_{it} + \beta_3 L_{it} + \beta_4 A_{it} + \varepsilon_{it}$$

α_{it} 为截距项；$\beta_1 \sim \beta_4$ 为各类生产要素边际贡献率系数；ε_{it} 为随机干扰项。i 表示省份，$i = 1$，…，31；t 表示年份，$t = 2009$，2010，2011，2012。运用 Eviews6.0 对省际面板数据进行回归运算，得到各要素回归系数，建立全国耕地价值生产函数如下：

$$V = 1.9724N + 2.0510K + 1.3928L + 0.4326A + 3.25$$

依据相同的方法，按照前述耕地赤字、盈余地区的划分，进而分别求得耕地赤字地区和耕地盈余地区的耕地价值生产函数分别为：

$$V_{赤} = 2.1410N + 3.0163K + 1.0664L + 0.519A + \alpha_{it} + 4.74$$

$$V_{盈} = 2.4951N + 3.1240K + 1.8770L + 0.301A + \alpha_{it} + 12.78$$

回归检验表明，虽然回归样本容量较小，但上述三个模型的拟合优度分别达到90.2%、86.4%和86.9%，实现了对中国各省 2009～2012 年间耕地资源价值生产要素贡献关系的较好拟合效果；回归方程的检验结果见表 6-6 所示。

表 6-6　　　　　　耕地价值生产函数回归检验结果

回归方程	全国		耕地赤字区		耕地盈余区	
	系数	P 值	系数	P 值	系数	P 值
N	1.9724	0.020 **	2.1410	0.004 ***	2.4951	0.022 **
K	2.0510	0.032 **	3.0163	0.021 **	3.1240	0.003 ***
L	1.3928	0.044 **	1.0664	0.064 *	1.8770	0.049 **

回归方程	全国		耕地赤字区		耕地盈余区	
	系数	P 值	系数	P 值	系数	P 值
A	0.4326	0.067 *	0.519	0.045 **	0.301	0.030 **
AdR^2	0.902		0.864		0.869	
F 检验	0.004		0.001		0.002	
Hausman 检验	0.0297		0.014		0.001	
模型形式	固定效应变截距		固定效应变截距		固定效应变截距	

注：*** 、 ** 、 * 分别表示在 99% 、95% 、90% 置信水平下显著；AdR^2 为调整后拟合优度，越接近 1，表示模型拟合效果越好；F 检验的 F 值小于 0.05，表示适合采用变截距模型；Hausman 检验的 P 值小于 0.05，表示适合采用固定效应模型。

二、中国耕地保护机会成本损失和外部性价值测算

按照本章第二节推导的耕地保护补偿标准有效区间核算方法，下面分别对全国耕地保护主体的机会成本损失和外部性进行实证估算。

（一）各类生产要素耕地价值分配量核算与投入效率分析

1. 各类生产要素耕地价值分配量核算。根据边际生产率分配理论，各类生产要素应该分得的耕地资源综合价值和经济价值量分别为：

$$V_{(N,K,L,A)} = V \times \frac{\beta_{(N,K,L,A)}}{\beta_N + \beta_K + \beta_L + \beta_A} \qquad 公式（6.10）$$

$$Ve_{(N,K,L,A)} = Ve \times \frac{\beta_{(N,K,L,A)}}{\beta_N + \beta_K + \beta_L + \beta_A} \qquad 公式（6.11）$$

按照全国耕地价值生产函数的回归结果，将本书第五章第四节表 5 - 12 中计算得出的 2009 ~ 2012 年间中国每公顷耕地资源年均综合价值产出量 70047 元，以及年均经济价值产出量 16392 元，耕地赤字地区每公顷耕地资源年均综合价值产出 69041 元、耕地盈余地区每公顷耕地资源年均综合价值产出 71053 元[①]分别代入公式（6.10）和公式（6.11）；四类生产要素各自在耕地资源综合价值和经济价值中的所应分得的额度分别应如表

---

① 这里简要说明：全国、耕地盈余地区、赤字地区每公顷耕地年均价值产出是由各省区年均耕地价值单产乘以各省（区）耕地在分区中所占比例权重而得到的。虽然耕地赤字地区包含了一些经济发达、耕地质量较高、价值单产较高的东南沿海地区，但其耕地面积大多较少；由于云南、贵州、山西、陕西等单产较低地区耕地面积远高于经济发达地区，故加权得到的每公顷耕地价值单产反而不如耕地盈余地区高。

6 – 7 所示。

表 6 – 7 四类生产要素的耕地价值分成

生产要素	耕地综合价值分配量			耕地经济价值分配量（全国）
	全国	耕地赤字地区	耕地盈余地区	
耕地数量 N	$V_N = 23622.06$ 元	$V_{N赤} = 21922.49$ 元	$V_{N盈} = 22737.22$ 元	$Ve_N = 5527.90$ 元
资本投入量 K	$V_K = 24563.40$ 元	$V_{K赤} = 30885.01$ 元	$V_{K盈} = 28468.22$ 元	$Ve_K = 5748.19$ 元
劳动力投入量 L	$V_L = 16680.59$ 元	$V_{L赤} = 10919.26$ 元	$V_{L盈} = 17104.63$ 元	$Ve_L = 3903.50$ 元
管理投入量 A	$V_A = 5180.95$ 元	$V_{A赤} = 5314.23$ 元	$V_{A盈} = 2742.94$ 元	$Ve_A = 1212.42$ 元

2. 各类生产要素投入效率分析。结合前述四类生产要素投入量与上述价值产出贡献量的计算结果来看：

对于土地要素 N 的投入，其每公顷每年能够为全社会提供耕地综合价值量 V_N 为 23622.06 元，经济价值量 Ve_N 为 5527.90 元；运用公式（6.12）和公式（6.13），取工业用地的 50 年使用期限（中间值）为计算周期，以 2009 ~ 2012 年间全国一年期银行存款平均利率 0.0273 为还原率 r，计算得出中国耕地利用状态下每公顷土地要素的综合价值量现值 P 为 91.02 万元，而经济价值量现值 Pe 为 25.18 万元。而根据财政部公布的《2012 年全国土地出让收支情况》，2012 年全国土地出让收益为 28886.31 亿元，成本补偿性支出 22624.90 亿元，总出让面积为 69.04 万公顷；可计算得出中国 2012 年建设用地利用状态下每公顷土地要素的价值现值① =（土地出让收益 – 开发成本）/总出让面积 = 87.69 万元。可以看出，在中国当前的发展阶段，若仅考虑经济收益，则土地要素作为耕地用途是不经济的；但当综合考虑耕地的经济和非经济价值时，土地要素作为耕地使用对社会的综合价值贡献仍然高于建设用地使用状态下的水平。

$$P = (V_N/r) \times \left(1 - \frac{1}{(1+r)^{50}}\right) \qquad 公式（6.12）$$

$$Pe = (Ve_N/r) \times \left(1 - \frac{1}{(1+r)^{50}}\right) \qquad 公式（6.13）$$

对于资本要素 K 的投入，根据表 6 – 3 的计算结果，全国耕地价值生产过程每公顷年均投资额度为 8900.00 元，其综合价值产出 V_K 为 24563.40 元，

---

① 这里计算出的是土地要素的"年金现值"，后文计算耕地保护机会成本损失所采用的是土地要素收益年金，为避免混淆，特此说明。

而经济价值产出 Ve_K 为 5748.19 元。说明：仅从经济性的"成本—收益"角度来看，全国耕地经济价值生产中的资本要素投入是不经济的；但若考虑耕地资源的综合价值，则每公顷耕地资本投入的收益率将达到 $(24563.40/8900.00) - 100\% = 175.99\%$；这一投资回报远高于中国其他经济部门的平均收益率，因此对于社会整体而言，耕地生产的资本投入具有极高的经济有效性。从分省区的情况来看，北京、上海、浙江、江苏等经济发达省份，其耕地生产过程中的资本投入量已经高于全国平均的耕地资本投入经济价值贡献量，其耕地生产投资的主要收益体现在非经济价值收益方面。

对于劳动力要素 L 的投入，全国每公顷耕地价值生产过程中每年平均投入的出工日为 72.38 天，分别能够产生 16680.59 元的耕地综合价值量和 3903.50 元的耕地经济价值量；由此可计算得到：全国农村劳动力平均每个耕地生产出工日能够创造的耕地经济价值量 = 3903.50 元/72.38 = 53.93 元，而能够创造耕地综合价值量 = 16680.59 元/72.38 = 230.45 元。由于市场经济条件下，工资收入水平应能够反映劳动的经济贡献率，这里不妨与同时期农村劳动力进城务工的日均工资收入相比较。根据国家统计局发布的《2012 年全国农民工监测调查报告》，2012 年中国农民工平均月工资为 2290 元，以一月 22 个正常工作日计算，其每日能够创造的经济价值 = 2290 元/22 = 104.09 元。可见，若考虑经济收益，则农村劳动力从事耕地耕作生产的价值创造率（劳动报酬）要低于其进城务工的价值创造率（劳动报酬）；但综合考虑耕地的非经济价值时，其从事耕地劳作的价值创造率达到其进城务工价值创造率的 2.21 倍。因此，从整体上看，耕地保护中的劳动力投入是经济有效率的。

对于管理要素 A 的投入，全国每公顷耕地价值生产过程中每年平均投入的管理人数为 0.103 人，所创造的耕地综合价值量和经济价值量分别为 5180.95 元和 1210.42 元。通过换算可得：每 1 位从事耕地生产相关管理的工作人员每年能够分别创造 50300.49 元的耕地综合价值量以及 11751.65 元的耕地经济价值量。同样的，由于市场经济条件下，工资收入水平应能够反映劳动的经济贡献率；这里不妨与同时期中国城镇居民人均可支配收入（耕地生产管理人员大部分为城镇居民）相比较。根据《2013 年中国统计年鉴》，2012 年全国城镇居民人均可支配收入为 24565 元，这一额度虽然高于耕地生产管理人员年均耕地经济价值创造量，但却只有其综合价值创造量的 48%。因此，从整体上看，耕地生产过程中管理要素投入是经济有效率的。

（二） 中国耕地保护主体机会成本损失测算

根据公式（6.8），核算耕地保护机会成本损失需要确定两个主要变量：一是耕地保护主体的现状耕地价值总收益 $V'_P \left(\frac{Ma}{M} V_N + V_L + k V_K \right)$；二是其将耕地转为其他用途后的最高纯收益 （$C_P - C_F$）。

1. 耕地保护主体的现状耕地价值收益计算。耕地保护主体的现状耕地价值总收益 V'_P 计算方法如公式（6.5）。根据表 6-3 的计算结果，耕地保护主体的投资比例 $k = 0.2376$；进而通过查阅 2009~2012 年间《中国统计年鉴》，得到耕地保护主体（农业人口 Ma）和其他社会成员（城镇居民 Mb）在耕地要素价值 V_N 中的分成 $\left(\frac{Ma}{M} ; \frac{Mb}{M} \right)$ 为 （0.489；0.511）。将上述数据连同表 6-7 的运算结果代入公式（6.5），从而得到耕地保护制度下全国耕地保护主体从每公顷耕地所获得的现状年均综合收益水平为：$V'_P = 34068.04$ 元/hm² · 年。

进而采用相同方法，计算得出耕地赤字地区和耕地盈余地区耕地保护主体的投资比例 $k_{赤}$ 和 $k_{盈}$ 分别为 0.2543 和 0.2209；而耕地保护主体和其他社会成员在耕地要素价值 V_N 中的分成 $\left(\frac{Ma}{M}_赤 ; \frac{Mb}{M}_赤 \right)$、$\left(\frac{Ma}{M}_盈 ; \frac{Mb}{M}_盈 \right)$ 分别为 （0.475；0.525） 和 （0.503；0.497）；将表 6-7 的计算结果代入公式（6.5），得到耕地保护制度下耕地赤字地区和盈余地区耕地保护主体从每公顷耕地所获得的现状年均综合收益水平分别为：$V'_{P赤} = 29186.51$ 元/hm² · 年，$V'_{P盈} = 34830.08$ 元/hm² · 年。

2. 耕地转为其他用途后的最高纯收益计算。首先，确定耕地能够转为其他最高经济的用途是核算耕地保护机会成本损失的关键。从目前全国普遍情况看，耕地的最高经济收益用途即为转变为建设用地。虽然耕地保护制度亦禁止种树等行为，但其代表性较差，且不破坏耕作层，不违背耕地保护大原则。故而，此处只考虑土地开发建设等破坏耕作层且复垦难度较大、造成耕地不可逆流失的情形。

其次，从建设用地的类型来看，由于区位、区域经济发展水平等条件限制，住宅、商业类开发等高收益土地用途大多集中于区域行政、经济中心等经济较为发达、土地开发利用强度较高、人口较为稠密且基础设施条件较好的地区，因此对于耕地转用用途而言不具全国层面的宏观代表性。

而工业用地开发则大多集中于乡镇地区，亦是近年来耕地违法占用及流失的主要形式。借鉴以往学者的研究方法①，结合实地调研获取的信息，本书将工业用地作为耕地转用可能的最高经济收益用途。

进而，本书基于各省区土地储备机构公布数据并结合调研，获取了2009~2012年间31个省区每省20宗共620宗工业用地出让价格 C_P 和开发成本 C_F（包括收储成本和开发成本，开发条件统一归算为"五通一平"）信息；为增强所获取信息的代表性（更贴近农村耕地转用的收益水平），本书选择了各省区经济发展水平适中城市的工业用地交易信息作为样本，而避开了经济最为发达或落后的地区，样本来源城市如表6-8所示。

表6-8　　　　　　　　耕地转用后最高经济收益用途样本来源

省（市、区）	工业用地出让价格和开发成本信息样本城市	省（市、区）	工业用地出让价格和开发成本信息样本城市
北京	平谷区、怀柔区、大兴区、顺义区	湖北	黄石市、十堰市、荆州市、宜昌市、襄樊市
天津	西青区、北辰区、宁河县、静海县	
河北	邯郸市、邢台市、保定市、张家口市、承德市	湖南	株洲市、湘潭市、衡阳市、邵阳市、岳阳市
山西	长治市、晋城市、朔州市、晋中市、忻州市	广东	肇庆市、江门市、潮州市、揭阳市、惠州市
内蒙古	乌海市、赤峰市、通辽市、呼伦贝尔市	广西	梧州市、北海市、玉林市、钦州市、贵港市
辽宁	鞍山市、盘锦市、抚顺市、辽阳市、铁岭市	河南	洛阳市、焦作市、濮阳市、商丘市、南阳市
吉林	榆树市、德惠市、吉林市、通化市、珲春市	重庆	长寿区、万州区、黔江区、渝北区、北碚区
黑龙江	齐齐哈尔市、鸡西市、大庆市、伊春市、牡丹江市	四川	德阳市、绵阳市、广元市、遂宁市、宜宾市
上海	嘉定区、金山区、松江区、青浦区、奉贤区	贵州	六盘水市、遵义市、安顺市
		青海	海东市、西宁市
江苏	徐州市、泰州市、宿迁市、淮安市、盐城市	云南	玉溪市、昭通市、丽江市、普洱市、临沧市

① 马文博：《耕地保护经济补偿机制研究》，西北农林科技大学2009年论文。雍新琴：《耕地保护经济补偿机制研究》，华中农业大学2010年论文。

省（市、区）	工业用地出让价格和开发成本信息样本城市	省（市、区）	工业用地出让价格和开发成本信息样本城市
浙江	湖州市、绍兴市、金华市、衢州市、舟山市	西藏	拉萨市、昌都地区
		海南	琼海市、儋州市、文昌市
安徽	芜湖市、蚌埠市、安庆市、滁州市、六安市	陕西	宝鸡市、咸阳市、渭南市、延安市、汉中市
浙江	湖州市、绍兴市、金华市、衢州市、舟山市	甘肃	天水市、嘉峪关市、武威市、张掖市、酒泉市
江西	九江市、上饶市、宜春市、赣州市、新余市	宁夏	石嘴山市、吴忠市、固原市、中卫市、青铜峡市
山东	淄博市、烟台市、潍坊市、德州市、济宁市	新疆	克拉玛依市、石河子市、阿拉尔市、图木舒克市、五家渠市
福建	南平市、莆田市、漳州市、龙岩市	全国	共140个市（区）

进而，用 C_P 减去 C_F 得到纯收益并将其折算为每公顷土地年均纯收益 R：

$$R = [(C_p - C_F) \times a] / \left(1 - \frac{1}{(1+a)^{50}}\right) \qquad 公式（6.14）$$

a 为还原率，根据 2009～2012 年间同期银行一年期存款利率平均计算得该值为 0.0273。进而将交易样本 R 值的平均值 $\overline{R}$ 作为各省区单位面积工业用地年均纯收益，如表 6-9 所示。

表 6-9　　　　　　　2009～2012 年全国各省区工业用地单位面积年均纯收益

省（市、区）	工业用地单位面积年均纯收益（元/hm²）	省（市、区）	工业用地单位面积年均纯收益（元/hm²）
北京	94529.43	湖南	51167.58
天津	62274.65	广东	75197.45
河北	53519.43	广西	41821.21
山西	38163.21	海南	60430.65
内蒙古	32109.05	重庆	52149.58
辽宁	44147.61	四川	45430.25
吉林	44430.52	贵州	20264.23
黑龙江	42130.27	云南	26530.41
上海	123678.34	西藏	9767.21

省（市、区）	工业用地单位面积年均纯收益（元/hm²）	省（市、区）	工业用地单位面积年均纯收益（元/hm²）
江苏	106437.51	陕西	48810.75
浙江	105597.34	甘肃	29139.37
安徽	49149.35	青海	25198.89
福建	93106.52	宁夏	26716.57
江西	39468.32	新疆	29910.37
山东	74041.39	全国	38905.30
河南	56140.41	耕地赤字地区	39034.89
湖北	52607.35	耕地盈余地区	38775.71

注：全国每公顷工业用地年均纯收益 = $\sum$ 各省工业用地年均纯收益×该省工业用地出让面积占全国工业用地出让总面积的比重。

由表6-9可见，2009~2012年间全国工业用地年均纯收益水平为38905.30元/hm²·年，低于同期全国耕地资源经济、社会和生态综合价值70047元/hm²·年，而高于同期全国耕地经济价值产出16392元/hm²·年。反映出从耕地的整体价值来看，保护耕地仍然是经济的；但仅从耕地的经济价值来看，保护耕地与转用耕地相比，比较收益严重偏低；耕地对于全社会的主要贡献体现在其非经济价值方面。

将以上计算结果代入机会成本损失计算公式（6.8），计算得全国、耕地赤字地区和耕地盈余地区耕地保护主体每公顷耕地的年均机会成本损失分别为：

全国：38905.30 - 34068.04 = 4837.26元/hm²·年；

耕地赤字地区：39034.89 - 29186.51 = 9848.38元/hm²·年；

耕地盈余地区：38775.71 - 34830.08 = 3945.63元/hm²·年。

（三）中国耕地外部性价值测算

将表6-7的计算结果，全国、耕地赤字地区、耕地盈余地区其他社会成员的投资比例0.7624、0.7457、0.7791，以及其他社会成员在耕地要素价值 V_N 中的分成0.511、0.525、0.497代入公式（6.6），得到全国、耕地赤字地区、耕地盈余地区其他社会成员在耕地资源综合价值中的分成额：$V'_S = 35978.96$ 元/hm²·年；$V'_{S赤} = 39854.49$ 元/hm²·年；$V'_{S盈} = 36222.92$ 元/hm²·年。其中，全国、耕地盈余地区、耕地赤字地区耕地资源的外部性价值分别为：

全国：$\dfrac{Mb}{M}V_N = 12070.87$ 元/hm$^2 \cdot$ 年；

耕地赤字地区：$\left(\dfrac{Mb}{M}V_N\right)_{赤} = 11509.31$ 元/hm$^2 \cdot$ 年；

耕地盈余地区：$\left(\dfrac{Mb}{M}V_N\right)_{盈} = 11300.40$ 元/hm$^2 \cdot$ 年。

以上数值说明中国耕地资源对于社会整体的正外部性贡献是巨大的；亦从一个侧面反映出耕地保护的经济有效性和必要性。

三、中国耕地保护补偿标准及资金需求测算

按照公式（6.9），代入以上计算结果，可得到全国、耕地赤字地区和耕地盈余地区的耕地保护补偿标准平均值；进而按照全国耕地面积，即可计算得出耕地保护补偿资金的最低和最高需求。

（一）全国及分区耕地保护补偿标准

全国、耕地盈余地区和耕地赤字地区的耕地保护补偿标准有效区间[①]分别为：

全国：｛4837.26 元/hm$^2 \cdot$ 年，12070.87 元/hm$^2 \cdot$ 年｝；
耕地赤字地区：｛9848.38 元/hm$^2 \cdot$ 年，11509.31 元/hm$^2 \cdot$ 年｝；
耕地盈余地区：｛3945.63 元/hm$^2 \cdot$ 年，11300.40 元/hm$^2 \cdot$ 年｝。

（二）全国及分区耕地保护补偿资金需求量

以 2012 年为计算时点，根据表 6 - 2，2012 年全国耕地面积为 121680 千公顷，耕地赤字地区和耕地盈余地区的总耕地面积分别为 40269 千公顷 和 81411 千公顷。将上述全国、耕地赤字地区和耕地盈余地区补偿标准有效区间的下界（机会成本损失）和上界（耕地外部性价值）分别乘以对应的耕地面积，可以估算出全国、耕地赤字地区、耕地盈余地区每年的补偿资金需求规模的最低值和最高值分别为：

全国：｛5885.98 亿元 $\cdot$ 年；14687.83 亿元 $\cdot$ 年｝；

----

① 这里再次补充说明，这一补偿标准有效区间是指全国、耕地赤字和盈余地区最高和最低补偿标准的均值，而不是实际的补偿额度。实际补偿时要根据各省（区）机会成本损失和外部性的具体情形进行梯度补偿。

耕地赤字地区：{3965.84 亿元·年；4634.68 亿元·年}；

耕地盈余地区：{3212.18 亿元·年；9199.77 亿元·年}。

上述耕地保护补偿标准和资金需求计算过程中主要辅助指标值和计算结果总结如表 6－10 所示。

表 6－10　　　　　　　　耕地保护补偿标准核算关键指标计算结果

核算指标	全国	赤字区	盈余区
每公顷耕地年均价值总产出（元/hm² · 年）	70047	69041	71053
耕地保护主体的 V_N 分成（人口比重）$\dfrac{Ma}{M}$	0.489	0.475	0.503
其他社会成员的 V_N 分成（人口比重）$\dfrac{Mb}{M}$	0.511	0.525	0.497
耕地保护主体的 V_K 分成（投资比例）k	0.2370	0.2543	0.2209
其他社会成员的 V_K 分成（投资比例）$(1-k)$	0.7630	0.7457	0.7791
耕地保护主体的现状年均耕地价值收益 V_S'（元/hm² · 年）	34068.04	29186.51	34830.08
其他社会成员的年均耕地价值收益 V_P'（元/hm² · 年）	39978.96	39854.49	36222.92
耕地转用后的年均最高收益 R（元/hm² · 年）	38905.30	39034.89	38775.71
耕地保护补偿标准最低值 $(R-V_S')$（元/hm² · 年）	4837.26	9848.38	3945.63
耕地保护补偿标准最高值 $\dfrac{Mb}{M}V_N$（元/hm² · 年）	12070.87	11509.31	11300.40
最低补偿资金需求（亿元·年）	5885.98	3965.84	3212.18
最高补偿资金需求（亿元·年）	14687.83	4634.68	9199.77

首先，虽然耕地赤字地区多数为东部沿海、耕地质量较好、耕地价值单产较高的地区，但这些地区耕地面积大都较小；分区内耕地价值单产较低的山西、云南、山西、青海、江西、广西等地耕地面积却很大，因此加权计算后的分区耕地价值单产反而低于耕地盈余地区。

其次，对于耕地赤字地区的耕地保护主体而言，由于人数相对比重较小，因此其从土地要素价值 V_N 产出中分得的比重较少；劳动力边际贡献率低于耕地盈余地区，因此分得的劳动力价值量 V_L 较少；虽然资本投入比例略高于耕地盈余地区的耕地保护主体，但难以弥补前两项价值分配的"劣势"，耕地保护主体的耕地价值总收益低于耕地盈余地区。其他社会成员由于人数较多、管理要素贡献率较高且资本投入比例仅略低于耕地盈余地区，因此其所分得的耕地价值高于耕地盈余地区；所享受的外部性价值亦高于后者。

最后，由于耕地赤字地区耕地转用后年均纯收益（价值产出）高于耕地盈余地区，而耕地保护主体的耕地价值现状收益却低于耕地盈余地区，因此其保护耕地的机会成本损失远高于后者（超过 2 倍）。

第四节 全国耕地保护补偿标准研究总结

与目前其他耕地保护补偿标准研究相较（如陈秧分，刘彦随测得的耕地保护补偿标准为 3917 元/hm² · 年①；雍新琴、张安录所测得标准为 1.31 万元/hm² · 年②），本书研究体系的特点和创新在于，将古典经济学外部性内部化经济机理及福利经济学的分配理论完整、严格引入补偿研究，将耕地资源价值贡献及按生产要素贡献率调整分配作为补偿机理，构建耕地价值生产函数，引入"补偿有效区间"概念，对以往单一考虑耕地保护机会成本损失和外部性价值的标准研究进行了改进，计算得出了全国耕地保护补偿最高和最低标准及资金总额。从中可以得出一些重要结论：

一、目前生产条件下，中国耕地价值的生产呈现出由粗放型向集约型转变的趋势，但保护耕地数量对于维持全国耕地资源价值依然重要

以往有些观点认为，耕地保护及其补偿并不需要将严格维持耕地数量不变作为目标，应该更多关注于农业生产技术的革新和产能的提升，以此对冲耕地规模缩减的福利损失。

从全国耕地价值生产函数回归结果来看，上述观点所论述的趋势确实存在：近年来中国耕地综合价值的生产逐步由粗放型向集约型转变，中国耕地价值生产各要素的贡献率中，价值贡献量最大的生产要素为资本 K 和土地 N，而劳动力 L 和管理要素 A 的贡献率则相对较低；特别是资本要素的价值贡献率已经超过了土地要素。说明：近年来中国加大农业投资力

---

① 陈秧分、刘彦随、李裕瑞：《基于农户生产决策视角的耕地保护经济补偿标准测算》，载《中国土地科学》2010 年 24 卷第 4 期。

② 雍新琴、张安录：《耕地保护经济补偿主体与对象分析》，载《安徽农业科学》2010 年第 21 期。

度、加强农田基础设施建设、提高农业补贴水平、增强农业科技研发及科研成果转化、推动农业由增加耕作面积和劳动力投入数量的粗放型增长模式向资金密集型、技术密集型的精细化、集约化增长模式转变的政策已经初见成效，同时这也是现代种植农业发展的必然趋势。

但同时也应看到，耕地综合价值的产出对耕地总量依然具有较高依赖程度，在现阶段维持耕地数量对于中国耕地资源综合价值的贡献仍然十分重要。因此，上述通过耕地质量提升来弥补数量减少的产能损失的思路在现阶段仍难以实现，这也从一个侧面论证了当前严守耕地红线的重要性。

二、耕地保护补偿对于全国整体是经济的，但对于部分区域可能是不经济的

前述测得的耕地综合价值（$V_S + V_P$）＞转用后的经济价值（C_P）；说明从全国总体来看，耕地的经济、社会、生态综合效益大于建设占用效益，现行最严格的耕地保护制度具有经济合理性。其次，2009~2012 年间全国每公顷耕地年均外部性价值量为 12070.87 元/hm^2·年，远高于耕地保护机会成本损失 4837.26 元/hm^2·年；说明社会其他成员对于耕地保护主体实施完全补偿后仍然有较高"效用剩余"水平，补偿对于社会总体福利而言是值得的。

但就局部而言，北京、上海、广东、浙江、江苏、福建、山东 7 省市的工业用地纯收益高于全国单位面积平均耕地价值，且机会成本损失额也超过了全国平均耕地资源外部性价值，这在一定程度上体现出建设占用对耕地资源具有较高的压力，耕地保护补偿实现目标难度较高。

三、补偿资金需求量较大，但仍具操作可行性

从中国耕地保护补偿资金需求的最低额 5885.98 亿元来看，反映出耕地保护主体为提高全社会福利承受了巨量的经济效益损失，愈发说明了耕地保护补偿的重要性和迫切性。但是，近 6000 亿元的最低补偿总额、亩均 322.5 元/年的补偿标准相当于将目前中国财政支农资金总额翻了一番；从财政可承受能力角度来看，耕保补偿的资金压力是较大的。

但这并不能得出"补偿无用和不可行"的结论：虽然实现上述"完全补偿"具有一定困难，但补偿不仅是为了实现社会经济绩效，同时也是

为了促进社会发展机会的公平并减轻社会矛盾和利益冲突，因此实施补偿依然是必要的。并且，结合笔者耕地保护补偿"双纵双横"模式的研究结果，补偿资金除来源于中央直补外，还包括省级单位的配套资金以及耕地赤字区对耕地盈余区的横向转移支付，因此补偿资金总体压力可能比想象中有所缓解。未来研究需在拓宽补偿资金来源渠道、整合财政支农资金等方面寻求突破。

四、从补偿资金的理论效力来看，在全国推进耕保补偿工作时，可优先对耕地盈余地区实施补偿

前文研究表明，不同经济发展水平、耕地禀赋条件的地区，其补偿标准和补偿效果差别较大。因此补偿要改变以往"撒盐面"式的全面铺开、均等补偿的粗放方式，以"寻求最佳补偿成本—收益比，集中资金优先保护优质耕地"为原则，在全国设定优先补偿地区，逐步适时推广。这里提供一个简单思路，以耕地赤字、盈余区单位面积耕地年均外部性价值在扣除耕地保护主体机会成本损失即补偿额后，其他社会成员剩余的耕地外部性价值与最低补偿额的比值来衡量补偿资金使用效力公式（6.15），反映其他社会成员每付出 1 元补偿资金，能够为自身换来多少外部性价值剩余。

$$\frac{Mb}{M}V_N - \left[(C_P - C_F) - \left(\frac{Ma}{M}V_N + V_L + kV_K\right)\right] / (C_P - C_F) - \left(\frac{Ma}{M}V_N + V_L + kV_K\right)$$

公式（6.15）

经计算，耕地赤字、盈余地区该比值分别为 0.16 和 1.86，说明耕地盈余地区在向外部输出耕地正外部性的同时，其单位补偿资金的运用效率也较高。因此建议，在补偿资金有限的情况下，将耕地盈余区省份作为补偿推广优先省份，适时再将赤字地区纳入补偿范围。

第七章

耕地保护补偿资金的
支出运用研究

迄今为止，本书研究已进展至资金的实际运用层面。如前所述，耕地保护补偿的直接目标在于"保护耕地产权完整性"、"维护农民土地权益"、"促进社会收入和发展机会公平"等；根本目的在于"提升耕地保护的执行绩效"；而最终目的则在于"促进中国经济社会的长期、健康、稳定、可持续发展"。而耕保补偿目标的实现路径则为通过"促进公平"实现"提升效率"。在现有财力有限的情况下，如何能够发挥耕地保护补偿资金的运用效率，最大限度地对耕地保护主体形成有效激励，促进耕地"总量不减少、质量有提升、生态有改善"是补偿资金使用的根本要求。因此，在遵循"双纵双横"模式的补偿资金分配思路，并按照补偿标准和总体资金需求拓宽资金渠道、尽力筹集所需资金的基础上，研究补偿资金最终运用的基本原则与使用手段是十分重要的。

第一节　耕地保护补偿资金的使用原则

按照前述全国耕地保护补偿"双纵双横"模式（见图5-8），县级政府承担着"承上启下"的职责，既是补偿对象，同时也是补偿的落实主体。县级行政单位在获得中央、省以及可能来自其他省（仅对于耕地盈余地区）、县（仅对于占地压力较小的县）的资金后，需要最终对具体耕地地块承包经营权所有人落实补偿。对县级政府的补偿是一种"政绩补偿"而非资金补偿，主要体现在补偿资金缓解其财政压力、使其不用通过出让国有土地即可获得必要的财政收入以发展地方经济、改善地方建设，从而间接地提升其政绩。因此，以下主要研究针对农户的补偿，亦称为"耕地保护主体"，应避免混淆。

由于中国国土面积广大，各地在补偿自己资金运用时所面临的具体问题千差万别，由中央或省级政府制定统一的资金运用标准和方式势必难以适应各地的实际需求。因此，在耕保补偿资金具体落地时应赋予地方较大的自由裁量权，中央和省级政府则只需制定一些原则性的规范、指导意见，并对县级的补偿执行情况进行监督。

基于这一考虑，根据第四章第二节推导出的耕地保护补偿的基本原则，综合考虑中国耕保补偿资金有限的现状以及未来耕地保护"保量、提质"的精神，结合笔者实地调研中的反馈信息，这里给出耕保补偿资金在实际运用中的基本原则：

一、简便性与细致性相平衡原则

县级政府是耕地保护补偿的对象，对其补偿方式主要为"政绩补偿"。但同时，耕保补偿机制的运行必然会增加县级政府的管理负担和工作量。从四川成都、广东佛山的补偿实践经验来看，其"一刀切"式的补偿标准和"统一的"补偿方式设计正是为了便于管理，降低行政工作量。在笔者对于山东省菏泽市，福建省福州市、厦门市、南平市，以及湖北省荆州市的基层土地、农业管理干部访谈过程中，基层干部除了补偿标准、资金分配问题外，最为关心的就是补偿执行的任务究竟由谁承担、补偿资金管理的方式不要太过复杂。

但另一方面，按照耕保补偿的理论要求，对具体地区、具体地块的补偿又需依据其保护的机会成本损失额和外部性价值贡献量来确定补偿强度，在过大尺度上执行相同补偿标准、搞"平均主义"反而会使得那些耕地集中连片、质量较高的地区产生不满情绪，制造新的社会矛盾的同时也会削弱补偿效力。

由此可见，要节约补偿工作成本、提高补偿效率，就需要尽量简化补偿工作流程与资金运用方式；而要提升补偿效力、实现耕地保护效果，则需要做到资金的运用尽量贴近具体地区、具体地块的实际情况，满足耕地权益人的实际需求。县级行政单位在使用补偿资金时应该在工作程序的"简便性"和对具体地区、具体地块的"适宜性"、"细致性"间寻求平衡；在尽量把资金运用方案做细的基础上，通过压缩不必要的工作环节和行政编制、建立高效的部门间协调机制、提高工作人员业务培训水平等方式，节约行政资源、提升补偿速率。

二、直观性原则

耕地保护补偿提升耕地保护效率的关键在于对耕地保护主体形成有效的经济激励。通过逐步弭平耕地保护主体转用耕地后与保护耕地时的收益差距，逐渐打消其建设占用耕地的欲望，促使其价值取向和社会总体价值取向相一致，按照社会利益最大化的方向配置、使用耕地资源。

按照激励机制设计理论，补偿的本质是一个"激励信号"，其目的在于促使耕地保护主体形成"保护耕地也能以地生财"的理性预期，这一激励信号包括两个主要构成要件：方向、强度。

其中，补偿的"方向"由其目标所确定，即促使耕地保护主体自觉自愿的保护耕地，这一点似乎无需多言。但在实践中却非这样简单，在对诸多耕地保护主体进行补偿时，耕保主体间获得补偿资金的额度不同可能会引发部分耕保主体的不满情绪，甚至形成"保护耕地的逆向激励"。为此，本书在第五章中用了大量的篇幅阐述如何根据各地的具体情况尽量有理有据的、公平的分配补偿资金，以尽力消除耕保主体间的分歧。

补偿的"强度"则包含额度、形式两个层面：从补偿的额度来讲，根据本书第四章第二节的推论，补偿只有达到或超过耕地保护主体的机会成本损失才能够有效抑制其转用耕地的欲望。但是从第六章的测算结果来看，从最保守的补偿标准出发，中国每年耕保补偿的最低资金需求仍将近6000亿元。因此，短期内耕保补偿促进社会公平的价值要大于其提高耕保效率的作用。对于这一点，短期内并没有速成的有效解决方案，只能通过长期的融资渠道创新和资金积累予以实现。那么，对于县级政府而言，在按照前述补偿资金分配方法得到尽量"公平"的补偿量后，就应该在补偿的形式上多下功夫。

如前所述，现行耕地保护制度采用"委托—代理"型的管理体制，作为"代理方"的耕地保护主体的意愿是实现耕保效率的关键。因此，补偿形式应尽量增强对于耕保主体的直观性的刺激，这一"直观性"包含两个层面：

首先是"来源"的直观性，即使得耕地保护主体明白，耕保补偿是其他社会成员对其保护耕地遭受损失的赔偿，其获得补偿资金的原因在于其实施了耕地保护行为，而未来若想继续获得补偿则需要继续保护耕地。目前成都、佛山等地在补偿实践中与耕保责任人签订"耕保责任书"和"补偿协议"的做法正是为了实现上述目的。

其次是"手段"的直观性，即尽量使耕地保护主体感受到补偿对其效用提升的作用，使其最大限度地感受到保护耕地给自身所带来的好处。这就需要针对具体补偿受众的需求，采用多样化的、区分性的、合理的补偿手段。这也是本章第二节的主要研究内容。

三、梯度补偿原则

根据区位理论和地租理论，具体地块的耕地在实际利用时能够转为其他用途的机会具有较大的差别：如果耕地位于经济发展速度较快、耕地转用建设压力较大的区域，其保护耕地的机会成本损失也就较高；如果机会成本损失额超过了该块耕地的正外部性价值贡献，则按照"公平补偿"原则，即使将耕地正外部性价值全部补偿给耕地保护主体，依然无法抑制其转用耕地谋求更高经济收益的激励。反之，如果耕地位于边远地区，从区位条件来看几乎不存在开发建设的可能性，则即使不对其进行补偿，也不存在耕地转用流失的风险。

同时，由于具体耕地的自然和利用条件不同，其能够为其他社会成员提供的正外部性价值量亦有所差别；按照未来耕地保护"保量、提质"的发展要求，对于耕地集中连片、自然条件较好、基础设施等耕作条件建设较为完善的地区在补偿时亦应有所倾斜。

基于以上两个方面，在目前补偿财力有限的情况下，县级政府在补偿资金使用时为发挥最大效力：首先，应按照占地压力对于不同耕地地块进行区分，给予占地压力"适中"的耕地较多的补偿，给予占地压力较小、较大的耕地相对较少的补偿，而对于占地压力过大、过小的区域可以暂时不予补偿。其次，应对于不同耕地地块的质量进行评估，给予质量较好、正外部性贡献量较大的耕地以较多的补偿，而给予耕地质量较差、正外部性供给有限的耕地相对较少的补偿。以上思想可以概括为"梯度补偿原则"，如图7-1所示。

图7-1中，横轴代表不同耕地地块的质量和所面临的占地压力综合评价指标，纵轴则代表补偿额度的高低。补偿额度的变化趋势应该如图7-1中"补偿曲线"所示，以占地压力适中且质量较好的耕地为补偿峰值

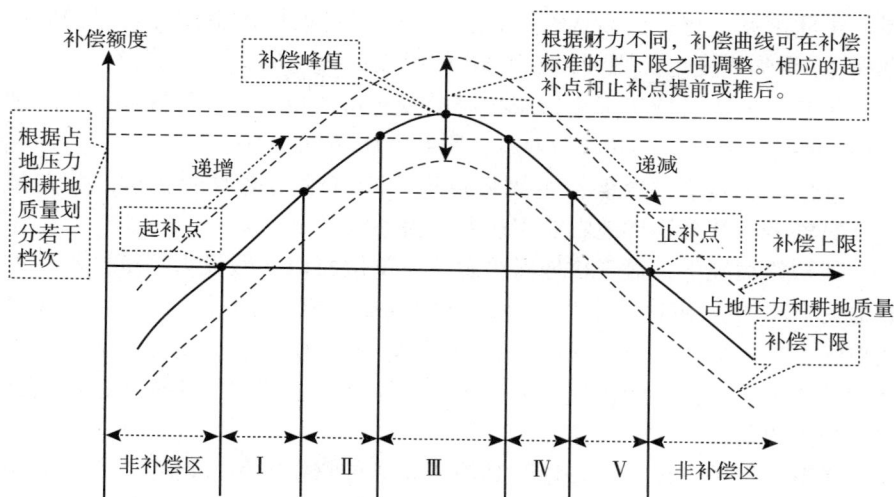

图 7 - 1　耕地保护梯度补偿原则示意图

（如图 7 - 1 中区域Ⅲ）；补偿额逐渐向占地压力过小或过大、耕地质量也较差的耕地递减，表现为梯度变化趋势；补偿曲线与横轴相交于"起补点"和"止补点"，两点以外的区域为"非补偿区"，在财力有限的情况下，可以暂时不予补偿；随着补偿资金不断充实、可以适时扩大补偿范围，将更多的耕地纳入补偿对象，表现为补偿曲线的上移。图中两条虚曲线分别代表了补偿额的上界——耕地提供的外部性价值和下界——耕地保护主体的机会成本损失，补偿曲线应处于上下界之间。

四、适度补偿原则

前述梯度补偿原则主要阐述了补偿应"突出重点"的思想。但是，这并不意味着要对某些耕地持续不断的加强补偿力度；也就是说，即使是重点补偿耕地，在补偿资金的投入量上也应"适度"。做出这一论断的依据在于"边际补偿效力递减"规律。

边际效力递减是经济学中的一项基本定律，它是指在某一经济过程其他条件不变的前提下，连续追加某类经济要素的投入量，所带来的经济贡献先递增、再递减的规律；这一规律同样也适用于耕地保护补偿的资金投入：

耕地保护补偿的目标是通过补偿提高耕地保护主体愿意保护的耕地

量。由此可见，将补偿额 ΔP 看作自变量，将耕地保护主体愿意保护的耕地量 Q_A 看作因变量，则 Q_A 应为 ΔP 的函数：$Q_A = G(\Delta P)$。假设：

①某一地区耕地保护主体所控制的现有耕地量为 $\overline{Q}$，可继续作为耕地（Q_A）或转为其他某一用途（Q_B），则有：$Q_A + Q_B = \overline{Q}$；

②以横轴表示耕地保护主体将耕地用于其他用途时所获得的收益量 Y_A，纵轴表示其维持耕地农业用途所获得的收益量 Y_B；

③初始情况下，对于耕地保护主体，单位面积（假设为每亩）耕地的收益为 P_A，将一亩耕地作为其他用途的收益为 P_B，则可确定此时的预算约束线 $l_1 = P_A Q_A + P_B Q_B$ 与横、纵轴分别交于 $Y_C \overline{Q}$、$Y_A Q_1$ 两点，表示当耕地保护主体将所控制的耕地全部用于其他用途或全部维持耕地用途时所获得的最大收益；

④耕地保护主体对于耕地和其他用途两种收益的偏好既定，无差异曲线 $U_1 - U_4$ 符合一般形态。

根据希克斯的序数效用论原理，预算线与无差异曲线的切点为耕地保护主体效用最大化即"均衡"点。起初，耕地保护主体的无差异曲线如图 7 - 2 中 U_1 所示。此时无差异曲线与预算约束线 l_1 相切于点 (a, e)。则耕地保护主体出于自身效用最大化的诉求，会调整其所控制的耕地配置，使之能为自己产出 Oa 单位的耕地收益和 Oe 单位的其他用途收益，对应一组耕地的继续保有量和其他用途转用量 (Q_{A1}, Q_{B1})；$Q_{A1} + Q_{B1} = \overline{Q}$，$Q_{B1} = Oe/P_B$，$Q_{A1} = \overline{Q} - Q_{B1}/P_A$。

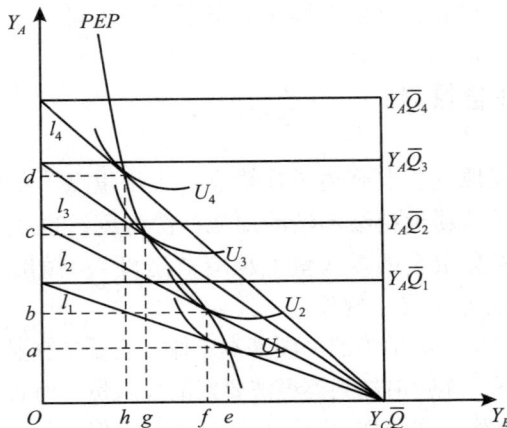

图 7 - 2   耕地保护主体均衡变化及补偿扩展线

耕地保护补偿相当于在每亩耕地转为其他用途的收益 P_B 不变的情况下，将每亩耕地的收益 P_A 提高到 $P'_A = P_A + \Delta P$，ΔP 为每亩补偿额。相应的，预算约束线围绕 $Y_c\overline{Q}$ 点顺时针旋转到 $l_2 = P'_A Q_A + P_B Q_B$，与更高效用水平的无差异曲线 U_2 相切于点 (b, f)，同样对应一组耕地的继续保有量和其他用途转用量 (Q_{A2}, Q_{B2})。此时耕地保护主体愿意保有的耕地量 $Q_{B2} = Of/P_B$，$Q_{A2} = \overline{Q} - Q_{B2}/P'_A$，因为 $Of < Oe$，所以 $Q_{A2} > Q_{A1}$。

重复以上过程，当补偿额逐渐提高时，耕地保护主体的预算约束线围绕 $Y_c\overline{Q}$ 点向上转动，与更高水平的无差异曲线 U_3、U_4 相切。耕地保护主体愿意保有的耕地量不断提高。将所有预算约束线与无差异曲线的切点连接，得到补偿扩展线 PEP，PEP 上每个点对应一个补偿额和一个耕地保有量。推出 $Q_A = G(\Delta P)$ 的图像如图 7-3（a）中补偿效力曲线 W 所示。

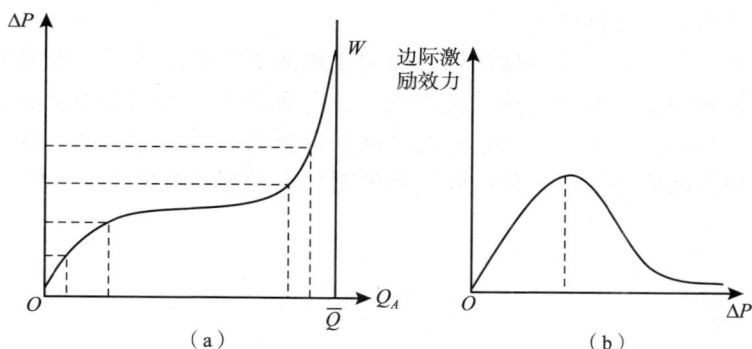

图 7-3 耕地保护补偿效力和边际效力曲线

根据边际效力递减定律，补偿激励效力（曲线 W 斜率的倒数）会呈现先递增再递减的状态：耕地保护主体刚开始接受补偿时，每增加一单位补偿额，会愿意保有更多的耕地，补偿的边际激励效力递增；随着补偿额的提高，每增加一单位补偿额对于耕地保护主体保护耕地意愿的激励作用逐渐降低，边际激励效力进入递减阶段，如图 7-3（b）所示。曲线 W 最终达到当地耕地的总量变为竖直，此时耕地保护主体会将自发的维持现有的全部耕地，没必要再增加补偿。由此可见，在某一块具体耕地上同样一单位补偿投入在不同阶段发挥着不同的效力，能够保护的耕地数量有所不同。

以上原理不仅说明了对于某一地区、某块耕地应该"适度补偿"的思想，其也同样适用于补偿资金在地区间的配置调整：

假如经过测算（可通过对于耕地保护主体的问卷调查测得），地区 1（经济发达、较为富有、对于补偿较为不敏感）耕地保护主体的机会成本损失以及耕地正外部性价值如图 7 - 4（a）中 k_1、k_2 两条横线所示，k_1、k_2 与补偿效力曲线的相对位置关系如图 7 - 4 所示，此时补偿处于边际激励效力递减的区域。由于此时补偿资金的应用效率较低，应采取"就低不就高"的策略，仅补偿其机会成本损失即可。

同样，假如经过测算，地区 2（经济发展水平较低、较为贫穷，对于补偿较为敏感）耕地保护主体的机会成本损失以及耕地提供的正外部性价值如图 7 - 4（b）中 t_1、t_2 两条横线所示。而且，t_1、t_2 与补偿效力曲线的相对位置关系如图 7 - 4 所示，此时补偿处于边际激励效力递增的区域，每单位补偿额的增加能够换来更多的耕地保护量，因此应采用"就高不就低"的策略，在机会成本损失（补偿下界）基础上尽量调高补偿额，更多的返还耕地外部性价值。

综上所述，由于将同样的补偿额用于地区 2 能够比地区 1 换来更多的意愿保护耕地量，通过上述"此消彼长式"的调整，可以在不降低整体耕地保护目标的基础上，尽可能地提高补偿资金的运用效率，最大限度地发挥补偿内在激励手段对于传统强制性外部约束机制的替代作用，见图 7 - 4 所示。

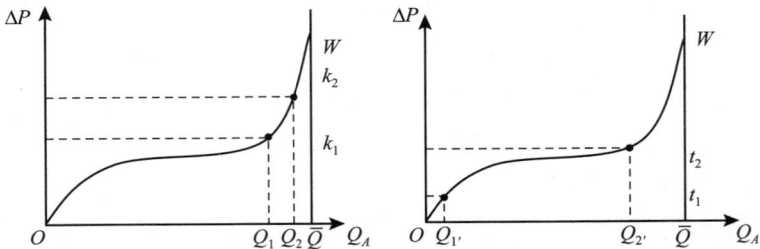

图 7 - 4　不同地区耕地保护补偿资金运用效力的比较

第二节　耕地保护补偿手段的
对比与适用性分析

所谓补偿手段，即耕地保护补偿资金在对耕保主体实际运用时的方式。按照直观性补偿原则，由于不同地区的经济发展水平、农村居民收入水平、文化水平具有较大差异，为对耕保主体形成保护耕地的直观、有效激励，补偿手段需尽量满足补偿受众的具体需求、适应不同地区耕保主体的价值取向特征。

一、耕地保护补偿手段的分类对比

（一）耕地保护补偿手段的分类

目前，通行的补偿手段包括以下 2 个大类和 4 个基本类别：

1. 直接补偿。直接补偿是指对耕地保护主体进行直接的经济性补贴，这也是中国各类社会补偿中最常用的基本形式，其优点在于直观和简便易行，具体包括现金补偿和实物补偿两类：

（1）现金补偿，即依据耕地保护主体拥有的耕地数量、质量及面临的占地压力，将补偿资金直接拨付耕地保护主体，以弥补其保护耕地的经济损失。该类方式需要县级政府在得到补偿资金分配额后，建立耕地保护补偿专项资金账户，借助与农业金融机构的合作，在经过补偿公示环节后，将相应的补偿款项划拨至耕保主体账户，或由其当面领取。

（2）实物补偿，即先按照耕地保护主体拥有的耕地数量、质量及面临的占地压力确定其所应分得的耕地保护补偿资金额；进而运用这些资金为耕保主体购买生产和生活的必需品。

2. 间接补偿。间接补偿是指将补偿资金用于耕保主体生产、生活的相关项目，以间接提升耕保主体的生产、生活水平，实现对其保护耕地的补偿和激励。具体的方式包括两类：

（1）农业生产条件补偿，即将补偿资金用于耕地的耕作条件建设，如修建灌溉设施、机耕道，进行土地平整、培肥，实施土地整治项目等。通过改善耕地的农业生产条件，不仅实现了耕地保护"提质"的要求，同时也能够提升耕地保护主体从耕地获益的能力，以间接实现补偿目的，并有利于促使耕保主体长期、持续保护耕地。

（2）生活条件补偿，即将补偿资金用于农村生活基础设施如交通、通讯、医疗、教育等条件的改善，或用于为农户购买社会保险，通过提高农村基本生活水平，实现对其保护耕地经济收益损失的间接补偿。

（二）耕地保护补偿手段的对比分析

总体上讲，直接补偿的优点在于简明、直观、易于操作，而缺点在于难以对耕保主体最终如何使用补偿收益进行督导。间接补偿的优势在于能够按照政府的地方经济发展规划，从地区经济、社会、生态建设的全局着手对耕保资金进行配置，如改善农村基建、提升农田利用条件等等，而缺点则在于对耕保主体的直接激励性相对较弱，且难以根据各地实际耕保执行情况对补偿力度进行随时调整。

具体来看，现金补偿的优点在于简便、直观，易于根据地方耕保执行情况作出灵活调整，能够适应不同耕地保护主体的具体需求，且容易避免补偿资金的滥用和贪污。其缺点是难于形成对耕保主体最终使用资金的有效控制①，且在目前按年度进行补偿的方式下，缺乏对耕保主体长期保护耕地的激励。

实物补偿的优点在于简明、直观、易于调整，为耕保主体节约了使用补偿收益的交易成本，缺点则在于难于应对具体耕保主体的特殊需求且缺乏长期激励效力；同时在购买补偿物品时，也可能存在贪腐风险和资金浪费的问题。

生产条件补偿和生活条件补偿的最大优势在于能够落实政府意志、形成对耕保主体的长期激励，但其执行的简便性、直观性和适应性均较低，在具体建设项目落实时的贪腐风险较高、容易造成资金浪费。

上述四类补偿手段的总体对比如表7-1所示。表中，简便性是指补偿管理的难易程度；直观性是指对耕保主体形成的直接经济激励强度；适宜性是指适应不同类型耕保主体实际需求的能力；长效性是指补偿对耕保主体长期保护耕地的激励效力；易于调整性是指补偿根据地方耕地保护的执行情况进行灵活调整的能力；落实政府意志一项是指补偿按照政府实现公共利益最大化的导向得到最终使用的能力；避免资金浪费和滥用一项是指某类补偿手段在执行过程中节约行政成本、避免挪用、贪污、浪费的能力。各评价项目分别按照高、中、低三个等级评价。

表7-1　　　　　　　　　各类补偿手段的基本性质对比

补偿方式	简便性	直观性	适宜性	易于调整性	长效性	落实政府意志	避免资金浪费、滥用
现金补偿	高	高	高	高	低	低	高

---

① 笔者在一些地方调研发现，以往农业现金补贴在下发到农户手中后，一些农民并未将其用于生产、生活条件改善，反而将其用于赌博或其他不良嗜好，很快挥霍一空。虽然"补偿"得到了执行，但与补偿的预期效果相距甚远。

补偿方式	简便性	直观性	适宜性	易于调整性	长效性	落实政府意志	避免资金浪费、滥用
实物补偿	中	高	低	高	低	中	中
生产条件补偿	低	低	低	低	高	高	低
生活条件补偿	低	中	中	低	高	高	低

二、各类补偿手段的受认可程度与适用性分析

如前所述，不同补偿手段发挥效力的关键在于受到耕地保护主体的接受和认可，这就需要对耕地保护主体对不同补偿手段的偏好性进行研究。鉴于目前的分析层面为基层耕地保护主体，本书选用了在福建省福州市连江县、南平市延平区的实地问卷访谈结果对于耕地保护主体对不同补偿手段的认可程度进行简要比较，福州连江县和南平市延平区的基本情况对比见表 7–2。

表 7–2　　　　　　　　补偿手段的认可程度研究实证地区对比

实证地点	福州市连江县	南平市延平区
地形地貌	平原 + 丘陵	丘陵 + 山间平坝 + 山地
农村居民收入	人均6076元（2011 年）	人均4530元（2011 年）
人口密度	551.28 人/km² （2011 年）	100.76 人/km² （2011 年）
耕地拥有量	4.4 万亩	7.9 万亩
地区经济性质	轻工业 + 外贸	轻工业 + 农业

调研中，在两区县分别进行了 94 份和 103 份随机农户面对面问卷访谈（问卷形式见本书附录一），统计结果表明，农户对不同补偿手段的认可程度在农户家庭经济收入、农户文化水平、家庭常年务农人口数、农业收入占家庭收入的比例四项影响因素上呈现出较为明显的分异现象：

（一）不同地区不同影响因素对于农户补偿手段认可度的影响

1. "农户家庭经济收入"对于耕保主体补偿手段倾向性的影响分析。随机问卷访谈中，笔者按照地区（连江县/南平市）对于调查对象的家庭可支配收入进行了统计分析，连江县调查对象平均家庭经济收入约为15400 元/年，按照这一标准，94 份问卷中高于这一标准的有 42 份，低于

这一标准的有 52 份；延平区调查对象平均家庭经济收入约为 10500 元/年，103 份访谈记录中高于这一标准的有 50 份，低于这一标准的有 53 份。进而，将对补偿手段选择"愿意、非常愿意"的调查对象视为对该补偿手段"较为满意"；将对补偿手段选择"一般、不愿意、非常不愿意"的调查对象视为对该补偿手段"较不满意"。两地调查对象对于 4 类补偿手段的偏好调查结果如表 7 – 3 和图 7 – 5 所示。

表 7 – 3 农户家庭经济收入对耕保主体补偿手段认可程度的影响分析

地区	补偿方式	农户家庭经济收入			
		高于地方平均水平		低于地方平均水平	
		较为满意	较不满意	较为满意	较不满意
福州市连江县	现金补偿	36	6	52	0
	实物补偿	10	32	23	29
	农业生产条件补偿	20	22	27	25
	农村生活条件补偿	23	19	36	16
南平市延平区	现金补偿	50	0	53	0
	实物补偿	21	29	21	32
	农业生产条件补偿	28	22	30	23
	农村生活条件补偿	33	17	33	20

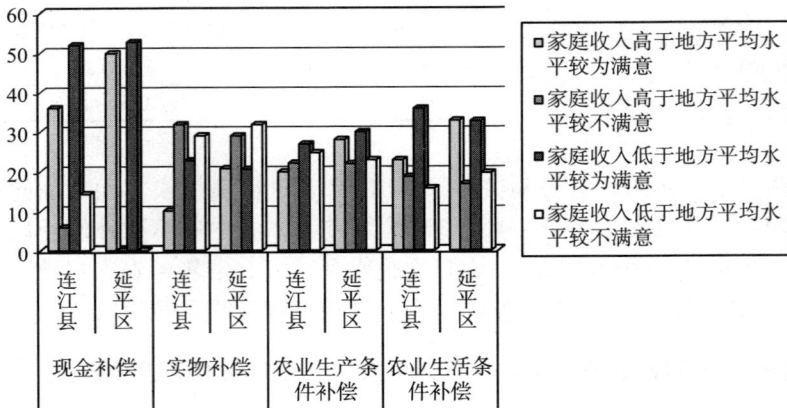

图 7 – 5 农户家庭经济收入对耕保主体补偿手段认可程度的影响分析

（1）对于货币补偿的认可程度。从统计结果来看，无论是连江县还是延平区对现金补偿表示较为满意的受访对象数量远高于其他补偿手段。其中，经济发展水平相对较低的延平区受访对象对于现金补偿表现出更强的倾向性，全部的受访者均对于现金补偿感到较为满意；而两地中，家庭经济收入低于地区平均水平的受访对象对于现金补偿也更为偏好。反映出经济发展水平越低、家庭经济收入越低的地区，其耕地保护主体越偏好现金补偿方式的规律。

（2）对于实物补偿的认可程度。从总体上讲，受访对象对于实物补偿认可程度普遍偏低；而综合两地来看，福州市延平区家庭收入低于地方平均水平的受访对象对实物补偿的认可程度相对高于家庭收入高于地方平均水平的受访对象；而经济发展水平相对较低的南平市延平区受访对象整体上对于实物补偿的认可程度高于福州市连江县，同样呈现出家庭收入水平较低、对于实物补偿越为认可的现象。反映出经济发展水平越低、家庭经济收入越低的地区，其耕地保护主体相对偏好实物补偿的规律；但其认可程度远远低于现金补偿。

（3）对于农业生产条件补偿的认可程度。整体上，两地受访对象对于农业生产条件补偿的分歧较大，较为满意的人数和较不满意的人数接近。但连江县收入水平较低的群体中对农业生产条件补偿表示较为满意的人数稍稍占优；而经济发展水平相对较低、农业生产相对地位较为重要的延平区受访群体则无论收入水平如何，对于农业补偿较为满意的人数均略多于较不满意的人数。反映出农业地区相对于以工业为主的地区对于农业生产条件补偿方式更为认可，而家庭收入水平对于农业生产条件认可程度的影响则不显著。

（4）对于农村生活条件补偿的认可程度。总体上讲，受访者对农村生活条件补偿的倾向性高于农业生产条件，其中连江县较低收入群体倾向性相对较强，而农村公共服务和基础设施建设相对落后的延平区受访者则展现出对农村生活条件补偿更为明显的倾向性。反映出地区经济发展进而农村公共服务、基础社会越好，家庭收入水平越高，农户对于农村生活条件补偿的认可程度相对较弱的趋势。其原因在于家庭收入较高的居民可以有更多的机会到临近地区寻求基本公共服务。

2. "农户文化水平"对于耕保主体补偿手段倾向性的影响分析。按照两地全部受访对象的整体情况，将全部受访对象的文化水平划分为"初中及以下"和"高中及以上"两类，其中福州市连江县受访农户上述指标人数分别为54人和40人；南平市延平区受访对象上述指标人数分别为68人和35人。两地调查对象对于4类补偿手段的偏好调查结果如表7-4和

图 7 - 6 所示。

表 7 - 4　　　　　农户家庭经济收入对耕保主体补偿手段认可程度的影响分析

地区	补偿方式	农户文化水平			
		初中及以下		高中及以上	
		较为满意	较不满意	较为满意	较不满意
福州市连江县	现金补偿	54	0	34	6
	实物补偿	26	28	7	33
	农业生产条件补偿	19	35	28	12
	农村生活条件补偿	29	25	30	10
南平市延平区	现金补偿	68	0	35	0
	实物补偿	32	36	10	25
	农业生产条件补偿	26	42	32	3
	农村生活条件补偿	38	30	28	7

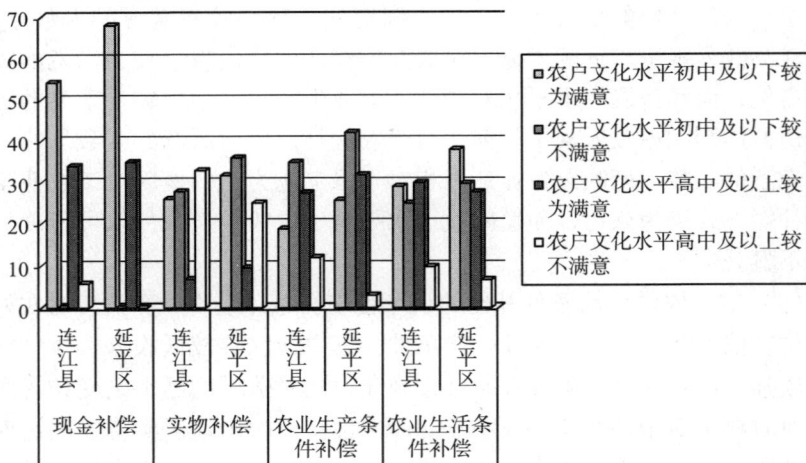

图 7 - 6　农户家庭经济收入对耕保主体补偿手段认可程度的影响分析

（1）对于货币补偿的认可程度。仅有的 6 个不满意个体全部集中在福州市文化水平相对较高的受访对象当中。由于该样本同时也是前述家庭收入较高的受访对象，农户家庭收入与其文化程度具有关联性；上述现象反映出家庭收入越高、农户文化水平越高，对于现金补偿的敏感性可能会降低；但由于样本量较少，这种推测只能作为一种理论假设，在本次研究中并未得到最终验证。

（2）对于实物补偿的认可程度。两地受访对象对于实物补偿的态度呈现出相同的趋势，文化水平相对较低的受访者对于实物补偿的欢迎程度具有较大的分歧，由相当多的受访者表示对实物补偿较为满意；而文化水平相对较高的受访者则对于实物补偿持明显的抵制态度。反映出无论在任何地区，随着补偿对象文化水平的提高，对实物补偿的喜好程度将显著降低的规律。

（3）对于农业生产条件补偿的认可程度。两地受访对象对于农业生产条件的态度呈现出相同的趋势，文化水平相对较高的受访者对于改善其农田生产、经营条件的补偿方式相对更为偏好；而文化水平相对较低的受访者偏好性则不明显；其中，农业经济地位较高的延平区文化水平较高的受访者对于改善农田生产条件的补偿方式尤其喜好。反映出随着补偿对象文化水平的提高，对农业生产条件补偿的喜好程度将显著提高的规律；而地区农业生产经济重要性越强，该规律越明显。

（4）对于农村生活条件补偿的认可程度。两地受访对象对于农业生产条件的态度呈现出相同的趋势，文化水平较高的群体对农村生活条件补偿方式的认可程度较高。反映出无论在任何地区，随着补偿对象文化水平的提高，对农村生活条件补偿的喜好程度也将随着提高的规律。

3. "家庭常年务农人口数"对于耕保主体补偿手段倾向性的影响分析。按照两地整体情况，将全部受访对象家庭常年务农人口数划分为"3人及以下"和"3人以上"两类，其中福州市连江县受访农户上述指标人数分别为 59 人和 35 人；南平市延平区受访对象上述指标人数分别为 64 人和 39 人。两地调查对象对于 4 类补偿手段的偏好调查结果如表 7－5 和图 7－7 所示。

表 7－5 农户家庭常年务农人口数对耕保主体补偿
手段认可程度的影响分析

地区	补偿方式	家庭常年务农人口数			
		3 人及以下		3 人以上	
		较为满意	较不满意	较为满意	较不满意
福州市连江县	现金补偿	53	6	35	0
	实物补偿	12	47	21	14
	农业生产条件补偿	21	38	26	9
	农村生活条件补偿	39	20	20	15

地区	补偿方式	家庭常年务农人口数			
		3 人及以下		3 人以上	
		较为满意	较不满意	较为满意	较不满意
南平市延平区	现金补偿	64	0	39	0
	实物补偿	18	46	24	15
	农业生产条件补偿	25	39	33	6
	农村生活条件补偿	31	33	35	4

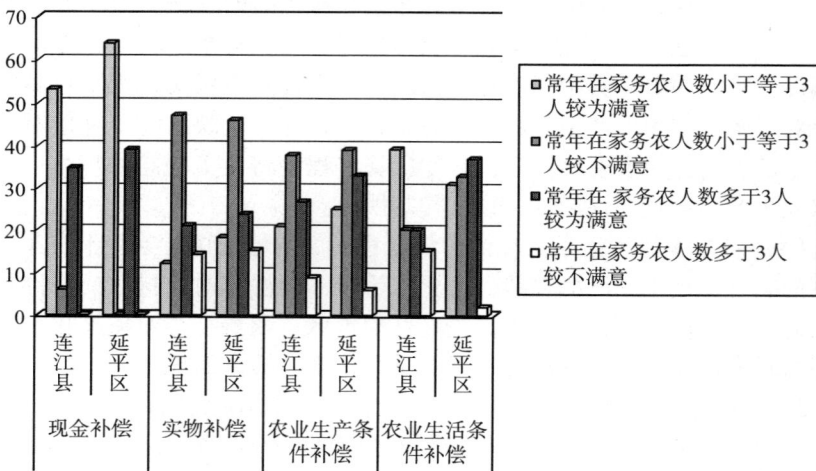

图 7 - 7　农户常年在家务农人口数对耕保主体补偿手段认可程度的影响分析

（1）对于货币补偿的认可程度。两地中对于货币补偿的较不满意的农户其家庭常年在家务农人数均少于 3 人，家庭收入和文化水平均较高。因此，从统计结果和理论来看，可能存在着在家务农人数越多，对于现金补偿越喜好的趋势，但无法基于本次研究得出确切的结论。

（2）对于实物补偿的认可程度。两地调研对象对于实物补偿的认可程度呈现出相同的规律，即常年在家务农人数多于 3 人的受访对象对于实物补偿相对更为偏好，而常年在家务农人数少于 3 人的受访对象则对实物补偿表现为抵制。反映出无论任何地区，随着家庭常年务农人数的提升，对于实物补偿相对越为认可的规律。

（3）对于农业生产条件补偿的认可程度。两地调研对象对于农业生产条件补偿的认可程度呈现出相同的规律，即常年在家务农人数多于 3 人的受访对象对于农业生产条件补偿相对更为偏好，而常年在家务农人数少于3人的受访对象则对农业生产条件补偿不甚喜好。反映出无论任何地区，随着家庭常年务农人口数的提升，对于农业生产条件补偿相对越为认可的规律。

（4）对于农村生活条件补偿的认可程度。两地调研对象对于农村生活条件补偿的认可程度呈现出相同的规律，即常年在家务农人数多于3人的受访对象对于农村生活条件补偿相对更为偏好，而常年在家务农人数少于3人的受访对象则对农村生活条件补偿不甚喜好；两地之间并无显著的差别。反映出无论任何地区，随着家庭常年务农人口数的提升，对于农村生活条件补偿相对越为认可的规律。

4."农业收入占家庭收入的比例"对于耕保主体补偿手段倾向性的影响分析。统计分析表明，连江县调查对象家庭农业收入占家庭总收入的比例均值为27.9%；94份问卷中高于这一标准的人数为28人，低于这一标准的人数为66人，呈现出较大的分异现象；延平区调查对象家庭农业收入占家庭总收入的比例均值为36.8%，103份调查问卷中高于这一标准的人数为46人，低于这一标准的人数为57人。两地调查对象对于4类补偿手段的偏好调查结果如表7-6和图7-8所示。

表7-6　　　　　农户农业收入占家庭收入的比例对耕保主体
补偿手段认可程度的影响分析

地区	补偿方式	农户农业收入占家庭收入的比例			
		低于地方平均水平		高于地方平均水平	
		较为满意	较不满意	较为满意	较不满意
福州市连江县	现金补偿	61	5	27	1
	实物补偿	21	40	12	16
	农业生产条件补偿	25	41	22	6
	农村生活条件补偿	37	29	22	6
南平市延平区	现金补偿	46	0	57	0
	实物补偿	8	38	34	23
	农业生产条件补偿	23	23	35	22
	农村生活条件补偿	29	17	37	20

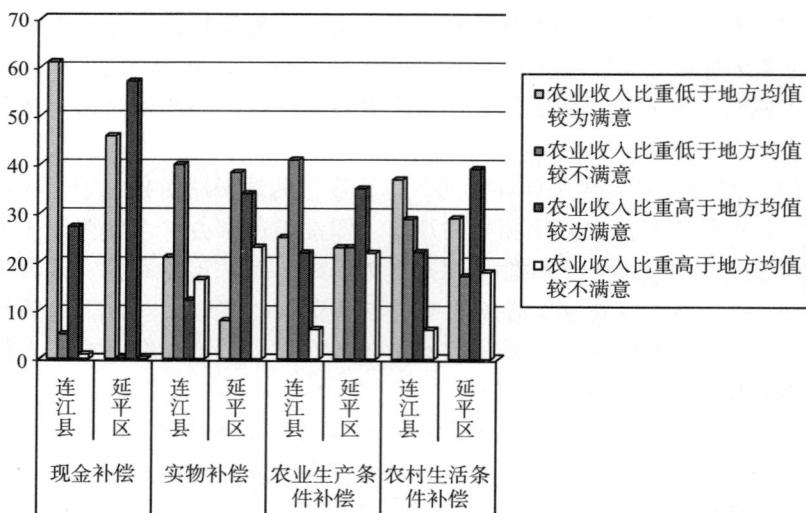

图7-8 农户农业收入占家庭收入的比例对耕保主体补偿手段认可程度的影响分析

（1）对于货币补偿的认可程度。从两地统计情况来看，货币补偿方式的受认可程度受农业收入占家庭收入的比例的影响不显著；受访对象普遍较为认可该类补偿方式。

（2）对于实物补偿的认可程度。经济发展水平相对较低的南平市延平区中，农业收入占家庭总收入比重较高的群体，对于实物补偿的认可程度相对较高；而经济发展水平相对较高的福州市连江县则无论农业收入占家庭总收入的比例高低，受访对象均对于实物补贴认可程度较低。反映出只有在经济发展相对落后，而家庭农业收入比重较高（通常家庭总经济收入也相对较低）的地区，实物补偿才能勉强得到耕保主体的认可；随着家庭农业收入比重降低、地方经济发展水平提升，实物补偿的受认可程度将显著降低的规律。

（3）对于农业生产条件补偿的认可程度。两地调研对象对于农业生产条件补偿的认可程度呈现出相同的规律，即农业收入占家庭总收入比例越高的受访者对于农业生产条件补偿的认可程度较高；而农业收入占家庭总收入比例较低的受访者对于农业生产条件补偿的认可程度则较低。反映出无论任何地区，随着农业收入占家庭总收入比例的提升，对于农业生产条件补偿越为认可的规律。

（4）对于农村生活条件补偿的认可程度。两地中，除福州市连江县农业收入占家庭总收入比例较低的群体外，其他受访者均对于农村生活条件补偿具有较为显著的高认可度。反映出在经济发达地区、农村生活条件认可程度与农业收入占比正相关；而经济相对落后地区的农户对于农村生活条件补偿的认可程度普遍较高的规律。

（二）不同补偿手段的适用性归纳

1. 现金补偿手段的适用性分析。由之前分析可以看出，现金补偿手段在不同地区、不同影响因素下均能获得耕地保护主体较高的认可程度；虽然存在随着地区经济发展水平提升、农户经济收入、文化程度提高，常年在家务农人数减少、农业收入占比降低导致现金补偿对农户激励效力降低的可能趋势，但总体上这一趋势并不显著。因此，仅就对农户的激励效力而言，现金补偿可以作为未来地方耕保补偿的主要和普适性手段。

2. 实物补偿手段的使用性分析。实物补偿的农户认可程度是4类补偿手段中最低的一类。仅对于经济发展水平较低地区的家庭收入水平低于地区平均水平、农业收入比重较高、文化水平较低而常年在家务农人口数较多的农户具有一定的吸引力。因此，综合考虑前述实物补偿的基本性质，未来除因特殊情况，且是对于边远、贫困地区或低收入农户进行补偿外，实物补偿是不可取的。

3. 农业生产条件补偿手段的适用性分析。相比较而言，农业生产条件在不同地区、各类影响因素作用下并未呈现出非常显著的偏好性，其受认可程度高于实物补偿而低于现金补偿，这也从一个侧面说明农业生产条件补偿具有一定的、有限的普适性。总体上讲，经济发展相对水平不高、农业生产重要性相对较高地区的常年在家务农人数较多、农业收入占比较高、文化程度相对较高的受偿群体对于该类补偿方式相对较为认可。也就是说，农业生产条件补偿对于农业地区以务农为主业的家庭具有较高吸引力；而随着受教育水平的提高，农户的经济短视行为下降，其对于自身耕地的长期收益能力将更为关注。结合该类补偿方式的基本性质来看，未来若从推行政府地方发展全局意志的角度考虑，则农业生产条件补偿可在农业地区作为一类有效的补偿方式；而在工业化程度较高、农村人口务农比例较低的地区则应慎用。

4. 农村生活条件补偿手段的适用性分析。总体上看，农户对于农村生活条件补偿手段的认可程度仅次于现金补偿，不同地区、不同影响因素对于该类补偿手段受认可程度的影响不甚显著，仅稍体现出经济发展相对落后、基础设施和公共服务供给相对不足的地区，随着农户家庭收入、文化水平的提升，以及在家务农人数和农业收入占比的提高，农户对农村生活条件补偿手段更为认可的趋势；说明农村生活条件补偿也具有有限的普适性。结合该类补偿方式的基本性质来看，未来若基于通过补偿落实政府新农村建设规划、改善农村面貌的考虑，则可以在经济发展水平相对较低、公共服务和基础设施供给较为落后，且农村务农人数和农业收入比例较高的地区推行这种补偿方式，而对于农村人口大部分常年外出打工或在外经商且公共服务和基础设施已相对完善的地区，则不宜采用该类补偿方式。

最后需要补充说明一点，以上补偿方式的直接针对对象为农户，而农户仅仅是"耕地保护主体"中的一部分；且从笔者的调研感受来看，农户对于自身所拥有的耕地的使用控制力实际上远低于基层政府，绝大部分的耕地流失和违法用地行为都是由县、乡政府所推动的；以上补偿方式实际上是通过对农户的补偿，改善了地方政府辖区的经济运行和社会保障状况，增加了地方公共服务和基础设施的供给，替代了单纯通过卖地增加财政收入的传统方式，是对地方政府的"间接性补偿"。而若想对地方政府形成直接激励，则需要借助"政绩补偿"等方式，提高耕地保护任务完成情况在地方行政人员选拔任用中的相对低位，改变"唯经济论英雄"的现有行政考核思维，从根本上激发基层干部保护耕地的热情。

第八章

结论与展望

　　本书基于对国内外耕地保护补偿相关研究与实践的系统评述，对于现行耕保制度的执行效率做出了实证评价，并阐述了造成耕地保护低效性的"三个单一"机制设计问题及其背后的区域间、城乡间、不同社会群体间用地利益矛盾机理；确立了耕地保护补偿研究的现实依据。进而，综合政治哲学和经济学中的产权、区位、地租理论构建了耕地保护补偿研究的指导理论架构；并从耕地资源配置的市场和政府失灵角度，运用"耕地外部性内部化"原理阐释了耕保补偿的价值分配调整机理及基本研究原则；对于以往研究中模糊不清的耕地保护机会成本损失和外部性贡献的指导价值、测算方式做出了重新论证。

　　按照前述理论和现实依据，本书首先对于前期研究中所提出的"双纵双横"补偿模式做出了全面、彻底的改良和创新，分别重新设计了纵向补偿资金分配的指标体系，以及横向补偿的"政府主导型"省级耕地资源综合价值分区和运行方案，以及"市场主导型"县级横向土地信托补偿方案。进而，创新性地引入了"耕地价值生产函数"和"边际贡献率分配理论"的研究方法，综合运用大量统计数据和笔者的问卷及实地调研成果，对全国耕地保护补偿标准和资金需求做出了实证测算。最后，基于前述研究，对于耕地保护补偿资金的运用原则及各类补偿手段在不同地区、不同影响因素下的适用性做出了评价，为补偿资金的最终高效利用提供了理论参考。

　　综上所述，本书以全国层面为研究对象，按照"为何补（补偿依据）"、"谁来补（补偿主体）"、"补给谁（补偿对象）"、"补多少（补偿标准）"、"如何补（补偿方式）"的顺序对于耕地保护补偿机制建立的五项核心问题做出了理论和实证解答，所得出的主要结论包括以下几点。

第一节 本书的主要研究结论

第一，耕地保护补偿是为了纠正耕地资源配置的市场失灵和政府失灵。现行耕地保护制度执行效率低下本质上是一种"政府失灵"现象，其直接原因在于其机制设计中"主体单一、目标单一、手段单一"三项问题，而根本原因则在于其所导致的区域间、城乡间、不同社会群体间的土地利益冲突。

由耕地资源有限性所导致的耕地价值（包括经济、生态、社会价值）社会消费的"高竞用性"，以及由耕地系统开放性所导致的耕地综合价值生产和输出的"低排他性"是造成耕地具有公共资源属性的根本原因。由于耕地非经济价值难以在土地产品的市场收益中显化，导致了其他社会成员免费享有了耕地的正外部性价值输出；使得耕地保护主体的意愿耕地供给低于社会总体福利所要求的最优水平，造成了耕地资源配置个体理性与群体理性的差异，导致耕地资源配置的市场失灵，这是建立耕地保护制度的理论依据。

而现行耕地保护制度则通过强制性、无成本的外部约束强化了其他社会成员的"搭便车"行为，其"委托—代理"式运行模式的执行绩效在耕保信息不完全和不对称的情况下严重偏低。耕地过速转用流失、"劣质耕地驱逐优质耕地"导致耕地质量下降、耕地生态环境破坏和土地浪费严重等问题十分突出。从机制设计层面来看，造成上述耕地资源配置的"政府失灵"的原因在于现行耕地保护制度耕保权责过度集中于政府（主体单一）、过度依赖强制性管制而忽视对耕地保护主体的内部激励（手段单一）、只重视耕地数量维持而忽视耕地质量和生态景观建设（目标单一）。而造成上述"三个单一"问题的深层次原因则在于耕地保护制度导致了承担不同耕地保护任务的区域间、城乡土地"建设"与"保护"的选择间、国有和集体土地所有者之间的土地利用效益矛盾与冲突。化解上述三方面社会利益冲突是耕地保护补偿的现实要求。

为此，通过对耕地保护主体保护耕地的机会成本损失进行补偿，形成耕地保护的内部激励，促进耕地资源价值外部性的内部化就成为提高耕地保护绩效、增进社会整体福利水平的必要措施。这是建立耕地保护补偿机制的理论和现实原因。

第二，耕地保护补偿的指导理论基础包含政治哲学和经济学两个方面，其中"公共负担平等说"和"特别牺牲说"是补偿的法理基础，产权理论为补偿明确了对象，而区位、地租理论为补偿资金分配、标准核算和手段选取提供了依据。耕地保护补偿应按照"外部性内部化"基本原理对耕地价值分配进行调节。

古典政治哲学的"均损均利"从社会公平的"法理"和"情理"出发论述了建立耕地保护补偿机制的必要性与合法性；而现代产权理论则以维护产权清晰完整的经济效率意义阐明了耕地保护补偿的"道理"，指出了耕地保护补偿的对象，即耕地产权受到侵害部分所对应的权益损失。在耕地保护补偿机制的具体研究方面，区位和地租理论对耕地保护补偿中的核心要素"机会成本损失"和"耕地正外部性价值"给出了原则性的指导。前者为确定耕地保护"机会成本损失和外部性贡献的存在性"提供了依据，后者则为衡量耕地资源价值进而机会成本损失额度和外部性的贡献量提供了思路。据此，可以建立起耕地保护补偿研究的基础性指导理论架构，见图4-4。

耕保补偿目标实现的基本路径是"公平优先、效率跟进"，补偿应是耕地保护主体和其他社会成员收益的帕累托改进也即"共赢"。由此可推出耕保补偿的三项基本原则：（1）耕地转用后的纯收益 C_P 应低于耕地为社会整体所带来的综合价值 $V_S + V_P$，这是耕地保护制度进而补偿机制合理性的前提；（2）耕地转用后的纯收益 C_P 应大于耕地保护主体的现状收益，这是耕地保护补偿必要性的前提；（3）耕地保护主体的机会成本损失 $C_P - V_P$ 应小于其他社会成员所享受的耕地外部性价值 V_S，这是耕地保护补偿实现社会公平的前提。

第三，全国耕地保护补偿应包含中央、省级两方面纵向补偿和省级、县级两方面横向补偿；按照具体补偿层面资金运行环境的具体特征，应制定"宏观粗、微观细"、"综合反映耕地保护机会成本损失和外部性价值"的纵向补偿资金分配管理方案，并分别探索"政府主导型"的省级横向补偿与"市场主导型"的县级横向补偿。

纵向上，中央政府和省级政府应代表全社会享受耕地正外部性的其他社会成员对于耕地保护主体实施补偿；横向上，应按照耕地正外部性价值的供给/消费关系确定区域间补偿/受偿关系。本书为中央到省级的补偿资金分配设计了包含"耕地的数量、质量及面临的转用建设压力"的"综合指标评分法"；并为省级到县级的补偿资金运行管理设计了包含耕地资源禀赋、利用效益及相关政策作用三方面因素，涉及耕地面积、质量、农产品市场便利度等 11 项评价指标的指标体系。

进而，本书基于对 2009～2012 年间各省耕地价值的综合核算，按照人均耕地价值占有量为全国省级横向补偿进行了实证分区，将全国分为包括湖北、湖南、四川、甘肃等 15 个省份的"耕地盈余地区"和包括上海、北京、天津、广东等 16 个省份的"耕地赤字地区"，并设计了耕地盈余/赤字地区间按照各自人口权重调整后的耕地综合价值盈亏在分区中的占比确定各自应得或应缴的补偿额度的方法；从而构建了"政府主导型"省级横向补偿方案。在县级层面，由于补偿对象众多、意愿分歧较大、补偿关系复杂，可借鉴美国土地信托保护模式，采用"市场主导型"的土地信托横向补偿，以提升补偿效率、节约行政成本、引入社会资源、避免社会利益冲突。

第四，耕地保护补偿标准应以机会成本损失为下界，以耕地外部性价值贡献量为上界。运用"耕地价值生产函数"法和边际生产率分配理论，可以准确推导出上述二者的理论表达，进而实证估算补偿标准和资金需求。目前，在全国实施耕地补偿具有经济效率，但部分地区推行难度较大，补偿资金需求量较大。

耕地价值生产包含了耕地保护主体和其他社会成员共同的要素投入，而耕地保护主体的现状收益中也包含了耕地的非经济价值，传统研究方法无法准确厘清耕地保护机会成本损失和外部性价值的额度。借助古典经济学的四要素生产模型和福利经济学的边际生产率分配理论以及欧拉定理，可以构建耕地资源综合价值生产函数 $V = F(N, K, L, A)$，测算各要素在耕地价值中的分成 V_N、V_K、V_L、V_A；按照"谁出资、谁受益"的原则，可以推导出耕地保护机会成本损失和外部性价值的理论表达式。

本书运用统计资料和实地调研成果，获取各省区耕地价值生产要素投入量面板数据，实证构建耕地价值生产函数；核算得到全国耕地保护补偿标准有效区间为：{4837.26 元/hm² · 年，12070.87 元/hm² · 年}；补偿资金需求的最低值和最高值分别为：{5885.98 亿元；14687.83 亿元}。补偿面临着较大的资金压力，需在拓宽融资渠道、加强横向补偿资金筹集等方面多做努力。

目前，无论是从耕地的总价值产出来看还是从各要素的收益率来看，保护耕地均具有经济合理性；但一些经济发展水平较高的地区，耕地保护机会成本损失已接近其外部性价值，耕地保护面临着较大压力。从全国来看，虽然耕地价值生产中资本要素的贡献率超过了耕地，表现出耕地集约化经营的趋势，但现阶段保护数量对于耕地价值的总供给依然是必要的。从单位补偿额的价值收益来看，未来在财力有限的情况下可先在耕地盈余地区推行耕保补偿。

第五，补偿资金使用应按照"梯度补偿"、"适度补偿"等四项原则，在不同地区、针对不同特征社会群体使用补偿资金应考虑具体补偿手段的特征和适用性。

补偿资金的使用需在操作简便性与方案细致性间求得平衡；补偿手段需要具有直观性，对耕保主体形成直接激励。针对具体耕地的质量和机会成本损失，应采用"梯度补偿"方式，按照占地压力和耕地质量确定"高补偿区"、"低补偿区"和"不补偿区"；同时，根据"边际补偿效力递减"原理，在一块耕地上的补偿量应遵循适度原则，并可据此对不同地块补偿资金使用效力进行比较，进而对补偿强度做出决策。

从具体补偿手段来看，现金补偿方式的适用性和受认可程度较高，而农业生产条件补偿和农村生活条件补偿方式的适用性和受认可程度则因地区的经济发展水平、农户的家庭收入水平、文化水平、常年在家务农人口数以及农业收入在家庭收入中的比重等因素而异；相比较而言，实物补偿的适用性最差，不适宜作为主要补偿手段使用。除了对于农户补偿外，还应通过"政绩补偿"等方式加强对基层地方政府的直接激励，以增强耕地保护的效力。

第二节　本书研究的不足与未来研究设想

一、本书研究中存在的不足

总体而言，由于数据资料的限制以及现有研究方法的制约等因素，本书在研究中还存在以下不足：

（一）未能对全国耕地保护补偿模式中各项资金来源的比例做出测算

本书虽然在第五章中提出了补偿资金应主要来源于中央和地方土地出

让相关受益，并且设计了按照各地耕地数量、质量及保护耕地的机会成本损失额、耕地正外部性价值享受量等因素进行补偿资金筹集和分配的方法；并在第六章中对全国补偿资金总规模进行了测度。但对于中央政府、省级政府以及省区间、县区间四类补偿资金来源的出资比例并未作出进一步的探讨。这主要是由于该出资比例研究需要综合考虑各类补偿来源的承受能力，并且受到不同层级政府间、地区间政治博弈的影响，在目前的研究水平下还没有适宜的研究方法可以采用，所需各级政府财力、出资意愿的统计资料也较为匮乏，也缺少畅通的资料获取渠道；目前国内研究尚未进展到这一层次，缺乏可供借鉴的研究案例参考。但是，上述问题的回答对于未来在全国层面推进耕地保护补偿时高效、合理、足额筹集补偿资金具有十分重要的参考价值；因此也是笔者进一步期待的研究突破之一。

（二）补偿标准的核算方法虽然具有理论的严谨性，但由于数据资料的获取难度过大，样本容量较少，可能会影响补偿标准测算的准确性

本书引入了"耕地价值生产函数"推导、核算耕地保护机会成本损失和外部性价值贡献量，形成补偿标准有效区间。由于耕地资源价值以及生产要素投入量核算所需的数据资料非常庞杂、获取难度较大，加之中国土地科学研究统计数据在可靠性、时效性甚至是"存在性"方面都有重大的欠缺（这也是目前中国土地科学研究所面临的共同问题）。笔者借助两项国家自然科学基金的资助，花费了近2年时间只获得了相对较为可靠和准确的2009～2012年间4年的省级面板数据，样本容量相对偏低；虽然耕地价值生产函数回归检验结果表明实现了较好的拟合优度，但上述问题可能会在一定程度上影响到补偿标准测算的准确性。由于同样的问题，该方法体系在基层运用难度较大[①]。

因此，目前本书补偿标准核算的"方法和原理"借鉴价值相对于补偿标准的实测值的参考意义可能更高；所设计的补偿标准核算方法可能只是"抛砖引玉"，先努力做到核算理论方法的科学性和准确性；至于尽量获取更长时段、更加可靠的实证数据，则需要将来的努力；也期待着同领域的研究学者对于这一方法进行批判、改良和发展。

---

① 笔者目前正在基于福建省福州、厦门和南平市的统计资料和实证调研数据，对三地的补偿标准进行核算。已形成初步成果，但还有待进一步完善。

二、未来耕地保护补偿研究的发展展望

从目前耕保补偿研究的发展趋势来看，除了对现有研究成果进行梳理、比较和完善外，有两个研究领域或许即将成为热点：

（一）对于"市场导向"的耕地保护方式进而补偿方式的研究

从国外经验来看，保护模式和手段的市场化是从根本上化解耕地保护社会矛盾、提高耕保绩效的最终出路。随着中国市场经济改革逐步深化、经济实力进一步提升、政府财政资源逐步收紧、政府权限受到约束和控制、居民改善保护生态和改善居住环境的需求逐渐提高，耕地保护的市场化将是一个必然趋势。

从目前国情来看，农村土地使用权流转政策等一系列推动土地市场化改革、破除城乡土地产权和收益"双轨制"、促进"同地同权"的政策将逐步出台，为耕地保护领域引入市场机制和社会资源参与创造了政策环境。本书针对基层耕保补偿管理的难题，设计了"市场导向"的县级横向土地信托补偿模式，也正是基于这样的政策背景。当然，在现有社会环境下，该模式尚不具备完整的"市场属性"和在更高层级运用的基础。未来，探索一套在公有制土地制度框架内，基于对土地产权和收益的充分保护，运用市场化的土地价值衡量手段，以市场价格机制为导向促进土地资源在建设与保护间做出科学配置选择，实现私人利益与社会公共利益的双赢的耕地保护进而补偿手段是一个具有深刻现实意义和理论价值的研究领域。

（二）对于耕地保护补偿效力预测以及相应的补偿资金配置研究

正如本书在第七章中所言，耕地保护补偿的最终使用方式是决定补偿效力的关键之一。而无论是"梯度补偿"原则还是"边际补偿效力递减规律"，其核心思想均是从增加耕地保护主体的意愿耕地保护量出发，来探讨补偿资金在地区间和不同社会群体间的配置强度问题。从这个意义上讲，前述地区间、不同农户间由于补偿强度不同所导致的利益冲突，并由此引发转用耕地"逆向激励"问题也属于这一研究范畴。而要真正实现补偿资金运用的"弹无虚发"，就需要对耕地保护主体对补偿资金的反应进

而补偿能够实现的"多保耕地"的效力做出预测。

如图8-1所示，若将政府视为耕地保护的委托人，而耕地保护主体则是耕地保护的代理人，在这种"委托—代理"式的耕地保护机制下，耕地保护补偿在不同耕保主体间的不同使用强度组合，会产生对保护耕地效果的相关性影响；如何测算不同补偿强度组合下耕地保护主体意愿保护耕地的量，将这种相关影响的结果（耕地保护量）控制在可以接受的范围内将是一个十分重要且有趣的研究，对于其他类别的国家补偿而言亦具有较高的参考价值。

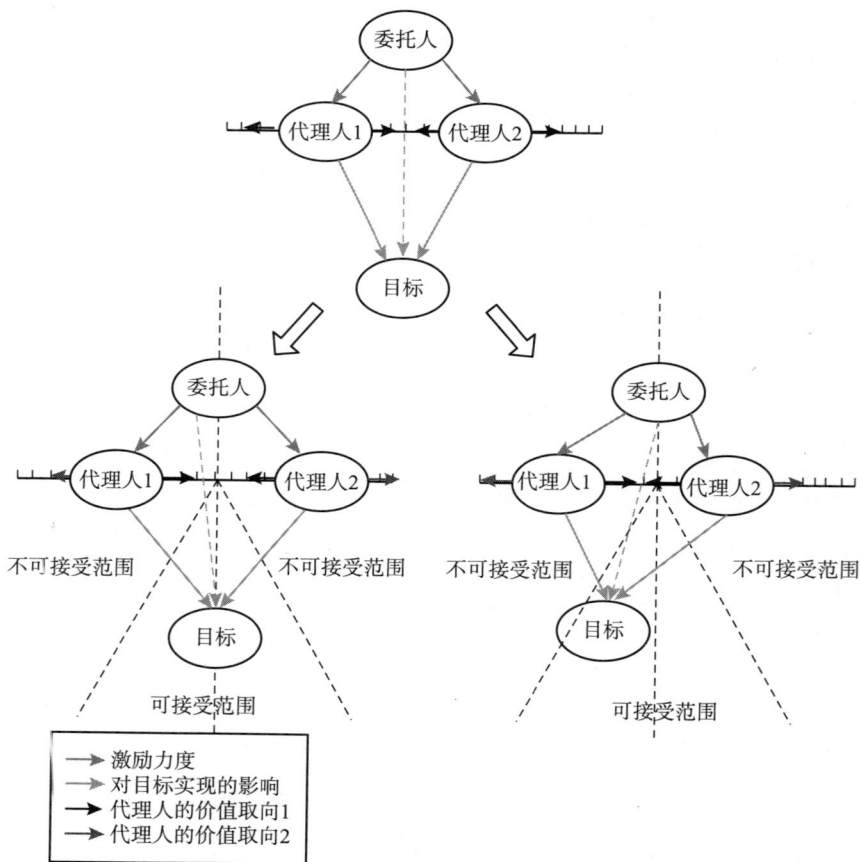

图8-1　不同激励力度下激励效力预测的逻辑关系模型

　　笔者目前正在运用系统科学的多个体模拟和复杂网络研究方法，通过对典型地区耕地保护主体特征和意愿的数据采集，进行补偿效力预测研究。也十分期待前辈学者对于补偿效力的预测方法进行探索，对于笔者的拙作进行批评和指正，共同为丰富中国土地科学理论研究、完善耕地资源管理和保护机制、保障农民群众财产性收益、促进"三农"问题的化解贡献智慧与力量。

主要参考文献

1. ［澳］基姆·安德森、［日］速水佑次郎：《农业保护的政治经济学》，蔡昉、杜志雄等译，天津人民出版社 1996 年版。

2. ［德］奥托·梅耶：《德国行政法》，刘飞译，商务印书馆 2002 年版。

3. ［法］孟德斯鸠：《论法的精神》，张雁深译，商务印书馆 1961 年版。

4. ［美］保罗·萨缪尔森、威廉·诺德豪斯：《经济学》，萧琛等译，华夏出版社 1999 年版。

5. ［美］道格拉斯·C·诺思等：《制度变革的经验研究》，罗中伟译，经济科学出版社 2003 年版。

6. ［美］登姆塞茨：《关于产权的理论》，李新菊译，上海人民出版社 1994 年版。

7. ［美］范里安：《微观经济学：现代观点》，费方域译，格致出版社 2011 年版。

8. ［美］科斯、阿尔钦、诺斯等：《财产权利与制度变迁——产权学派与新制度学派译文集》，上海三联书店，上海人民出版社 1994 年版。

9. ［英］希克斯：《价值与资本》，唐日松译，中国社会科学出版社 2004 年版。

10. 边泰明：《限制发展土地之补偿策略与财产权配置》，载《土地经济年刊》1997 年第 6 期。

11. 常建峰：《基于粮食安全的江西省耕地资源保护研究》，江西财经大学 2012 年论文。

12. 陈海啸、常丽霞：《关于耕地保护补偿制度构建的再思考》，载《农村经济》2011 年第 11 期。

13. 陈会广、吴沅箐、欧名豪：《耕地保护补偿机制构建的理论与思路》，载《南京农业大学学报》（社会科学版）2009 年第 3 期。

14. 陈静彬：《粮食安全与耕地保护研究》，中南大学 2010 年论文。

15. 陈美球、吴月红、刘桃菊：《基于农户行为的我国耕地保护研究与展望》，载《南京农业大学学报》（社会科学版）2012 年第 3 期。

16. 陈昱、方斌、葛雄灿：《耕地保护区域经济补偿的框架研究》，载《中国国土资源经济》2009 年第 4 期。

17. 陈前利：《耕地保护中农户利益补偿问题研究》，新疆农业大学 2008 年论文。

18. 陈双：《美国促进建设用地集约利用政策之启示》，载《湖北大学学报》2001 年第 3 期。

19. 陈秧分、刘彦随、李裕瑞：《基于农户生产决策视角的耕地保护经济补偿标准测算》，载《中国土地科学》2010 年 24 卷第 4 期。

20. 陈茵茵、黄伟：《美国的农地保护及其对中国耕地保护的借鉴意义》，载《南京农业大学学报》2002 年 2 卷第 2 期。

21. 陈永杰、卓成刚、刘建强：《农户耕地保护补偿意愿及影响因素研究——基于武汉市洪山区的实证调查》，载《安徽农业科学》2011 年第 30 期。

22. 陈昱、陈银蓉、马文博：《基于耕地保护外部性分析的区域补偿机制研究》，载《国土资源科技管理》2009 年第 2 期。

23. 陈志刚、黄贤金、卢艳霞、周建春：《农户耕地保护补偿意愿及其影响机理研究》，载《中国土地科学》2009 年第 6 期。

24. 陈治胜：《关于建立耕地保护补偿机制的思考》，载《中国土地科学》2011 年 25 卷第 5 期。

25. 程国强、朱满德：《中国工业化中期阶段的农业补贴制度与政策选择》，载《管理世界》2012 年第 1 期。

26. 程国强：《难有突破的补贴议题——中国农业面对的国际农业补贴环境分析》，载《国际贸易》2002 年第 11 期。

27. 邓春燕、廖和平、姚玲、杨伟：《基于外部性理论视角的耕地保护经济补偿标准测算——以重庆市为例》，载《西南师范大学学报》（自然科学版）2012 年第 3 期。

28. 邓春燕：《基于外部性理论的耕地保护经济补偿研究》，西南大学 2012 年论文。

29. 邓健：《重庆市耕地保护区域补偿机制研究》，西南大学 2010 年论文。

30. 丁成日：《美国土地发展权转让制度及其对中国耕地保护的启示》，载《中国土地科学》2008 年 22 卷第 3 期。

31. 杜伟、黄敏：《关于耕地保护补偿问题的研究述评与建议》，载《西华师范大学学报》（哲学社会科学版）2010 年第 4 期。

32. 范胜龙、邢世和、林翔程：《从耕地资源价值论中国耕地征用补偿的完善：以福建省为例》，载《福建农林大学学报》（自然科学版）2010 年第 6 期。

33. 方斌、倪绍祥、邱文娟：《耕地保护易地补充的经济补偿的思路与模式》，载《云南师范大学学报》（哲学社会科学版）2009 年第 1 期。

34. 封志明、刘宝勤、杨艳昭：《中国耕地资源数量变化的趋势分析与数据重建：1949～2003》，载《自然资源学报》2005 年第 1 期。

35. 冯继康：《美国农业补贴政策：历史演变与发展走势》，载《中国农村经济》2007 年第 3 期。

36. 付晓东：《对区域经济研究中的几个重要问题的认识》，载《经济地理》2000 年第 1 期。

37. 高鸿业：《西方经济学》，中国人民大学出版社 2010 年版。

38. 高洁纯：《江西省耕地保护经济补偿机制构建研究》，江西农业大学 2012 年论文。

39. 高艳梅：《耕地保护区域经济补偿研究——以广东省广州市和茂名市为例》，载《科技信息》2013 年第 21 期。

40. 郭力娜：《我国耕地保护研究综述》，引自《中国土地学会、中国土地勘测规划院、国土资源部土地利用重点实验室.2008 年中国土地学会学术年会论文集》。中国土地学会、中国土地勘测规划院、国土资源部土地利用重点实验室，2008 年 5 月。

41. 郭正涛、刘涛、付荣：《博弈论视角下的耕地保护制度与失地农民补偿体系研究》，载《税务与经济》2010 年第 2 期。

42. 何格、盛业旭：《耕地保护补偿机制运行的制度环境研究》，载《经济体制改革》2011 年第 4 期。

43. 何忠伟：《中国农业补贴政策的效果与体系研究》，中国农业科学院 2005 年论文。

44. 侯丽艳、任杰、姜琳洁：《我国耕地保护对策研究》，载《当代经济管理》2010 年第 4 期。

45. 胡兰玲：《土地发展权论》，载《河北法学》2002 年第 2 期。

46. 胡蓉、邱道持、谢德体、王昕亚、莫燕：《我国耕地资源的资产价值核算研究》，载《西南大学学报》（自然科学版）2013 年第 11 期。

47. 胡守溢：《国家粮食安全形势估计及成本分析》，载《安徽农业科学》2003 年 31 卷第 5 期。

48. 黄河：《论我国农业补贴法律制度的构建》，载《法律科学》（西北政法学院学报）2007 年第 1 期。

49. 黄燕：《株洲市耕地生态系统服务功能价值测算及耕地保护经济补偿研究》，湖南师范大学 2012 年论文。

50. 纪昌品、欧名豪：《区域协调的耕地保护利益补偿机制》，载《长江流域资源与环境》2010 年第 3 期，第 256~261 页。

51. 江秋明：《法国四十年的土地政策》，农业出版社 1991 年版。

52. 姜广辉、孔祥斌、张凤荣、李翠珍、郑红斌：《耕地保护经济补偿机制分析》，载《中国土地科学》2009 年 23 卷第 7 期。

53. 姜广辉、孔祥斌、张凤荣：《耕地保护经济补偿机制分析》，引自《中国土地学会、中国土地勘测规划院、国土资源部土地利用重点实验室·2008 年中国土地学会学术年会论文集》，中国土地学会、中国土地勘测规划院、国土资源部土地利用重点实验室，2008 年 7 月。

54. 金姝兰、金威、徐磊：《基于耕地价值的江西省征地补偿标准测算》，载《湖北农业科学》2011 年第 15 期。

55. 靳相木、杜茎深：《耕地保护补偿研究：一个结构性的进展评论》，载《中国土地科学》2013 年第 3 期。

56. 康晓光：《2000~2050：中国的粮食国际贸易及其全球影响》，载《战略与管理》1996 年第 4 期。

57. 柯武刚、史漫飞：《制度经济学》，商务印书馆 2000 年版。

58. 柯新利：《我国耕地保护目标责任及区域补偿研究进展》，载《华中农业大学学报》（社会科学版）2014 年第 1 期。

59. 李翠珍、孔祥斌、孙宪海：《北京市耕地资源价值体系及价值估算方法》，载《地理学报》2008 年第 3 期。

60. 李广东、邱道持、王利平、王平、骆东奇：《生计资产差异对农户耕地保护补偿模式选择的影响——渝西方山丘陵不同地带样点村的实证分析》，载《地理学报》2012 年第 4 期。

61. 李广东、邱道持、王平、骆东奇、石永明：《基于忠县农户调查的耕地保护经济补偿机制需求分析》，载《中国土地科学》2010 年第 9 期。

62. 李广东：《微观主体行为差异下的耕地保护经济补偿机制建构》，西南大学 2011 年论文。

63. 李国平：《区域经济研究的进展及其启示》，载《中国人民大学学报》1998 年第 4 期。

64. 李江南、宋玲：《耕地保护中农户利益补偿量的博弈》，载《安徽农业科学》2010 年第 22 期。

65. 李江南：《乌昌地区耕地保护中农户利益补偿量的实证研究》，载《改革与开放》2013 年第 6 期。

66. 李炯光：《古典区位论：区域经济研究的重要理论基础》，载《求索》2004 年第 1 期。

67. 李孟波：《耕地资源价值研究》，华中农业大学 2005 年论文。

68. 李世平：《土地发展权浅说》，载《国土资源科技管理》2002 年第 2 期。

69. 李小建：《经济地理学》，高等教育出版社 2006 年版。

70. 李长健、李昭畅：《论我国与欧美农业补贴制度的对比和借鉴——农业补贴利益的和谐实现》，载《理论导刊》2008 年第 4 期。

71. 廖和平、沈琼、谢德体：《中国耕地资源及其可持续利用》，载《西南师范大学学报》（自然科学版）2002 年第 3 期。

72. 廖和平、王玄德、沈燕、邓健：《重庆市耕地保护区域补偿标准研究》，载《中国土地科学》2011 年 25 卷第 4 期。

73. 刘国凤：《中国最严格耕地保护制度研究》，吉林大学 2011 年论文。

74. 刘文俭、张传翔：《土地资源的节约集约利用与城市经济的持续稳定发展》，载《现代城市研究》2006 年第 5 期。

75. 刘志华：《耕地保护补偿机制研究》，甘肃农业大学 2012 年论文。

76. 刘志仁：《农村土地保护的信托机制研究》，中南大学 2007 年论文。

77. 刘尊梅、韩学平：《基于生态补偿的耕地保护经济补偿机制构建》，载《商业研究》2010 年第 10 期。

78. 卢艳霞：《粮食主产区耕地保护经济补偿理论与实证研究——以湖北荆州为例》，中国科学院地理科学与资源研究所 2007 年论文。

79. 卢艳霞：《我国耕地保护补偿机制研究》，科学出版社 2013 年版。

80. 陆莉菊：《基于耕地保护的土地发展权立法研究》，上海交通大学 2011 年论文。

81. 马驰：《构建我国区域间耕地保护补偿机制探讨》，河南大学 2009

年论文。

82. 马怀德：《国家赔偿法的理论与实践》，中国法制出版社 1994 年版。

83. 马亮：《耕地保护补偿机制中存在的问题与对策》，载《华北国土资源》2012 年第 4 期。

84. 马文博、李世平、陈昱：《基于 CVM 的耕地保护经济补偿探析》，引自《中国土地学会、中国土地勘测规划院、国土资源部土地利用重点实验室．2009 年中国土地学会学术年会论文集》，中国土地学会、中国土地勘测规划院、国土资源部土地利用重点实验室，2009 年 10 月。

85. 马文博、李世平、陈昱：《基于 CVM 的耕地保护经济补偿探析》，载《中国人口・资源与环境》2010 年第 11 期。

86. 马文博、李世平：《我国耕地保护经济补偿机制初探》，载《乡镇经济》2008 年第 12 期。

87. 马文博：《耕地保护经济补偿机制研究》，西北农林科技大学 2009 年论文。

88. 马文博：《利益平衡视角下耕地保护经济补偿机制研究》，西北农林科技大学 2012 年论文。

89. 毛良祥：《耕地保护补偿标准与补偿基金规模研究》，中国地质大学（北京）2013 年论文。

90. 牛海鹏、宋建蕊、穆向丽、牛会娟：《耕地保护经济补偿的理论基础分析》，载《资源开发与市场》2013 年第 4 期。

91. 牛海鹏、许传阳、李明秋、张安录：《耕地保护经济补偿的接受和给付主体分析——基于 110 份接受主体和 445 份给付主体的问卷调查》，载《资源科学》2011 年第 3 期。

92. 牛海鹏、杨小爱、张安录、李明秋：《国内外耕地保护的经济补偿研究进展述评》，载《资源开发与市场》2010 年第 1 期。

93. 牛海鹏、张安录、李明秋：《耕地利用效益体系与耕地保护的经济补偿机制重构》，载《农业现代化研究》2009 年第 2 期。

94. 牛海鹏：《耕地保护的外部性及其经济补偿研究》，华中农业大学 2010 年论文。

95. 牛海鹏：《耕地保护经济补偿运行机制及补偿效应分析》，载《地域研究与开发》2011 年第 2 期。

96. 欧阳志云、王效科：《中国陆地生态系统服务功能及其生态经济价值的初步研究》，载《生态学报》1999 年 19 卷第 5 期。

97. 彭志刚：《湖南省耕地保护经济补偿机制研究》，湖南师范大学 2012 年论文。

98. 钱文荣：《城市化过程中的耕地保护研究》，中国农业出版社 2000 年版。

99. 盛业旭：《基于 CVM 的耕地保护经济补偿标准研究》，四川农业大学 2012 年论文。

100. 石志恒：《农户耕地保护行为研究》，西北农林科技大学 2012 年论文。

101. 宋敏、熊碧玉、张安录：《限制及禁制开发区内耕地保护目标的实现——基于可转移发展权补偿和区域生态补偿的视角》，引自《中国土地学会、中国土地勘测规划院、国土资源部土地利用重点实验室 . 2008 年中国土地学会学术年会论文集》，中国土地学会、中国土地勘测规划院、国土资源部土地利用重点实验室，2008 年 4 月。

102. 宋敏：《基于 CVM 与 AHP 方法的耕地资源外部效益研究——以武汉市洪山区为例》，载《农业经济问题》2012 年第 4 期。

103. 宋乃平、张晋科、张凤荣、刘成敏：《2003 年国内外土地保护研究述略》，载《中国土地科学》2004 年第 5 期。

104. 孙复兴、黎志成：《关于构建我国粮食安全评估指标体系的思考》，载《特区经济》2005 年第 4 期。

105. 孙海兵：《城乡统筹发展中的耕地保护补偿研究》，载《农村经济与科技》2010 年第 9 期。

106. 孙弘：《中国土地发展权研究：土地开发与资源保护的新视角》，中国人民大学出版社 2004 年版。

107. 唐建：《耕地价值评价研究》，西南大学 2010 年论文。

108. 唐健、卢艳霞：《中国耕地保护制度研究——理论与实证》，中国大地出版社 2006 年版。

109. 陶金：《中国耕地生态系统运行效应与响应》，中国地质大学（北京）2013 年论文。

110. 田光进、庄大方、刘明亮：《近 10 年中国耕地资源时空变化特征》，载《地球科学进展》2003 年第 1 期。

111. 汪阳洁、姜志德、王继军：《中国耕地保护制度发挥效力了吗?》，载《山东大学研究生院，山东省公共经济与公共政策研究基地，山东大学经济学院，山东大学公共经济与公共政策研究中心．2010 年"海右"全国博士生论坛（公共经济学）"经济社会发展转型的公共政策"学术研讨会论文集》，山东大学研究生院，山东省公共经济与公共政策研究基地，山东大学经济学院，山东大学公共经济与公共政策研究中心，2010 年。

112．王安涛、吴郁玲：《农户耕地保护补偿意愿的影响因素研究》，载《国土资源科技管理》2013 年第 1 期。

113．王迪、聂锐、王胜洲：《耕地保护外部性及其经济补偿研究进展》，载《中国人口·资源与环境》2012 年第 10 期。

114．王利敏、欧名豪：《基于委托代理理论的农户耕地保护补偿标准分析》，载《中国人口·资源与环境》2011 年第 2 期。

115．王苗苗、罗灵岭、彭志刚：《湖南省耕地保护补偿分区实证研究》，载《内蒙古农业科技》2011 年第 5 期。

116．王苗苗：《湖南省耕地保护区际补偿机制研究》，湖南师范大学2012 年论文。

117．王巧菊：《耕地保有量预测及其保护补偿机制研究》，山东农业大学，2011 年。

118．王青、陈志刚、周建春：《耕地保护补偿标准与分配方案研究》，载《安徽农业科学》2009 年第 36 期。

119．王仕菊、黄贤金、陈志刚：《基于耕地价值的征地补偿标准》，载《中国土地科学》2008 年 22 卷第 11 期。

120．王雨濛、张安录：《耕地保护的经济补偿机制分析》，载《中国土地学会、中国土地勘测规划院、国土资源部土地利用重点实验室．2008年中国土地学会学术年会论文集》。中国土地学会、中国土地勘测规划院、国土资源部土地利用重点实验室，2008 年 11 月。

121．吴克宁：《试论土地保护学》，载《中国土地科学》2003 年第3 期。

122．吴胜利：《统筹城乡背景下永久基本农田保护补偿制度创新研究》，载《农业经济》2012 年第 9 期。

123．吴泽斌、刘卫东：《基于粮食安全的耕地保护区域经济补偿标准测算》，载《自然资源学报》2009 年第 12 期。

124．吴泽斌：《耕地保护利益冲突及其管理研究》，浙江大学 2011 年论文。

125. 吴兆娟、魏朝富：《国内耕地资源价值研究现状及展望》，载《农机化研究》2012 年第 1 期。

126. 夏征农、陈至立：《辞海》，上海辞书出版社 2010 年版。

127. 谢高地、肖玉、甄霖等：《我国粮食生产的生态服务价值研究》，载《中国生态农业学报》2005 年 13 卷第 3 期。

128. 谢昕昕：《基于粮食安全的耕地保护利益补偿模式研究》，西北农林科技大学 2013 年论文。

129. 辛辉：《沈阳市耕地保护外部性测算及其补偿》，载《吉林农业》2011 年第 4 期。

130. 邢玉升：《我国耕地保护补偿机制的法经济分析视角探索》，载《北方经贸》2013 年第 3 期。

131. 徐晓绵：《耕地保护经济补偿机制的实践研究》，载《广东土地科学》2010 年第 2 期。

132. 许奕平：《论我国的耕地产权制度与耕地保护》，河海大学 2007 年论文。

133. 薛彦福：《如何构建区域耕地保护补偿机制》，载《科技资讯》2010 年第 11 期。

134. 杨帆：《耕地保护补偿机制研究综述》，载《安徽农业科学》2012 年第 2 期。

135. 杨杨：《土地资源对中国经济的"增长阻尼"研究》，浙江大学 2008 年论文。

136. 姚会亭：《关于加强耕地保护补偿机制的建议》，载《乡音》2009 年第 3 期。

137. 尹朝华：《基本农田保护补偿问题研究》，江西财经大学 2012 年论文。

138. 雍新琴、梅艳、舒帮荣、李春梅：《江苏省耕地保护县（市）财政补偿实证研究》，载《中国土地科学》2012 年 26 卷第 10 期。

139. 雍新琴、舒帮荣、陈龙高、渠立权、梅艳：《耕地保护县域补偿机制研究》，载《资源科学》2013 年第 9 期。

140. 雍新琴、张安录：《耕地保护经济补偿主体与对象分析》，载《安徽农业科学》2010 年第 21 期。

141. 雍新琴、张安录：《基于机会成本的耕地保护农户经济补偿标准探讨——以江苏铜山县小张家村为例》，载《农业现代化研究》2011 年第

5 期。

142. 雍新琴、张安录：《基于粮食安全的耕地保护补偿标准探讨》，载《资源科学》2012 年第 4 期。

143. 雍新琴：《耕地保护经济补偿机制研究》，华中农业大学 2010 年论文。

144. 于洋、董宝池、张今华：《吉林省耕地保护补偿分区的实证研究》，载《湖北农业科学》2013 年第 17 期。

145. 于洋、杨光、张今华：《基于外部效益的吉林省耕地保护经济补偿标准的实证分析》，载《湖北农业科学》2013 年第 16 期。

146. 员开奇、程龙、董捷：《基于农户经济收益的耕地保护补偿标准研究》，载《水土保持研究》2013 年第 4 期。

147. 原光、任德成：《论利益平衡视角下耕地保护经济补偿运行机制的构建》，载《山东科技大学学报》（社会科学版）2009 年第 5 期。

148. 苑全治、郝晋珉、张玲俐、王博祺、龙鑫：《基于外部性理论的区域耕地保护补偿机制研究——以山东省潍坊市为例》，载《自然资源学报》2010 年第 4 期。

149. 臧俊梅、张文方、李景刚：《耕地总量动态平衡下的耕地保护区域补偿机制研究》，载《农业现代化研究》2008 年第 3 期。

150. 张安录、杨刚桥：《美国城市化过程中农地城市流转与农地保护》，载《中国农村经济》1998 年第 11 期。

151. 张安录：《可转移发展权与农地城市流转控制》，载《中国农村观察》2000 年第 2 期。

152. 张传华：《耕地生态安全评价研究》，西南大学 2006 年论文。

153. 张传新、蔡方杰：《农用地产能核算与耕地保护补偿机制构建》，载《中国国土资源经济》2011 年第 3 期。

154. 张传新：《构建区域耕地保护补偿体系》，载《中国国土资源报》2011 年 7 月 6 日。

155. 张传新：《我国当前耕地保护政策再审视》，载《中国国土资源经济》2011 年第 1 期。

156. 张国平、刘纪远、张增祥：《近 10 年来中国耕地资源的时空变化分析》，载《地理学报》2003 年第 3 期。

157. 张军、高洁纯、孙春华：《耕地保护经济补偿机制的对策研究——以江西省为例》，载《安徽农业科学》2012 年第 28 期。

158. 张俊、陈汉云、杨志威：《土地发展权移转的国际比较研究》，载《改革与战略》2008 年第 1 期。

159. 张全景：《我国土地用途管制制度的耕地保护绩效研究》，南京农业大学 2007 年论文。

160. 张锐、刘友兆：《我国耕地生态安全评价及障碍因子诊断》，载《长江流域资源与环境》2013 年第 7 期。

161. 张士功、纪纯、邱建军、唐华俊：《中国耕地资源安全问题及其对策研究》，载《中国农学通报》2005 年第 12 期。

162. 张士功：《中国耕地资源的基本态势及其近年来数量变化研究》，载《中国农学通报》2005 年第 6 期。

163. 张霞：《基于农户视角的耕地生态补偿意愿及额度测算研究》，西南大学 2012 年论文。

164. 张效军、欧名豪、高艳梅：《耕地保护区域补偿机制研究》，载《中国软科学》2007 年第 12 期。

165. 张效军、欧名豪、高艳梅：《耕地保护区域补偿机制之价值标准探讨》，载《中国人口·资源与环境》2008 年第 5 期。

166. 张效军、欧名豪、李景刚、刘志坚：《对构建耕地保护区域补偿机制的设想》，载《农业现代化研究》2006 年第 2 期。

167. 张效军、欧名豪、李景刚、臧俊梅：《耕地保护区域补偿机制的应用研究——以黑龙江省和福建省为例》，载《华中农业大学学报》（社会科学版）2010 年第 1 期。

168. 张效军、欧名豪、望晓东：《耕地保护区域补偿机制之面积标准探讨》，载《安徽农业科学》2008 年第 23 期。

169. 张效军：《耕地保护区域补偿机制研究》，南京农业大学 2006 年论文。

170. 张友安、陈莹：《土地发展权的配置与流转》，载《中国土地科学》2005 年第 5 期。

171. 赵丹：《基于农户视角的耕地保护认知、意愿及补偿研究》，西南大学 2011 年论文。

172. 赵凯：《论"三级三循环"耕地保护利益补偿模式的构建》，载《中国人口·资源与环境》2012 年第 7 期。

173. 赵新新、金晓斌、周寅康：《基于虚拟土理念的中国耕地资源价值核算初探》，载《地理与地理信息科学》2013 年第 3 期。

174. 郑春：《区位理论：回顾与前瞻》，载《经济论坛》2006 年第 15 期。

175. 郑秀敏、张传新：《农用地产能核算在耕地保护补偿机制构建中的应用》，载《国土资源科技管理》2011 年第 5 期。

176. 周宝同：《土地资源可持续利用评价研究》，西南农业大学 2001 年论文。

177. 周小平、柴铎、卢艳霞、宋丽洁：《耕地保护补偿的经济学解释》，载《中国土地科学》2010 年 24 卷第 10 期。

178. 周小平、柴铎：《"双纵双横"：耕地保护补偿模式创新研究》，载《南京农业大学学报》（社会科学版）2010 年 10 卷第 3 期。

179. 周小平、宋丽洁、柴铎、刘颖梅：《区域耕地保护补偿分区实证研究》，载《经济地理》2010 年第 9 期。

180. 朱兰兰、蔡银莺：《耕地保护补偿区农民生活满意度分析》，载《华南农业大学学报》（社会科学版）2014 年第 1 期。

181. 朱新华、曲福田：《不同粮食分区间的耕地保护外部性补偿机制研究》，载《中国人口·资源与环境》2008 年第 5 期。

182. 朱新华、曲福田：《基于粮食安全的耕地保护外部性补偿途径与机制设计》，载《南京农业大学学报》（社会科学版）2007 年第 4 期。

183. 朱新华：《基于粮食安全的耕地保护外部性补偿研究》，南京农业大学 2008 年论文。

184. Alonsow, *Location and Land Use*: *Toward a General Theory of Land Rent*. Harvard University Press, 1964.

185. Bandara R., and Tisdell C., Changing a Bundance of Elephants and Willingness to Pay for their Conservation. *Journal of Environment Management*, No. 76, 2005, pp. 47 – 59.

186. Bentinck. B., The Impact of Taxation and Valuation on the Timing and Efficiency of Land Use. *Journal of Political Economy*, No. 6, 2004, pp. 146 – 159.

187. Carpenter F., Bruce E., and Dennis R., Spatial – Equilibrium Analysis of Transferable Development Rights. *Journal of Urban Economics*, No. 12, 1982, pp. 159 – 183.

188. David E., Transferable Development Rights Markets. *Journal of Urban Economics*, No. 7, 1986, pp. 56 – 68.

189. Dennis W. and Jeffrey D. Kline, The Impact of Parcel Characteristics on the Cost of Development Rights to Farmland. *Agricultural and Resource Economics Review*, No. 2, 2004, pp. 44 –49.

190. Dominic P. and Walter N. , Crowding out open space: Federal Land Programs and Their Effects on Land Trust Activity. *AAEA Short Paper*, Vol. 8, No. 3, 2004, pp. 214 –222.

191. Elfring, Chris, Preserving Land Though local Land Trust. *Bioscience*, No. 2, 1989, pp. 71 –74.

192. Elizabeth K. , Virginia M. , and Margaret W. , *A Market Approach to Land Preservation*. Productize Publisher, 2005.

193. Eric J. Heikila, *The economics of planning Rutgers*. The State University of New Jersey, 2000.

194. Fulton W. , Mazurek J. , and Rick P. , *TDRs and Other Market – Based Land Mechanisms: How They Work and Their Role in Shaping Metropolitan Growth*. Washington DC: The Brookings Institution, 2004.

195. Johnston, Robert A. and Mary E. , From Land Marks to Landscapes: A Review of Current Practices in the Transfer of Development Rights. *Journal of the American Planning Association*, Vol. 63, No. 3, 1997, pp. 167 –183.

196. Julie Ann G. , The Ethics Economics Policy Paradigm: The Foundation For An Integrated Land Trust Conservation Decision Sipport Model. *UrbanEcosystems*, No. 1, 1999, pp. 83 –111.

197. Land Trust Alliance, 2005 *National Land Trust Census Report*. 2005.

198. Linda S. , Klein C. Simons F. , Reverse Mortgage and Prepayment Risk. *Journal of the American Real Estate and Urban Economics Association*, No. 2, 1994, pp. 41 –48.

199. Michael A. , Can Land Trust be Trusted? *The American Enterprise*, No. 7, 2000, pp. 48 –49.

200. Michelle S. , The Land Trust Solution. *Dollars&Sense*, No. 3, 2005, pp. 16 –18.

201. Mills, David E. , Transferable Development Rights Markets. *Journal of Urban Economics*, No. 7, 1986, pp. 63 –74.

202. Morgan P. and Nott. S. , *Development Control Policy into Practice*. London: Butterworths, 1988.

203. Pamela F. , Third Sector Land Protection: Planning On Conservation Land Trusts. Chicago: University of Illinois, 2004.

204. Patricia L. and Michael D. , A Framework for Evaluating Transferable Development Rights Programmers. *Journal of Environmental Planning and Management*, Vol. 45, No. 6, 2002.

205. Peter J. , A Review of Transfer Development Rights. *The Appraisal Journal*, No. 7, 1978, pp. 122 – 129.

206. Preston S. , Conservation Easement. *Appropriate Technology Transfer for Rural Areas*, No. 8, 2003, pp. 01 – 12.

207. Rebecca B. , Land Trust Training and Technical Assistance Program: A National Assessment. Texas State University, 2005.

208. Reddening J. and Cherry A. , *Transferable Development Rights Programs*. Washington D. C. : American Planning Association, 1987.

209. Robert S. , *The Community Land Trust: A Guide to a New Model for Land Tenure in America*. 1972.

210. Robert S. , *The Community Land Trust: A Guide to a New Model for Land Tenure in America*. 1972.

211. Rose, Jerome G. , *The Transfer of Development Rights*. New Jersey: The State University of New Jersey, New Brunswick, 1975.

212. Steven C. Bourassa, The Community Land Trusts as A Highway Environmental Impact Mitigation Tool. *Journal of Urban Affairs*, Vol. 28, No. 4, 2006, pp. 399 – 418.

213. Thrones P. (ed.), Letting the Market Preserve Land: The Case for a Market – Driven Transfer of Development Rights Program. *Contemporary Economic Policy*, Vol. 17, No. 2, 1999, pp. 218 – 227.

214. Tom D. , Conservancy: The Land Trust Movement in America/Land Financing. *Journal of the American Planning Association*, No. 4, 2004, pp. 494 – 496.

215. U. S. Department of Agriculture, *Soil Conservation Service. National Agricultural Land Evaluation and Site Assessment Handbook*. Washington, D. C. : U. S. Department of Agriculture, 1983.

216. U. S. Department of Agriculture, *Soil Conservation Service. National land conservation efficiency report* 2011. Washington, D. C. : U. S. Department

of Agriculture，2011.

217. William W. , *The Economic Influence on the Land Protection to the Absolute Ownerships*. Yale University，1964.

218. Winters L. A. , The National Security Argument for Agricultural Protection. *The World Economy*，No. 13，1990.

附录一：耕地保护补偿农户意愿调查表

调研员：＿＿＿＿＿＿＿　　调查地点：＿＿＿＿市＿＿＿＿县＿＿＿镇＿＿＿村

尊敬的居民：

　　您好！我们是"耕地保护补偿"课题组。最近，为了提高农民群众保护耕地、种粮的积极性，国家决定给保护耕地的农民群众一定的资金补贴，叫做耕地保护补偿。本次调查主要是为了了解您保护和耕种耕地的困难和要求，从而确定给您的钱数，与您的切身利益息息相关，请您认真、据实填写问卷。您填的信息只会用于本研究需要，我们将对您的信息进行严格保密；填完问卷后，您将获得我们20元的感谢费。

一、个人及家庭基本情况

1. 姓名：＿＿＿＿＿＿　　手机（电话）：＿＿＿＿＿＿

2. 性别（打"√"）：

A. 男　　　　　　　　B. 女

3. 年龄（打"√"）：

A. 30岁以下　　　　　B. 30～39岁　　　　　C. 40～49岁

D. 50～59岁　　　　　E. 60岁及以上

4. 您家户口本上登记了＿＿＿＿＿人，常年在家的有＿＿＿＿＿人，里面有＿＿＿＿＿人种地。

5. 您的文化程度＿＿＿＿＿。

A. 小学及以下　　　　B. 初中　　　　　　　C. 高中

D. 中专或大专　　　　E. 大学及以上　　　　F. 未接受过教育

6. 您的主要职业是＿＿＿＿＿。

A. 在家务农为主　　　B. 外出打工为主　　　C. 个体户

D. 镇村干部　　　　　E. 教育、科技、医疗、卫生和文化艺术工作者

F. 其他＿＿＿＿＿

7. 您家庭年收入约为_____元。您承包的耕地能给您赚多少钱_____？您认为这部分钱对于您家重不重要_____（请选择）？（这里的"承包的耕地"不包括种树、种茶、种果子的地，自己种或租给别人种都算，下面问题中提到的"耕地、种地"都是这个意思）

A. 很重要   B. 比较重要   C. 一般

D. 不太重要   E. 不重要

8. 目前您和您家人有_____人享受最低生活保障？每人每月可以领到_____元？

二、农业生产现状调查

1. 您家承包的耕地有_____亩？

2. 您种地的最主要目的是：_____（请选择）？

A. 供自家口粮

B. 余粮出售挣钱

C. 政府规定，不得不种

D. 其他（请注明）_____

3. 您种一亩地毛收入大约为_____元？净收入大约为_____元？

4. 您家常年种地的有几口人：_____人；主要是您家庭成员中的：_____（请选择）；平均每人每年的出工日大约为：_____天；能够在农忙时期回家帮着种地的有几人：_____人

A. 青年人   B. 中年人   C. 老年人

5. 您种一亩地每年平均要投入_____元？包括：（1）购买种子_____元；（2）购买化肥_____元；（3）浇水_____元；（4）购买（租用）农机具_____元；（5）其他_____（请注明）_____元。

6. 您村政府里有_____人负责为您家种地提供管理和协助（如农业技术推广、土地管理）？

乡镇政府派_____人负责为您家种地提供管理和协助（如农业技术推广、土地管理）？

7. 您所承包的耕地，哪类条件您最不满意_____（请选择一个）？

A. 灌溉设施   B. 田间道路   C. 土地不平整

D. 土质不好   E. 不连片、零散   F. 电力设施

8. 您种一亩地每年能拿到国家_____元的补贴？您满不满意_____（请选择）？

A. 很满意　　　　　　B. 较为满意　　　　　C. 一般

D. 较不满意　　　　　E. 不满意

三、耕地保护意愿调查

1. 您对国家的耕地保护政策了解多少_____（请选择）？

A. 很了解　　　　　　B. 比较了解　　　　　C. 一般了解

D. 不太了解　　　　　E. 根本不了解

2. 按照现在的耕地保护政策，您种的地不能用来盖房、种茶、种树、养鱼，只能种粮、种菜，您满不满意：_____（请选择）？

A. 满意　　　　　　　B. 较为满意　　　　　C. 一般

D. 较不满意　　　　　E. 很不满意

3. 在您村里，您的耕地做什么用最挣钱？_____（请选择）

A. 建房出租　　　　　B. 种茶树、果树、林木

C. 挖塘养殖水产品　　D. 种粮、种菜

E. 其他_____（请注明）

4. 如果没有耕地保护政策限制，您更愿意将您的地做什么用_____（请选择）？

A. 建房出租　　　　　B. 种茶树、果树、林木

C. 挖塘养殖水产品　　D. 继续种粮、种菜

E. 其他_____（请注明）

5. 您家年轻人　是/否（请打钩）愿意继续种地？如不愿意，您承包的耕地想怎么处理：_____（请选择）？

A. 抛荒

B. 租给他人耕种，收取租金

C. 租给企业耕种，收取租金

D. 交给集体统一耕种，换福利

E. 其他

6. "地里种粮、种菜让您生活的自然环境比城里人更好（空气好、景观美）"，这个说法您同不同意_____？

A. 非常同意

B. 比较同意

C. 一般（无所谓同不同意）

D. 不太同意

E. 很不同意

7. 为了这种良好的自然环境，您愿不愿意少挣点钱，继续在地里种粮、种菜而不盖房_____？

A. 非常愿意

B. 比较愿意

C. 一般（无所谓愿不愿意）

D. 不太愿意

E. 不愿意

8. 现在，您承包的耕地只能用来种粮、种菜，您　是/否（请打钩）觉得少挣了钱？每亩地大概少挣了_____元？

9. 请您综合考虑，您愿不愿意继续把您承包的耕地用来种粮食、种菜？_____（选择程度）？

A. 非常愿意

B. 比较愿意

C. 一般（无所谓愿不愿意）

D. 不太愿意

E. 不愿意

10. 请您综合考虑，您将来愿意保留几成耕地用来种粮、种菜？_____（请选择）

A. 全部保留（10成）　　B. 8～9成

C. 6～7成　　　　　　　D. 4～5成

E. 2～3成　　　　　　　F. 1成

G. 全部不保留（0成）

四、耕地保护补偿意愿调查

1. "种地是给国家和别人做了贡献"，这个说法您同不同意：_____（请选择）？

A. 非常同意

B. 比较同意

C. 一般（无所谓同不同意）

D. 不太同意

E. 很不同意

2. 您现在拿到的补偿中，您觉得哪个问题您最讨厌_____（请选

择）?（该问题仅在成都、佛山、上海有）

    A. 补得不够

    B. 领钱麻烦

    C. 其他人（地方）比您补得多

    D. 补的方式您不喜欢

    E. 拖得太久

3. 您是/否（请打钩）打算把您种的地干别的用，不再种粮食、种菜？

    如果是，那每年给您多少钱_____，您才不会转变？

4. "现在农民的地用来干什么农民自己说了算，政府管不着"，这个说法您同不同意_____?

    A. 非常同意

    B. 比较同意

    C. 一般（无所谓同不同意）

    D. 不太同意

    E. 很不同意

5. 您家的承包地未来作什么用谁最说了算_____（请选择）?

    A. 您家   B. 村集体

    C. 乡镇政府   D. 其他（请注明）_____

6. 不让您把承包的耕地地转成其他用途，要是少挣了钱，谁最应该补给您_____（请选择）?

    A. 国家政府   B. 县政府

    C. 村集体   D. 其他（请注明）_____

7. 您觉得您种地是为了什么，下面这些说法您觉得对不对？

    （例如，要非常愿意，就在 5 上打"√"；要非常不愿意，就在 1 上打"√"）；以此类推。<u>每行只能钩一个数。</u>

选项	很不同意	不太同意	无所谓	比较同意	非常同意
种地是为了给自家提供蔬菜和口粮	1	2	3	4	5
种地是为了使自家居住的自然环境（水、空气）更好	1	2	3	4	5
种地是因为您自己的爱好、习惯	1	2	3	4	5

选项	很不同意	不太同意	无所谓	比较同意	非常同意
种地是为了挣钱	1	2	3	4	5
种地是因为政府规定必须种	1	2	3	4	5
种地会得到国家的补贴金	1	2	3	4	5
除了种地，也没有其他工作可干	1	2	3	4	5

8. 如果补的钱都一样，政府或者把钱发给您，或者拿这些钱帮您做以下这些事儿，您觉得这些哪个好（打"√"）。

（例如，要非常愿意，就在 5 上打"√"；要非常不愿意，就在 1 上打"√"）；以此类推。每行只能钩一个数。

选项	非常不愿意	不愿意	一般	愿意	非常愿意
把钱全发给您	1	2	3	4	5
把钱买了东西（如生活用品、农业生产用品）发给您	1	2	3	4	5
一部分发钱，另一部分给您买东西	1	2	3	4	5
把钱用来给您修承包地（打井、挖渠、修路、种树、平地）	1	2	3	4	5
把钱用来给您上保险（医疗、养老，等等）	1	2	3	4	5

附录二：县乡调研访谈提纲

背景说明

　　耕地保护对于维护国家战略安全和社会稳定具有重要意义。现行耕地保护措施对于农村集体所有土地的使用进行管制，严格限制耕地转为建设用地等其他更高收益的用途：一方面，该政策对于农民、农村集体的经济收益造成了损害；另一方面，也对一些农业地区的经济发展构成了限制。为了弥补这一不公平现象，从党的十七届三中全会《中共中央关于推进农村改革发展若干重大问题的决定》到近年来的中央1号文件均提出要"尽快建立耕地保护补偿机制"，对由于耕地保护而遭受发展限制地区的农民和基层地方政府给予经济补偿；四川成都、广东佛山、浙江海宁等地已经开展了耕地保护补偿试点工作，并卓有成效。

　　作为耕地保护补偿政策及试点工作的推动者，本课题的研究对于国家即将推行的政策具有重要的决策参考作用，其前期成果已提交国土资源部耕地保护司并形成政策。××省××市为耕地保护补偿研究中经济发达地区的典型代表，故本次调研将着重对这一地区耕地保护补偿标准制定以及预期补偿效果等问题进行调查。这对于推动××省乃至东南沿海地区耕地保护补偿工作早日启动都具有重要意义，进而将为基层地方政府和农民群众带来实实在在的收益。对于本次调研给您带来的工作负担敬请谅解与支持！同时，我们所获得的数据资料仅供本课题研究需要，并将严格保密！

　　该调查问卷中所涉及的问题，如可提供相关政策文件及数据资料进行较好地解答，则在访谈中简略即可。

调研员：_____   访谈地点：_____市_____县_____乡（镇）

日期：_____

第一部分：区自然、经济社会总体情况调查

问题一：自然禀赋情况

（1）本区自然资源禀赋，包括地理位置、地形地貌特征、水文条件、气象条件如何？自然条件对土地利用的限制情况如何（如是否影响土地用作农用地或建设用地？）（请提供相关数据资料）

（2）本区有哪些主要矿产资源，其乡（镇）分布状况如何（请提供相关数据资料）？这些矿产资源的开发是否是未来本区经济发展的重点？其开发是否会对耕地保护造成压力？（请在访谈时回答）

问题二：经济总量及发展水平

（1）本区 2011 年全年区域 GDP 总量是多少？在××市、××省大约处于怎样的地位？近年来经济平均增速大约是多少？从××市、××省横向比较来看，发展速度处于哪个层次？（请提供相关数据资料，并谈谈您的看法）

（2）本区 2011 年全年财政收入为？其中来源于土地出让的财税收入为？是否是财政收入的主要来源？（请提供相关数据资料）

（3）本区主要产业结构特征（三产比重）的情况？第一产业发展在本区经济总量中居于何种地位？第一产业内部结构特征（农、林、牧、副、渔业）如何，特别是种植业居于何种地位？（请提供相关数据资料）

（4）从人口特征来看，本区人口总量是多少？在××市排名如何？其中农业人口数量是多少？从××市总体来看是否属于农业人口大区？（请提供相关数据资料）

问题三：发展定位及发展目标

（1）按照《"十二五"规划》，本区未来经济社会发展的战略导向和规划要点包含哪几个方面？在××市区域发展中的总体功能定位如何？该功能定位的制定依据是什么（本区具有哪些独特的优势）？（请提供相关数据资料）

（2）按照《"十二五"规划》，本区未来的产业发展重点、方向如何？其中对于第一产业发展的安排和导向是？（请提供相关数据资料）

（3）本区近期有无安排包括建设、水利、交通等方面的重大工程项目？用地范围在哪些乡镇？是否会占用基本农田、对耕地保护构成压力？（请提供相关数据资料）

第二部分：耕地资源现状及利用问题调查

问题四：耕地资源数量、质量及分布状况

（1）本区在本轮《土地利用总体规划（2005～2020）》中所分得的耕地保有量指标是多少？其中划定的基本农田面积和分布情况如何？您认为耕地保有量指标是否偏大？（请提供相关数据资料）

（2）目前本区耕地实际保有量是多少？这些耕地在农用地总量（其他农用地如林地、园地、草地等）中占比为？（请提供相关数据资料）

（3）按照《农用地分等定级》的成果，本区耕地利用等别总体情况如何？质量较好的耕地和较差的耕地主要分布在哪些乡镇？（请提供相关数据资料）

问题五：耕地资源利用现状和问题调查

（1）本区耕地利用条件、农田基础设施建设水平总体状况如何（灌溉率、机耕面积等）？耕地利用过程中面临的主要问题是什么（农田细碎化、土壤条件、生产设施条件）？（请提供相关数据资料）

（2）本区耕地实际使用效率如何？有无抛荒、撂荒情况？抛荒、撂荒的主要原因是什么？

（3）本区用于农田开发、建设、保护的主要资金来源包括哪几个方面（农业土地开发收入、新增建设用地使用费、耕地开垦费、农田水利建设资金、新菜地开发建设基金、耕地占用税、土地复垦费）？共有几级资金，区级有无配套？每年的总规模有多大？是否存在、存在多大的资金缺口？（请提供相关数据资料）

（4）以上所列举的本区农田开发、建设、保护经费使用状况如何？是否存在在各乡镇间进行分配的问题？依据什么分配？在上项目时是否考虑了平衡各乡镇的利益。

（5）本区未来农田开发建设的重点是什么，主要为了解决哪些土地利用问题？

第三部分：耕地保护执行情况及问题调查

问题六：耕地保护现状

（1）本区近年来的新增建设用地面积有多大？其中有多少需要占用耕地？（请提供相关数据资料）

（2）近年来本区土地开发、整理、复垦新增总体情况如何？（请提供相关数据资料）

（3）请您对本区实现耕地占补平衡的总体压力进行评价？

（4）本区行政管理队伍中，从事与农业生产、耕地保护、开发相关工作的部门主要包括哪几个部门？从业人员数大致为多少？能否提供相关人员及其薪酬统计资料？

问题七：耕地保护问题

（1）为了确定耕地保护补偿应该补给谁（基层政府/集体经济组织/农户），请您根据经验回答：本区近年来耕地违法占用总体情况如何？如何进行处理？违法、违规用地行为主要实施者是（基层政府/集体经济组织/农户）？违规占用耕地主要被用作什么用途？

（2）乡镇及以下政府对于耕地保护的积极性如何？是否有抵触情绪？耕地保护执行过程中最直接的阻力来源于哪里？

（3）相较于耕地，农民群众和村集体更愿意将耕地用于何种用途？哪种用途的收益水平最高？

第四部分：农业生产现状及问题调查

问题八：农业生产现状

（1）本区是否为粮食生产大区？主要农副产品种类有哪些？（请提供相关数据资料）

（2）本区耕地的主要作物类型是？一年播种几季，平均亩产为？各种作物主要分布在哪些乡镇？（请提供相关数据资料）

（3）主要农作物的销售对象是（自给/外销）？国家收购价格水平如何？市场销售价格水平如何？（请提供相关数据资料）

（4）主要粮食作物是否需要从外地购入？每年大约购入量有多少？（请提供相关数据资料）

问题九：农业相关政策

（1）本区每年能够得到上级财政支农补贴投入包括哪几个方面（良种补贴、农机具补贴、种粮直补等）？本区是否有配套资金投入？总规模有多大？（请提供相关数据资料）

（2）本区农业补贴资金是以何种形式使用的（直接发给农民现金/以实物形式补贴/以农田和农村建设项目的形式使用）？如何在各乡镇间进行分配（依据人数/种粮面积/耕地面积）？

第五部分：农村生活状况调查

问题十：农村集体经济发展情况

（1）目前本区农村集体的主要经济收入大体包含哪几个方面？最主要的收入来源是什么？（请提供相关数据资料）

（2）本区集体土地租给企业使用的总体情况如何？收益情况如何？有无相关政策规范和税收？

（3）本区乡村基础设施建设的完备程度如何？哪方面设施比较缺乏？有无相关发展规划和所需资金规模预测？乡村建设主管方和实施方是哪级政府？

问题十一：农民生活状况

（1）本区农村居民人均可支配收入大体水平如何？在××市各区中居于何种地位？（请提供相关数据资料）

（2）农村居民主要收入来源包括哪几个方面？其中耕种耕地的收入在农户收入中的比例如何？（请提供相关数据资料）

（3）本区农村居民最低生活保障标准是多少？新型农村合作医疗保险缴纳和农村居民养老保险缴纳（农民需要交多少钱）相关情况？（请提供相关数据资料）

（4）城镇居民社会养老保险年均缴纳数额与城镇居民最低生活保障数额情况？（请提供相关数据资料）

第六部分：耕地保护补偿相关意愿调查

问题十二：耕地保护补偿标准意愿

（1）请您根据您的经验谈谈：您认为耕地保护补偿是否有助于本区耕

地保护任务的完成和政策的执行？能够在多大程度上促进耕地保护工作？

（2）如果国家提供耕地保护补偿资金，您认为本区每亩耕地应该至少补偿多少钱？区级政府是否有能力、有意愿提供配套资金支持？

问题十三：耕地保护补偿资金使用

（1）您认为耕地保护补偿资金在本区如何使用能够达到最佳的效果（农田建设项目/直接给农户发钱/实物补贴）？

（2）您认为在目前补偿资金较为紧张的情况下，补偿资金是否应该对于某些地区进行集中投入以增大补偿效力？是否会造成新的不公平从而引发矛盾？

附件：实地调研获取的数据资料汇总

1. 区《国民经济和社会发展"十二五"规划》
2. 区《土地资源开发和保护"十二五"规划》
3. 区《"十二五"农业发展规划》
4. 区各乡镇最近5年来土地利用结构统计数据（至少要逐年耕地量）
5. 区土地利用现状 GIS 矢量数据
6. 区5年来的《国民经济和社会发展统计年鉴》
7. 区5年来的《农业统计年鉴》、《农村统计年鉴》、《农村经济统计年鉴》
8. 区耕地保护相关政策文件
9. 农田建设资金来源和支出使用统计情况
10. 农业补贴资金来源和支出使用统计情况
11. 区《农用地分等定级》成果，包括统计数据和图表
12. 区《土地利用总体规划（2005～2020）》
13. 区最近的耕地保护相关调研报告及其他方便提供的资料

注：所需资料如需购买，请协助预先购置，我方将如数偿付。

附录三：县级耕地保护补偿资金分配指标初选专家调查表

（××大学××课题组）

尊敬的各位专家：

您好！

本课题组现邀请您基于您的研究和实践经验，对耕地保护补偿中省级到县级补偿资金分配时各项依据指标的重要性程度给予评价，对本次评价的目的以及所涉及各类指标的评价原则、详细解释请您参阅附件（本书略）。您的意见对我们的研究非常重要，感谢您的协作！

一、填表说明

1. 在填写过程中，请各位专家根据自己的经验和知识，对调查表中各项指标在县级耕地保护补偿分配指标体系中存在的重要性进行打分判断，并将判断的结果以分值的形式填写在每项指标相应的空格内。打分的分值可以为 1~10 的任何数字，可以是整数也可以是小数，数字递增代表的重要性也递增。为了便于衡量，将分值划分为 5 级，分别以数字 2、4、6、8、10 为界线，1~2 代表不重要，2~4 代表一般，4~6 代表重要，6~8 代表很重要，8~10 代表极其重要。

2. 对调查表有何疑问或有其他未尽事宜可与××同学联系。

联系电话：（略）

二、耕地保护补偿区域分配补偿指标体系以及指标解释

准则层	亚准则层	指标层	指标解释
耕地资源禀赋	耕地自然条件	耕地面积	反映区域耕地的数量
		地均标准粮产量	反映区域耕地的质量

续表

准则层	亚准则层	指标层	指标解释
耕地资源禀赋	耕地生产条件	农产品市场便利度	反映耕地的区位状况，主要包括耕地区域的交通状况和农产品市场的直线距离
		亩均农田水利设施建设资金投入	年农田水利设施建设资金投入/耕地面积
		人均耕地面积	耕地总面积/县域人口总数
耕地利用效益	耕地耕作成本	亩均资金投入	年耕地生产总投入/耕地面积
		地劳比率	从事耕地劳作的出工日/耕地面积
	耕地耕作收益	亩均纯收入	耕地耕作纯收入/耕地面积
		农户耕地收入比率	耕地耕作纯收入/家庭纯收入
相关政策效果	一般性政策	亩均已补贴资金	各类农业补贴资金/耕地面积
		规划中建设占用耕地的比率	建设占用耕地数量
		基本农田比率	基本农田面积/耕地总面积
	地方性政策	特殊扶持性政策	地方对老少边穷地区、生态脆弱地区、特色经济作物产区的扶持政策

三、县级耕地保护补偿分配指标初选评分表

1. 准则层

评价因素	耕地资源禀赋	耕地利用效益	相关政策效果
打分值			

2. 亚准则层

评价因素	耕地自然条件	耕地生产条件	耕地耕作成本	耕地耕作收益	一般性政策	地方性政策
打分值						

3. 指标层

评价因素	耕地面积	地均标准量产量	农产品市场便利度	亩均农田水利设施建设资金投入	人均耕地面积	亩均资金投入
打分值						

评价因素	地劳比率	亩均产值	农民耕地收入比率	亩均已补贴资金	规划中建设占用耕地的比率	基本农田比率	特色经济作物亩均产值
打分值							

附录四：县级耕地保护补偿分配指标体系权重调查表

（××大学××课题组）

尊敬的各位专家：

您好！

本课题组现邀请您基于您的研究和实践经验，对耕地保护补偿中省级到县级补偿资金分配时经过指标筛选后的各项依据指标的相对重要性给予评价，以确定指标体系中各类指标的权重，对本次评价的目的以及所涉及各类指标的评价原则、详细解释请您参阅附件（本书略）。您的意见对我们的研究非常重要，感谢您的协作！

一、填表说明

1. 请根据您的观点，采用1~9九级标度法对各个元素的重要性进行比较并且赋值，指标的重要性从弱到强依次为1同等重要；3稍微重要；5重要；7明显重要；9极端重要；2，4，6，8代表以上相邻两判断之间的中间状态标度值。

2. 对调查表有何疑问或有其他未尽事宜可与××同学联系。

联系电话：（略）

二、耕地保护补偿区域分配补偿指标体系以及指标解释

目标层	准则层	亚准则层	指标层	指标解释
县级耕地保护补偿资金的合理分配	耕地资源禀赋（B1）	耕地自然条件（C1）	耕地面积（D1）	反映区域耕地的数量
			地均标准粮产量（D2）	反映区域耕地的质量
		耕地生产条件（C2）	农产品市场便利度（D3）	反映耕地的区位状况，主要包括耕地区域的交通状况和农产品市场的直线距离
			人均耕地面积（D4）	耕地总面积/县域人口总数

目标层	准则层	亚准则层	指标层	指标解释
县级耕地保护补偿资金的合理分配	耕地利用效益（B2）	耕地耕作成本（C3）	亩均资金投入（D5）	年耕地生产总投入/耕地面积
			地劳比率（D6）	从事耕地劳作的出工日/耕地面积
		耕地耕作收益（C4）	亩均纯收入（D7）	耕地耕作纯收入/耕地面积
			农户耕地收入比率（D8）	耕地耕作纯收入/家庭纯收入
	相关政策作用（B3）	一般性政策（C5）	规划中建设占用耕地数量（D9）	建设占用耕地数量
			基本农田比率（D10）	基本农田面积/耕地总面积
		地方性政策（C6）	特殊扶持性政策（D11）	地方对老少边穷地区、生态脆弱地区、特色经济作物产区的扶持政策

三、县级耕地保护补偿分配指标权重评分表

1. 准则层

评价因素	打分值		评价因素	打分值		评价因素	打分值
耕地资源禀赋			耕地资源禀赋			耕地利用效益	
耕地利用效益			相关政策效果			相关政策效果	

2. 亚准则层

评价因素	打分值		评价因素	打分值		评价因素	打分值
耕地自然条件			耕地耕作成本			一般性政策	
耕地生产条件			耕地耕作收益			地方性政策	

3. 指标层

评价因素	打分值		评价因素	打分值		评价因素	打分值
耕地面积			农产品市场便利度			亩均资金投入	
地均标准量产量			人均耕地面积			地劳比率	

评价因素	打分值	评价因素	打分值	评价因素	打分值
亩均产值		规划中建设占用耕地的比率		特色经济作物亩均产值	
农民耕地收入比率		基本农田比率			

后　记

　　发端于土地产权、发展权理论的耕地保护补偿研究是一个溯源悠远但实践探索较为滞后的新领域。肇始于我国特殊的土地制度和耕地保护政策，这一研究被赋予了新的内涵、寄予了新的希望。随着我国未来农村土地制度改革的深入和物权保障制度的逐渐完善，耕地保护补偿作为一项研究、一类政策和一种工具，可能会替代现有强制性的耕地管制措施，转而形成多方协商制定的规划引导、公平的谈判协商制度沟融、经济性手段执行的更具人性化和市场性的耕地保护模式，这不仅对提高耕地保护制度绩效具有重要价值，同时也能够防止土地资源错配、提高资源配置效率。当然，这一系列的改革需要与经济社会发展的大节奏保持协调，无法一蹴而就；这一领域的研究还需要继续深入，以引领实践探索。

　　本书是以笔者的博士学位论文为基础完成的，是对笔者攻读博士及在美留学期间成果的总结和拓展。撰写过程中，我的导师、经济学家、北京师范大学政府管理学院的董藩教授和周小平副教授，中国土地勘测规划院的卢艳霞博士，中国科学院地理科学与资源研究所的陈百明研究员，中国人民大学公共管理学院的张正峰教授，北京大学政府管理学院的周志忍教授，上海交通大学新农村研究院的谷晓坤副教授等诸位老师给予了我倾心的指导与帮助；我在美国的导师，北卡罗来纳大学城市与区域规划系宋彦教授对于本书给予了许多热情且中肯的意见；我的博士同学，中国矿业大学（北京）文法学院的南锐老师、成都市政府政策研究室的朱兴宏博士、河南省委统战部的翟羽佳博士、国家开发银行总行的程敏同志和李晓博士也对本书的研究、调研和数据获取给予了不同形式的支持；我的师妹王情、王宇浩给予了无私的帮助，在此一并致以衷心感谢！

　　与此同时，本书的编写也借鉴吸收了许多先贤的研究成果，向为笔者点燃思想火花、启迪研究灵感的学术前辈致以真诚的敬意！

　　笔者水平有限，文中多有不足之处，敬请专家学者不吝赐教，向为本书提出宝贵意见的学者表示衷心感谢！

柴　锋

2016 年 12 月 3 日